Merkmalskonstruktion für Machine Learning

Merkmalskonstruktion für Machine Learning

Prinzipien und Techniken der Datenaufbereitung

Alice Zheng & Amanda Casari

Deutsche Übersetzung von Thomas Lotze

O'REILLY®

Alice Zheng und Amanda Casari

Lektorat: Alexandra Follenius
Übersetzung: Thomas Lotze
Korrektorat: Sibylle Feldmann, *www.richtiger-text.de*
Satz: III-satz, *www.drei-satz.de*
Herstellung: Stefanie Weidner
Umschlaggestaltung: Karen Montgomery, Michael Oréal, *www.oreal.de*
Druck und Bindung: mediaprint solutions GmbH, 33100 Paderborn

Bibliografische Information der Deutschen Nationalbibliothek
Die Deutsche Nationalbibliothek verzeichnet diese Publikation in der Deutschen Nationalbibliografie; detaillierte bibliografische Daten sind im Internet über *http://dnb.d-nb.de* abrufbar.

ISBN:
Print 978-3-96009-093-9
PDF 978-3-96010-249-6
ePub 978-3-96010-250-2
mobi 978-3-96010-251-9

1. Auflage

Wieblinger Weg 17
69123 Heidelberg

Dieses Buch erscheint in Kooperation mit O'Reilly Media, Inc. unter dem Imprint »O'REILLY«. O'REILLY ist ein Markenzeichen und eine eingetragene Marke von O'Reilly Media, Inc. und wird mit Einwilligung des Eigentümers verwendet.

Hinweis:
Dieses Buch wurde auf PEFC-zertifiziertem Papier aus nachhaltiger Waldwirtschaft gedruckt. Der Umwelt zuliebe verzichten wir zusätzlich auf die Einschweißfolie.

PEFC zertifiziert
Das Papier für dieses Buch stammt aus nachhaltig bewirtschafteten Wäldern und kontrollierten Quellen.
PEFC/04-31-0810 www.pefc.de

Schreiben Sie uns:
Falls Sie Anregungen, Wünsche und Kommentare haben, lassen Sie es uns wissen: kommentar@oreilly.de.

5 4 3 2 1 0

Inhalt

Vorwort

Einleitung

Maschinelles Lernen bedeutet, mathematische Modelle an Daten anzupassen, um daraus Erkenntnisse oder Vorhersagen zu gewinnen. Diese Modelle erwarten als Eingabe sogenannte Merkmale. Ein *Merkmal* ist eine numerische Darstellung eines bestimmten Aspekts von Rohdaten. In der Machine-Learning-Pipeline vermitteln Merkmale zwischen Daten und Modellen. *Merkmalskonstruktion* (engl. Feature Engineering) wird der Vorgang genannt, Merkmale aus Rohdaten zu gewinnen und in eine Form zu bringen, die sich für das Machine-Learning-Modell eignet. Sie ist ein entscheidender Schritt in der Machine-Learning-Pipeline, denn die richtigen Merkmale können den schwierigen Vorgang des Modellierens erleichtern und so eine bessere Qualität der Ergebnisse ermöglichen, die die Pipeline ausgibt. Anwender aus der Praxis wissen, dass beim Aufbau einer Machine-Learning-Pipeline die Merkmalskonstruktion und die Datenbereinigung die meiste Zeit benötigen. Trotz seiner Bedeutung wird das Thema jedoch selten eigenständig behandelt. Das mag daran liegen, dass die richtigen Merkmale nur im Kontext sowohl des Modells als auch der Daten definiert werden können; da es so unterschiedliche Daten und Modelle gibt, ist es also schwer, die Merkmalskonstruktion projektübergreifend zu verallgemeinern.

Dennoch geschieht Merkmalskonstruktion nicht einfach aus dem Stegreif. Es gibt zugrunde liegende Prinzipien, die sich am besten an Beispielen zeigen lassen. Jedes Kapitel dieses Buchs widmet sich einer Aufgabe aus der Datenanalyse: der Darstellung von Text- oder Bilddaten, der Dimensionsreduktion automatisch erzeugter Merkmale, der Anwendung von Normierung usw. Stellen Sie sich das Buch als eine Sammlung miteinander verwobener Kurzgeschichten und nicht als einen einzigen langen Roman vor. Jedes Kapitel bietet einen Einblick in die Vielzahl der bekannten Verfahren zur Merkmalskonstruktion. Zusammen veranschaulichen sie die übergreifenden Prinzipien.

Ein Fachgebiet zu beherrschen, bedeutet nicht nur, die Definitionen zu kennen und die Formeln herleiten zu können. Es genügt nicht, zu wissen, wie ein Mechanismus funktioniert und was er vermag – man muss auch verstehen, woher sein Aufbau rührt, wie er sich zu anderen Techniken verhält und welche Vor- und

Nachteile jede Herangehensweise hat. Meisterschaft bedeutet, genau zu wissen, wie etwas gemacht wird, ein Gespür für die Grundprinzipien zu haben und diese in das eigene schon bestehende Wissensgerüst einordnen zu können. Man wird kein Meister, indem man einfach ein Buch liest, obwohl ein gutes Buch neue Türen öffnen kann. Es braucht praktische Erfahrung – die Ideen müssen angewandt werden, was wiederum ein iterativer Vorgang ist. Mit jeder Iteration lernen wir die Ideen besser kennen und werden immer geschickter und kreativer bei ihrer Anwendung. Das Ziel dieses Buchs ist es, die Anwendung der darin vorgestellten Ideen zu erleichtern.

Dieses Buch versucht, immer zuerst die Grundgedanken und danach die Mathematik zu lehren. Statt zu diskutieren, *wie* etwas gemacht wird, wollen wir erklären, *warum* es gemacht wird. Unser Ziel ist es, die *Intuition* hinter den Ideen zu vermitteln, sodass Sie als Leser ein Verständnis dafür bekommen, wie und wann sie anzuwenden sind. Es gibt aber auch Unmengen von Beschreibungen und Bildern für diejenigen, die eher auf andere Weise lernen. Dazu liefern wir die mathematischen Formeln, um der Intuition Genauigkeit zu verleihen und eine Brücke zwischen diesem Buch und anderen Angeboten zu schlagen.

Das Buch setzt Kenntnisse der Grundbegriffe des maschinellen Lernens voraus, etwa was ein Modell oder ein Vektor ist, aber es enthält auch einen Auffrischungskurs, damit wir alle auf demselben Stand sind. Erfahrung mit linearer Algebra, Wahrscheinlichkeitsverteilungen und Optimierung sind hilfreich, aber nicht notwendig.

Python-Bibliotheken

Die Codebeispiele in diesem Buch sind in Python geschrieben und verwenden eine Reihe freier und quelloffener Pakete. Die Bibliothek NumPy (*http://www.numpy.org/*) implementiert numerische Vektor- und Matrixoperationen. Pandas (*http://pandas.pydata.org/*) stellt den DataFrame als Grundbaustein der Datenanalyse in Python zur Verfügung. scikit-learn (*http://scikit-Learn.org/stable/*) ist ein allgemeines Machine-Learning-Paket mit einer umfassenden Sammlung von Modellen und Merkmalstransformationen. Matplotlib (*https://matplotlib.org/*) und die Stilbibliothek Seaborn (*https://seaborn.pydata.org/*) bieten Unterstützung für Diagramme und Visualisierung. Die Beispiele sind als Jupyter-Notebooks in unserem GitHub-Repository (*https://github.com/alicezheng/feature-engineering-book*) zu finden.

Wegweiser durch dieses Buch

Die ersten Kapitel bieten einen gemächlichen Einstieg für Neulinge auf dem Gebiet der Datenanalyse und des maschinellen Lernens. Kapitel 1 stellt die Grundkonzepte in der Machine-Learning-Pipeline vor: Daten, Modelle, Merkmale usw. In Kapitel 2 schauen wir uns die Anfänge der Merkmalskonstruktion für numerische Daten an: Filtern, Klassifikation, Skalierung, logarithmische und Potenztransformationen sowie Kreuzmerkmale. Kapitel 3 taucht ein in die Merkmalskonstruktion für natürlichen Text und untersucht Techniken wie Bag-of-Words, *n*-Gramme und Phrasenerkennung. Kapitel 4 untersucht den Algorithmus TF-IDF (Begriffshäufigkeit – inverse Dokumentenhäufigkeit, engl. *Term Frequency – Inverse Document Frequency*) als ein Beispiel der Merkmalsskalierung und diskutiert, warum er funktioniert. Das Buch nimmt bei Kapitel 5 Fahrt auf, wenn wir über effiziente Kodierungsverfahren für kategoriale Variablen sprechen, darunter Merkmals-Hashing und Klassenzählung. Spätestens wenn wir in Kapitel 6 bei der Hauptkomponentenzerlegung (PCA, engl. *Principal Component Analysis*) angelangt sind, befinden wir uns tief im Land des maschinellen Lernens. Kapitel 7 betrachtet den *k*-Means-Algorithmus als Verfahren zur Merkmalsgewinnung, wodurch das nützliche Konzept der Stapelung von Modellen aufgezeigt wird. Kapitel 8 beschäftigt sich ganz mit Bildern, die im Hinblick auf Merkmalsgewinnung eine viel größere Herausforderung darstellen als Textdaten. Wir schauen uns zwei Verfahren der Merkmalsgewinnung per Hand an, SIFT und HOG, bevor wir anschließend das Deep Learning als neueste Technik zur Merkmalsgewinnung für Bilder erläutern. Zum Abschluss zeigen wir in Kapitel 9 anhand ausführlicher Beispiele ein paar unterschiedliche Verfahren, indem wir einen Empfehlungsalgorithmus für einen Datensatz von akademischen Aufsätzen erstellen.

Merkmalskonstruktion ist ein weites Feld, und jeden Tag werden neue Verfahren entwickelt, insbesondere auf dem Gebiet des automatisierten Erlernens von Merkmalen. Um das Buch auf einen handlichen Umfang zu beschränken, mussten wir einiges auslassen. So behandeln wir nicht die Fourier-Analyse für Audiodaten, obwohl das ein wunderschönes Thema und nah verwandt mit der Eigenfunktionszerlegung in der linearen Algebra ist, die wir in den Kapiteln 4 und 6 streifen. Auch überspringen wir die Diskussion zufälliger Merkmale, die ebenso eng mit der Fourier-Analyse verknüpft sind. Wir bieten zwar eine Einführung ins Erlernen von Merkmalen für Bilddaten durch Deep Learning, gehen aber nicht näher auf die zahllosen in der Weiterentwicklung befindlichen Deep-Learning-Modelle ein. Weiterführende Forschungsfelder, etwa Zufallsprojektionen, komplexe Modelle zur Merkmalsgewinnung aus Text wie word2vec und Brown-Clustering sowie Latent-Raum-Modelle wie Latente Dirichlet-Allokation und Matrixfaktorisierung, lassen wir ebenfalls aus. Wenn Ihnen diese Begriffe nichts sagen, haben Sie Glück. Sollten Sie sich jedoch für die allerneueste Forschung bei der Merkmalskonstruktion interessieren, dann ist dies vermutlich nicht das richtige Buch für Sie.

In diesem Buch verwendete Konventionen

Die folgenden typografischen Konventionen werden in diesem Buch verwendet:

Kursiv
: Kennzeichnet neue Begriffe, URLs, E-Mail-Adressen, Dateinamen und Dateiendungen.

`Nichtproportionalschrift`
: Wird für Programmlistings sowie für Programmelemente in Textabschnitten wie Namen von Variablen und Funktionen, Datenbanken, Datentypen, Umgebungsvariablen, Anweisungen und Schlüsselwörtern verwendet.

`Nichtproportionalschrift fett`
: Kennzeichnet Befehle oder anderen Text, den der Nutzer wörtlich eingeben soll.

`Nichtproportionalschrift kursiv`
: Kennzeichnet Text, den der Nutzer durch eigene oder zum Kontext passende Werte ersetzen soll.

Das Buch enthält außerdem zahlreiche Gleichungen der linearen Algebra. Wir folgen bezüglich der Notation diesen Konventionen: Skalare werden mit kursiven Kleinbuchstaben geschrieben (z.B. a), Vektoren mit fetten Kleinbuchstaben (z.B. $\mathbf{v}$) und Matrizen mit fetten kursiven Großbuchstaben (z.B. $\boldsymbol{U}$).

Dieses Symbol kennzeichnet einen Tipp oder Vorschlag.

Dieses Symbol kennzeichnet eine allgemeine Bemerkung.

Dieses Symbol kennzeichnet eine Warnung oder einen Rat zur Vorsicht.

Verwendung von Codebeispielen

Zusatzmaterial wie Codebeispiele oder Übungen können Sie von *https://github.com/alicezheng/feature-engineering-book* herunterladen.

Dieses Buch soll Ihnen helfen, Ihre Arbeit zu erledigen. Im Allgemeinen dürfen Sie die Codebeispiele aus diesem Buch in Ihren eigenen Programmen und der dazugehörigen Dokumentation verwenden. Sie müssen uns dazu nicht um Erlaubnis fragen, solange Sie nicht einen wirklich signifikanten Teil des Codes reproduzieren. Beispielsweise benötigen Sie keine Erlaubnis, um ein Programm zu schreiben, in dem mehrere Codefragmente aus diesem Buch vorkommen. Wollen Sie dagegen eine DVD mit Beispielen aus Büchern von O'Reilly verkaufen oder verteilen, benötigen Sie eine Erlaubnis. Eine Frage zu beantworten, indem Sie aus diesem Buch zitieren und ein Codebeispiel wiedergeben, benötigt keine Erlaubnis. Eine beträchtliche Menge Beispielcode aus diesem Buch in die Dokumentation Ihres Produkts aufzunehmen, bedarf hingegen einer Erlaubnis.

Wir freuen uns darüber, zitiert zu werden, verlangen es aber nicht. Ein Zitat enthält Titel, Autor, Verlag und ISBN. Ein Beispiel: »*Merkmalskonstruktion für Machine Learning* von Alice Zheng und Amanda Casari (O'Reilly). Copyright 2018 Alice Zheng und Amanda Casari, 978-3-96009-093-9.«

Wenn Sie glauben, dass Sie die Codebeispiele über eine angemessene Nutzung oder die oben gewährte Nutzungserlaubnis hinaus verwenden, dann kontaktieren Sie uns bitte unter *kommentar@oreilly.de*.

Danksagung

Zuallererst möchten wir unseren Lektoren Shannon Cutt und Jeff Bleiel dafür danken, dass sie uns bei unserem ersten Buch durch den uns beiden bis dato unbekannten Marathon einer Buchveröffentlichung geleitet haben. Ohne die enge Zusammenarbeit mit euch hätte dieses Buch nie das Licht der Welt erblickt. Ebenso vielen Dank an Ben Lorica, O'Reilly-Mastermind, dessen Ermutigungen und Bestätigungen das Buch von einer verrückten Idee zu einem tatsächlichen Produkt brachten. Danke an Kristen Brown und das Produktionsteam von O'Reilly für ihre überragende Sorgfalt bei Details und ihre extreme Geduld bei unseren Rückmeldungen.

Wenn es stimmt, dass es ein ganzes Dorf braucht, um ein Kind aufzuziehen, dann braucht es ein ganzes Parlament von Datenanalytikern, um ein Buch zu veröffentlichen. Wir wissen jeden Vorschlag und jeden Hinweis auf mögliche Verbesserungen und alle Nachfragen zu Unklarheiten zu schätzen. Andreas Müller, Sethu Raman und Antoine Atallah nahmen sich kostbare Zeit für technische Überprüfungen. Antoine tat das nicht nur blitzschnell, sondern stellte dabei auch seine dicken Maschinen für Experimente zur Verfügung. Ted Dunnings gewandte Beherrschung von Statistik und seine Meisterschaft im maschinellen Lernen sind legendär. Er ist zudem unglaublich großzügig mit seiner Zeit und seinen Ideen, und von ihm stammen buchstäblich die Methode und das Beispiel, die im Kapitel über den *k*-Means-Algorithmus beschrieben werden. Owen Zhang gewährte einen Blick in seine Kaggle-Schatzkiste zur Verwendung von Antwortraten-Merkmalen, die wir der von Misha Bilenko gesammelten Machine-Learning-Folklore über die Klassenzählung zugesellten. Ein weiteres Dankeschön geht an Alex Ott, Francisco Martin und David Garrison für zusätzliches Feedback.

Besonderer Dank von Alice

Ich möchte der Familie GraphLab/Dato/Turi für ihre großzügige Unterstützung in der ersten Phase dieses Projekts danken. Die Idee erwuchs aus dem Umgang mit unseren Anwendern. Beim Bau einer ganz neuen Machine-Learning-Plattform für

Datenanalytiker war uns aufgefallen, dass die Welt ein systematischeres Verständnis von Merkmalskonstruktion braucht. Danke an Carlos Guestrin für die Freistellung vom geschäftigen Start-up-Leben, damit ich mich aufs Schreiben konzentrieren konnte.

Danke an Amanda, die als technische Gutachterin begann und später einsprang, um diesem Buch zum Leben zu verhelfen. Du bringst Dinge über die Ziellinie! Nachdem dieses Buch nun fertig ist, müssen wir ein neues Projekt finden, und sei es nur, um unsere Arbeitssitzungen bei Tee und Kaffee und Sandwiches und leckerem Essen fortzusetzen.

Ein besonderes Dankeschön an meine Freundin und Heilerin Daisy Thompson für ihre beständige Unterstützung während aller Phasen dieses Projekts. Ohne deine Hilfe hätte ich viel länger gebraucht, um mich darauf einzulassen, und mich über den Marathon geärgert. Du hast, wie immer mit deiner Arbeit, Licht und Leichtigkeit in dieses Projekt gebracht.

Besonderer Dank von Amanda

Da dies ein Buch und keine Auszeichnung fürs Lebenswerk ist, will ich versuchen, meinen Dank auf das vorliegende Projekt zu beschränken.

Vielen, vielen Dank an Alice dafür, dass sie mich als technische Lektorin und dann Mitautorin eingebracht hat. Ich lerne ständig so viel von dir, unter anderem wie man bessere mathematische Scherze macht und komplexe Konzepte verständlich erklärt.

Nur der Reihenfolge nach zuletzt geht ein ganz besonderer Dank an meinen Mann Matthew für das nahezu unmögliche Kunststück, mir Halt zu geben, mich auf dem Weg zu meinem nächsten Ziel zu bestärken und nie zuzulassen, dass ein Konzept vage abgetan wird. Du bist der beste Partner und mein Lieblingskomplize. In den größten wie den kleinsten sonnigen Momenten spornst du mich an, dich stolz zu machen.

KAPITEL 1

Die Machine-Learning-Pipeline

Bevor wir uns mit Merkmalskonstruktion beschäftigen, wollen wir uns die Machine-Learning-Pipeline als Ganzes anschauen, um unseren Platz im Gesamtsystem zu finden. Zu diesem Zweck betrachten wir zunächst Grundbegriffe wie *Daten* und *Modelle*.

Daten

Als *Daten* bezeichnen wir Beobachtungen realer Phänomene. So können Daten von Aktienmärkten Beobachtungen der täglichen Aktienpreise, Gewinnankündigungen einzelner Firmen und sogar Meinungsartikel von Fachleuten umfassen. Persönliche biometrische Daten wären unter anderem minütliche Messungen von Pulsfrequenz, Blutzuckerspiegel, Blutdruck usw., und Daten zur Kundenanalyse sind beispielsweise Aussagen wie »Alice hat am Sonntag zwei Bücher gekauft«, »Bob hat diese Seiten der Website angesehen« und »Charlie hat auf den Link zum Sonderangebot aus der letzten Woche geklickt«. Wir könnten endlos Beispiele aus ganz unterschiedlichen Anwendungsgebieten finden.

Jedes Einzelteil dieser Daten gewährt Einblick in einen kleinen Aspekt der Wirklichkeit. Die Gesamtheit aller dieser Beobachtungen liefert uns ein Bild des Ganzen. Aber das Bild ist chaotisch, weil es aus Tausenden kleinen Teilen zusammengesetzt ist und wir es immer mit Messrauschen und fehlenden Teilen zu tun haben.

Aufgaben

Warum sammeln wir Daten? Es gibt Fragen, die wir mithilfe von Daten beantworten können – Fragen wie »In welche Aktien sollte ich investieren?« oder »Wie kann ich gesünder leben?« oder »Wie kann ich den wechselnden Geschmack meiner Kunden verstehen, damit ich sie besser bedienen kann?«.

Der Pfad von Daten zu Antworten ist gespickt mit falschen Fährten und Sackgassen (siehe Abbildung 1-1). So mancher vielversprechende Ansatz wird nicht aufgehen, während ein vages Bauchgefühl zur besten Lösung führen kann. Die Arbeit mit

Daten ist oftmals ein mehrstufiger, iterativer Prozess. Aktienpreise werden beispielsweise an der Börse beobachtet, in einer Datenbank gespeichert, von einer Firma gekauft, in einen Hive-Store auf einem Hadoop-Cluster umgewandelt, von einem Skript aus dem Store geholt, von einem anderen Skript ausgedünnt, aufbereitet und bereinigt, in eine Datei geschrieben und in ein Format überführt, das Sie mit der Modellierungsbibliothek Ihrer Wahl in R, Python oder Scala ausprobieren können. Die Vorhersagen werden dann wiederum in eine CSV-Datei geschrieben und von einem Auswertungsprogramm gelesen. Das Modell durchläuft mehrere Iterationen, wird von Ihrer Produktionsabteilung in C++ oder Java neu geschrieben und auf der gesamten Datenmenge laufen gelassen, bevor die fertigen Vorhersagen in eine weitere Datenbank gefüllt werden.

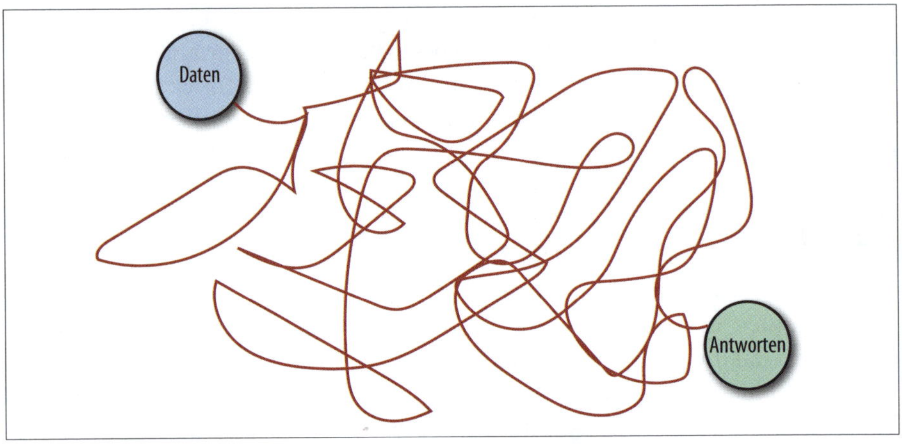

Abbildung 1-1: Der Garten der verschlungenen Pfade von Daten zu Antworten

Wenn wir jedoch das Chaos der Werkzeuge und Systeme für einen Moment ausblenden, können wir erkennen, dass an dem Vorgang zwei mathematische Größen beteiligt sind, die das tägliche Brot des maschinellen Lernens darstellen: *Modelle* und *Merkmale*.

Modelle

Zu versuchen, die Welt durch Daten zu verstehen, ist so, als wolle man die Wirklichkeit aus einem verrauschten, unvollständigen Puzzle mit ein paar überschüssigen Teilen zusammensetzen. Hier kommt die mathematische – insbesondere die statistische – Modellierung ins Spiel. Die Sprache der Statistik kennt Begriffe für viele häufig auftretende Eigenschaften von Daten, darunter *falsch*, *redundant* und *fehlend*. Falsche Daten ergeben sich aus Messfehlern, redundante Daten enthalten ein und dieselbe Information mehrfach: So kann ein Wochentag als kategoriale Variable mit den Ausprägungen »Montag«, »Dienstag«, …, »Sonntag« und zugleich noch einmal als ganze Zahl zwischen 0 und 6 vorliegen. Ist diese Information über den Wochentag für einige Datenpunkte nicht vorhanden, haben wir es wiederum mit fehlenden Daten zu tun.

Ein *mathematisches Modell* von Daten beschreibt die Beziehungen zwischen verschiedenen Aspekten der Daten. Beispielsweise könnte ein Modell, das Aktienpreise vorhersagt, aus einer Formel bestehen, die die bisherigen Gewinne einer Firma, frühere Aktienpreise und die Branche auf die Vorhersage für den Aktienpreis abbildet. Ein Modell für Musikempfehlungen könnte anhand der Hörgewohnheiten von Anwendern eine Ähnlichkeit zwischen ihnen messen und denjenigen, die sich viele ähnliche Titel angehört haben, dieselben Künstler empfehlen.

Mathematische Formeln stellen Beziehungen zwischen numerischen Größen her. Aber Rohdaten sind oft nicht numerisch. (Die Aussage »Alice kaufte am Mittwoch die Trilogie *Der Herr der Ringe*« ist ebenso wenig numerisch wie die Buchbesprechung, die sie später schreibt.) Es muss also etwas geben, das die beiden Welten verbindet. An dieser Stelle kommen Merkmale ins Spiel.

Merkmale

Ein *Merkmal* ist eine numerische Darstellung von Rohdaten. Man kann Rohdaten auf vielerlei Weise in numerische Messungen verwandeln, weshalb Merkmale alles Mögliche sein können. Natürlich müssen sich Merkmale aus den vorhandenen Daten ableiten lassen. Weniger offensichtlich ist vielleicht, dass sie auch ans Modell gebunden sind; manche Modelle eignen sich besser für bestimmte Arten von Merkmalen und umgekehrt. Die richtigen Merkmale zeichnen sich dadurch aus, dass sie relevant für die zu lösende Aufgabe und leicht in das Modell einzuspeisen sind. *Merkmalskonstruktion* ist der Vorgang, diejenigen Merkmale zu formulieren, die sich für die gegebenen Daten, das Modell und die zu lösende Aufgabe am besten eignen.

Die Anzahl der Merkmale ist ebenfalls von Bedeutung. Ohne ausreichend viele aussagekräftige Merkmale wird das Modell die gestellte Aufgabe nicht bewältigen. Hat man zu viele oder größtenteils irrelevante Merkmale, wird es aufwendiger und schwieriger sein, das Modell anzulernen, und beim Anlernen könnte irgendetwas schiefgehen, sodass das Modell an Leistungsfähigkeit verliert.

Modellbewertung

Merkmale und Modelle sind das Bindeglied zwischen Rohdaten und gesuchten Erkenntnissen (siehe Abbildung 1-2). Zum Arbeitsablauf beim maschinellen Lernen gehört es, nicht nur das Modell, sondern auch die Merkmale auszuwählen. Das ist ein Balanceakt: Beides beeinflusst einander. Gute Merkmale vereinfachen den nachfolgenden Modellierungsschritt und sorgen dafür, dass das daraus entstehende Modell die gewünschte Aufgabe besser erfüllen kann. Schlecht gewählte

Merkmale erfordern ein viel komplizierteres Modell, um dasselbe Ergebnis zu erreichen. Im Rest dieses Buchs besprechen wir verschiedene Arten von Merkmalen und diskutieren ihre Vor- und Nachteile in Bezug auf die unterschiedlichen Arten von Daten und Modellen. Fangen wir also ohne Umschweife an!

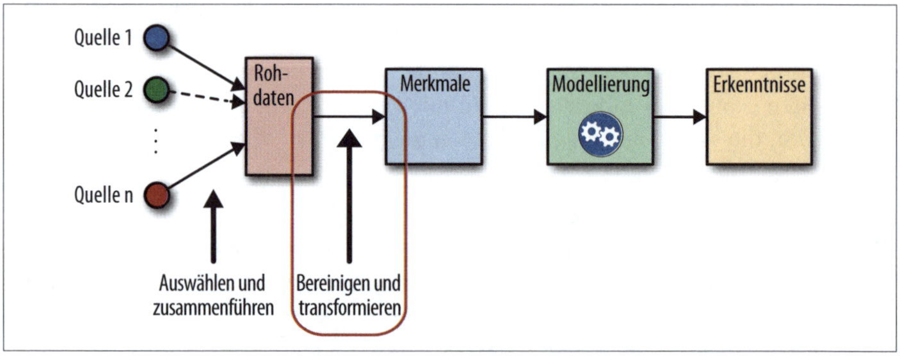

Abbildung 1-2: Der Platz der Merkmalskonstruktion im Arbeitsablauf beim maschinellen Lernen

KAPITEL 2

Tricksereien mit einfachen Zahlen

Bevor wir in die Welt komplexer Datentypen wie Text und Bilder eintauchen, wollen wir mit dem Einfachsten beginnen: mit numerischen Daten. Diese können aus vielfältigen Quellen stammen: geografische Orte eines Gebäudes oder einer Person, Einkaufspreise, Messungen eines Sensors, Verkehrszählungen usw. Numerische Daten liegen bereits in einer Form vor, die sich leicht in mathematische Modelle einspeisen lässt. Das macht die Merkmalskonstruktion jedoch keineswegs überflüssig: Gute Merkmale sollten nicht nur aussagekräftige Aspekte der Daten wiedergeben, sondern auch zu den Annahmen des Modells passen. Daher sind oftmals noch Transformationen notwendig. Numerische Verfahren der Merkmalskonstruktion sind etwas Grundlegendes; sie finden immer dann Anwendung, wenn Daten in numerische Merkmale umgeformt werden.

Die erste Frage bei einer Plausibilitätsprüfung für numerische Daten betrifft ihre Größe. Müssen wir lediglich wissen, ob sie positiv oder negativ sind? Oder interessiert uns vielleicht nur eine ganz grobe Vorstellung von ihrer Größenordnung? Diese Fragen sind besonders wichtig bei automatisiert gesammelten Daten wie Zählungen – den täglichen Besuchszahlen einer Website, der Anzahl von Kritiken für ein Restaurant usw.

Als Nächstes ist der Wertebereich der Merkmale von Bedeutung. Wie groß sind die größten und die kleinsten Werte? Umfassen sie mehrere Größenordnungen? Modelle, die aus glatten Funktionen der eingegebenen Merkmale bestehen, sind empfindlich für die Größe ihrer Eingangswerte. Beispielsweise ist $3x + 1$ eine einfache lineare Funktion der Eingangsgröße x, und der Wert ihrer Ausgabe hängt direkt vom Wert der Eingabe ab. Weitere Beispiele sind k-Means-Clustering, Nächste-Nachbarn-Methoden, radiale Basisfunktionen (RBF-Kerne) und alles, was mit dem euklidischen Abstand zu tun hat. Für diese Modelle und Modellierungskomponenten bietet es sich häufig an, die Merkmale zu *normieren*, sodass die Ausgaben in einer erwarteten Größenordnung liegen.

Logische Funktionen sind hingegen unempfindlich bezüglich der Größe von Merkmalswerten. Ihre Ausgabe ist für alle Arten von Eingangsgrößen stets binär. Beispielsweise nimmt das logische UND zwei beliebige Variablen und gibt genau dann 1 aus, wenn beide Eingangswerte wahr sind. Ein anderes Beispiel einer logischen Funktion ist die Stufenfunktion (etwa die Entscheidung, ob der Eingangswert *x* größer als 5 ist). Entscheidungsbaummodelle bestehen aus Stufenfunktionen von Eingangsmerkmalen. Daher sind Modelle auf der Grundlage von Raumpartitionierungsbäumen (Entscheidungsbäume, gradientenverstärkte Maschinen, Random Forests) nicht wertebereichsempfindlich. Die einzige Ausnahme tritt auf, wenn der Wert der Eingangsgröße mit der Zeit wächst, was bei Merkmalen der Fall ist, die eine fortlaufende Zählung darstellen – irgendwann werden sie über den Bereich hinauswachsen, auf dem der Baum angelernt wurde. Wenn damit zu rechnen ist, kann es nötig werden, die Eingangswerte regelmäßig neu zu skalieren. Eine andere Lösung stellt die Methode der Klassenzählung aus Kapitel 5 dar.

Eine weitere wichtige Eigenschaft numerischer Merkmale ist ihre Verteilung. Die Verteilung fasst die Wahrscheinlichkeiten dafür zusammen, dass bestimmte Werte angenommen werden. Auf die Verteilung von Eingangsmerkmalen kommt es bei manchen Modellen mehr, bei anderen weniger an. Beispielsweise wird beim Anlernen eines linearen Regressionsmodells angenommen, dass Vorhersagefehler nach einer Gauß-Kurve (*http://mathworld.wolfram.com/NormalDistribution.html*) verteilt sind. Das ist meistens ein guter Ansatz, es sei denn, das Vorhersageziel umspannt mehrere Größenordnungen. In diesem Fall kann man wahrscheinlich nicht mehr von einer gaußschen Fehlerverteilung ausgehen. Ein möglicher Ausweg besteht darin, das Ausgabeziel zu transformieren, um das Ausmaß des Wachstums zu bändigen. (Streng genommen wäre das eine Zielkonstruktion, keine Merkmalskonstruktion.) Logarithmische Transformationen, die zu den *Potenztransformationen* gehören, bringen die Verteilung der Variablen näher an eine Gauß-Kurve.

Man kann Merkmale nicht nur auf die Annahmen des Modells oder des Anlernvorgangs hin zuschneiden, man kann auch mehrere von ihnen zu komplexeren Merkmalen zusammensetzen. Dabei hofft man, dass komplexe Merkmale wichtige Informationen in den Rohdaten prägnanter darstellen können. »Ausdrucksstärkere« Eingangsmerkmale erlauben einfachere Modelle, die leichter anzulernen und zu bewerten sind und bessere Vorhersagen treffen. Treibt man das auf die Spitze, können komplexe Merkmale selbst Ausgaben statistischer Modelle sein. Dieses als *Stapelung von Modellen* bekannte Konzept besprechen wir in den Kapiteln 7 und 8 viel ausführlicher. In diesem Kapitel stellen wir nur das einfachste Beispiel komplexer Merkmale vor: die *Kreuzmerkmale*.

Kreuzmerkmale sind einfach zu formulieren, aber die Kombination von Merkmalen führt dazu, dass viel mehr davon in das Modell eingegeben werden. Um den Rechenaufwand zu verringern, muss man üblicherweise die Eingangsmerkmale mithilfe automatischer *Merkmalsauswahl* ausdünnen.

Wir beginnen mit den Grundkonzepten der Skalare, Vektoren und Räume und besprechen danach Wertebereich, Verteilung, Kreuzmerkmale und Merkmalsauswahl.

Skalare, Vektoren und Räume

Bevor wir weitermachen, müssen wir zunächst einige Grundbegriffe definieren, auf denen der Rest des Buchs aufbaut. Ein einzelnes numerisches Merkmal heißt *Skalar*. Eine geordnete Liste von Skalaren wird *Vektor* genannt. Vektoren leben in einem *Vektorraum*. Bei den allermeisten Anwendungsfällen maschinellen Lernens werden die Eingangsdaten für ein Modell gewöhnlich als numerischer Vektor dargestellt. Der Rest dieses Buchs wird bewährte Strategien besprechen, um Rohdaten in Vektoren von Zahlen zu verwandeln.

Ein Vektor kann als Punkt im Raum veranschaulicht werden. (Gelegentlich wird eine Linie oder ein Pfeil vom Ursprung zu diesem Punkt gezeichnet. In diesem Buch werden wir zumeist nur den Punkt verwenden.) Nehmen wir beispielsweise an, wir hätten einen zweidimensionalen Vektor $\mathbf{v} = [1, -1]$. Der Vektor enthält zwei Zahlen: In der ersten Richtung, d_1, hat der Vektor den Wert 1, und in der zweiten Richtung, d_2, hat er den Wert –1. Wir können $\mathbf{v}$ in einem 2-D-Diagramm darstellen (siehe Abbildung 2-1).

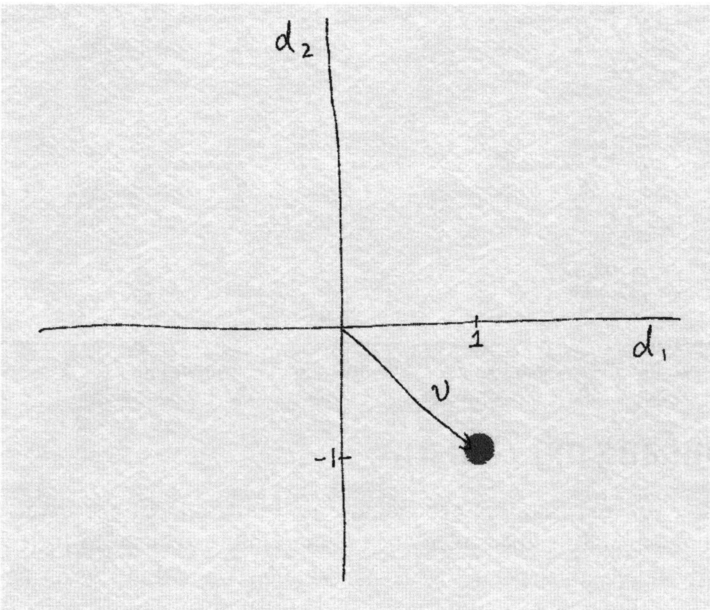

Abbildung 2-1: Ein einzelner Vektor

In der Welt der Daten haben ein abstrakter Vektor und seine Merkmalsdimensionen eine tatsächliche Bedeutung. Ein Vektor kann beispielsweise die Vorlieben einer Person für Musikstücke darstellen. Jedes Lied ist dabei ein Merkmal, wobei ein Wert 1 Gefallen bedeutet und ein Wert –1 Missfallen. Der Vektor **v** stellt beispielsweise die Vorlieben des Hörers Bob dar. Bob mag »Blowin' in the Wind« von

Bob Dylan und »Poker Face« von Lady Gaga. Andere Menschen haben andere Vorlieben. Zusammen genommen, kann eine Datensammlung im *Merkmalsraum* als Punktwolke veranschaulicht werden.

Umgekehrt kann ein Musiktitel durch die individuellen Vorlieben einer Gruppe von Personen repräsentiert werden. Angenommen, es gäbe nur zwei Hörer, Alice und Bob. Alice mag »Poker Face«, »Blowin' in the Wind« und »Hallelujah« von Leonard Cohen, nicht jedoch Katy Perrys »Roar« und Radioheads »Creep«. Bob mag »Roar«, »Hallelujah« und »Blowin' in the Wind«, kann aber »Poker Face« und »Creep« nicht ausstehen. Jedes Lied ist ein Punkt im Raum der Hörer. Ebenso, wie wir Daten im Merkmalsraum darstellen können, können wir Merkmale im *Datenraum* abbilden. Abbildung 2-2 zeigt das an diesem Beispiel.

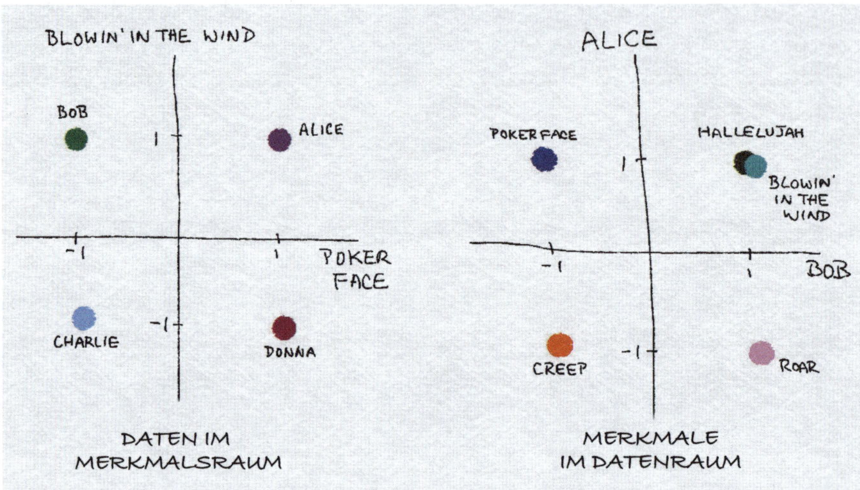

Abbildung 2-2: Veranschaulichung von Merkmalsraum und Datenraum

Der Umgang mit Zählern

Im Zeitalter von Big Data können Zähler rasch über alle Grenzen wachsen. Ein Nutzer kann einen Musiktitel oder einen Film in Endlosschleife abspielen oder ein Skript verwenden, um regelmäßig nachzuschauen, ob es Eintrittskarten für eine gefragte Vorstellung gibt, wodurch der Zähler fürs Abspielen bzw. der Besucherzähler der Website schnell steigt. Wenn Daten in großem Umfang oder hoher Geschwindigkeit erzeugt werden können, enthalten sie höchstwahrscheinlich ein paar extreme Werte. Es empfiehlt sich dann, den Wertebereich anzusehen und zu entscheiden, ob man die Daten als rohe Zahlen behält, in binäre Werte übersetzt, um ein Vorhandensein anzuzeigen, oder sie in gröbere Klassen einteilt. Schauen wir uns einige Beispiele an, um diese Konzepte zu veranschaulichen.

Binarisierung

Der Echo-Nest-Teildatensatz von Geschmacksprofilen (*http://labrosa.ee.columbia.edu/millionsong/tasteprofile*), die offizielle Nutzerdatensammlung für den Million-Song-Datensatz, enthält die vollständigen Musikabspielverläufe von einer Million Nutzern von Echo Nest. Dies sind einige interessante statistische Kennzahlen dieses Datensatzes:

Statistische Kennzahlen des Echo-Nest-Datensatzes von Geschmacksprofilen

- Es liegen mehr als 48 Millionen Tripel aus Nutzer-ID, Titel-ID und Abspielhäufigkeit vor.
- Der vollständige Datensatz umfasst 1.019.318 unterschiedliche Nutzer und 384.546 unterschiedliche Musiktitel.

Angenommen, wir hätten die Aufgabe, ein Werkzeug zu bauen, das Nutzern Musiktitel empfiehlt. Eine Komponente eines solchen Empfehlungswerkzeugs könnte vorhersagen, wie gut einem Nutzer ein bestimmtes Lied gefällt. Nun handeln die Daten von tatsächlichen Abspielzahlen; sollten diese also das Vorhersageziel sein? Das wäre dann das Richtige, wenn häufiges Anhören bedeutet, dass ein Lied dem Nutzer wirklich gefällt, und seltenes Anhören auf Desinteresse hinweist. Jedoch liegen in den Daten 99% der Abspielzahlen im Bereich bis 24, während einige in die Tausende gehen; der höchste Wert ist 9.667. (Wie Abbildung 2-3 zeigt, hat das Histogramm sein Maximum in der Klasse nahe 0. Aber 10.000 Tripel haben höhere Zählerwerte, darunter einige im Tausenderbereich.) Diese Werte sind abnorm groß; wenn wir tatsächliche Abspielzahlen vorhersagen wollten, würde das Modell von diesen großen Werten aus der Spur gebracht werden.

Im Million-Song-Datensatz stellen die rohen Abspielzahlen kein *robustes* Maß für den Musikgeschmack der Nutzer dar. (In der Sprache der Statistik bedeutet Robustheit, dass die Methode unter einer Vielzahl von Bedingungen funktioniert.) Nutzer haben unterschiedliche Hörgewohnheiten. Manche Menschen lassen ihre Lieblingslieder in Endlosschleife laufen, während andere sie nur zu besonderen Anlässen genießen. Wir können nicht zwingend sagen, dass ein Musikstück jemandem, der es sich 20 Mal anhört, doppelt so gut gefällt wie jemand anderem, der es sich 10 Mal anhört.

Eine robustere Darstellung der Vorlieben von Nutzern erhält man, indem man den Zähler binarisiert und alle größeren Werte als 1 bei 1 abschneidet (siehe Beispiel 2-1). Mit anderen Worten: Wenn sich der Nutzer einen Titel mindestens einmal angehört hat, zählt das als die Feststellung, dass der Nutzer den Titel mag. Auf diese Weise muss das Modell keine Rechenzeit aufwenden, um die feinen Unterschiede zwischen den konkreten Abspielzahlen vorherzusagen. Die binäre Zielgröße ist ein einfaches und robustes Maß für die Vorlieben der Nutzer.

Beispiel 2-1: Binarisierung von Abspielzahlen im Million-Song-Datensatz

```
>>> import pandas as pd
>>> listen_count = pd.read_csv('millionsong/train_triplets.txt.zip',
...                             header=None, delimiter='\t')
# Die Tabelle enthält Tripel aus Nutzer, Titel und Abspielzahl. Es sind nur
# Zahlen größer als null enthalten. Daher müssen wir zum Binarisieren nur die
# gesamte Zählerspalte auf 1 setzen.
>>> listen_count[2] = 1
```

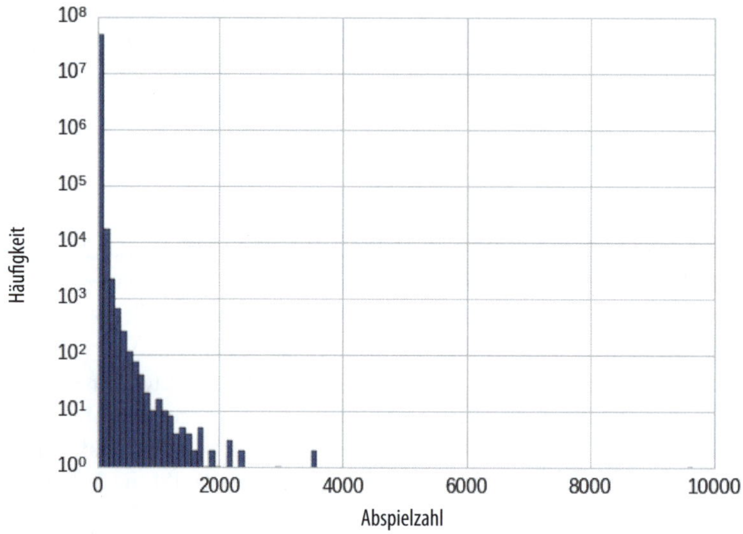

Abbildung 2-3: Histogramm der Abspielzahlen in den Geschmacksprofilen aus dem Million-Song-Datensatz (http://labrosa.ee.columbia.edu/millionsong/) – beachten Sie, dass die y-Achse logarithmisch skaliert ist.

In diesem Beispiel konstruieren wir die Zielvariable des Modells. Streng genommen ist die Zielgröße kein Merkmal, da sie nicht zu den Eingangsgrößen gehört. Aber manchmal müssen wir die Zielgröße dennoch anpassen, um die richtige Aufgabe zu lösen.

Quantisierung oder Klasseneinteilung

Für diese Übung nehmen wir die Daten aus Runde 6 der Yelp-Dataset-Challenge (*http://www.yelp.com/dataset_challenge*) und erzeugen uns einen viel kleineren Klassifikationsdatensatz. Der Yelp-Datensatz enthält Nutzerrezensionen von Geschäften aus zehn Städten in Nordamerika und Europa. Jedes Geschäft ist mit null oder mehr Kategorien markiert.

Statistische Kennzahlen des Yelp-Rezensionsdatensatzes (Runde 6)

- Es gibt 782 Kategorien von Geschäften.
- Der volle Datensatz enthält 1.569.264 (≈1,6M) Rezensionen und 61.184 (≈61K) Geschäfte.
- »Restaurants« (990.627 Rezensionen) und »Nightlife« (210.028 Rezensionen) sind die beliebtesten Kategorien nach Rezensionszahlen.
- Keines der Geschäfte ist zugleich als Restaurant und als Nightlife-Lokal kategorisiert. Es gibt also keine Überschneidung zwischen den beiden Gruppen von Rezensionen.

Zu jedem Geschäft ist die Anzahl von Rezensionen angegeben. Angenommen, wir sollten mithilfe kollaborativen Filterns die Bewertung vorhersagen, die ein Nutzer einem Geschäft geben würde. Dann könnte die Rezensionszahl ein nützliches Eingangsmerkmal sein, weil es gewöhnlich eine starke Korrelation zwischen hohem Zuspruch und guten Bewertungen gibt. Die Frage ist nun: Sollten wir die rohen Rezensionszahlen verwenden oder sie noch weiterverarbeiten? Abbildung 2-4, erstellt anhand von Beispiel 2-2, zeigt das Histogramm der Rezensionszahlen aller Geschäfte. Wir sehen dasselbe Muster wie bei den Abspielzahlen im vorigen Beispiel: Die meisten Anzahlen sind klein, aber manche Geschäfte haben Tausende von Rezensionen.

Beispiel 2-2: Visualisierung von Rezensionszahlen im Yelp-Datensatz

```
>>> import pandas as pd
>>> import json

# Daten der Geschäfte laden.
>>> biz_file = open('yelp_academic_dataset_business.json')
>>> biz_df = pd.DataFrame([json.loads(x) for x in biz_file.readlines()])
>>> biz_file.close()

>>> import matplotlib.pyplot as plt
>>> import seaborn as sns

# Histogramm der Rezensionszahlen zeichnen.
>>> sns.set_style('whitegrid')
>>> fig, ax = plt.subplots()
>>> biz_df['review_count'].hist(ax=ax, bins=100)
>>> ax.set_yscale('log')
>>> ax.tick_params(labelsize=14)
>>> ax.set_xlabel('Review Count', fontsize=14)
>>> ax.set_ylabel('Occurrence', fontsize=14)
```

Rohe Zählerwerte, die mehrere Größenordnungen umfassen, sind für viele Modelle ein Problem. In einem linearen Modell müsste ein und derselbe Linearfaktor für alle möglichen Werte des Zählers funktionieren. Große Zählerwerte können auch bei unüberwachten Anlernmethoden Unheil anrichten, etwa beim *k*-Means-Clustering, das anhand des euklidischen Abstands die Ähnlichkeit zwischen Datenpunkten misst. Ein großer Zählerwert in einem Element des Datenvektors würde die Ähnlichkeit in allen anderen Elementen überwiegen und damit womöglich die gesamte Ähnlichkeitsmessung unbrauchbar machen.

Ein möglicher Ausweg wäre, den Wertebereich durch *Quantisierung* des Zählers einzugrenzen. Mit anderen Worten: Wir gruppieren die Zähler in Klassen und lösen uns von den tatsächlichen Zahlenwerten. Die Quantisierung bildet einen stetigen Zahlenwert auf einen diskreten ab. Wir können uns die diskretisierten Zahlen als geordnete Folge von Klassen vorstellen, die ein Intensitätsmaß darstellen.

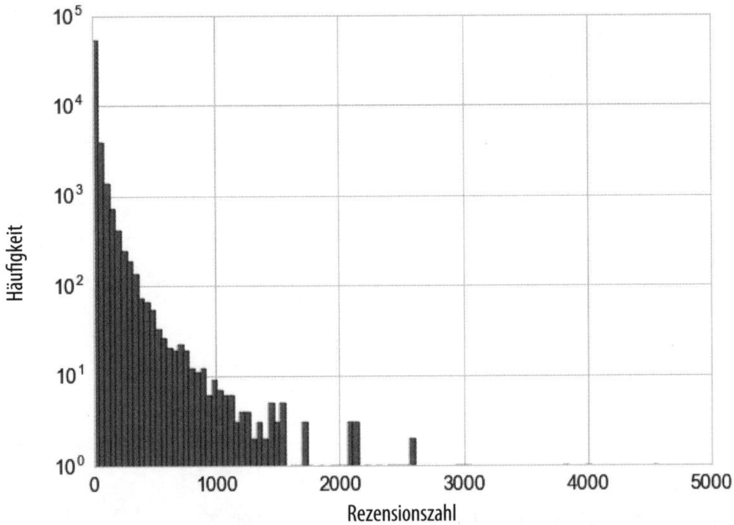

Abbildung 2-4: Histogramm der Rezensionszahlen im Yelp-Datensatz – die y-Achse ist logarithmisch skaliert.

Um Daten zu quantisieren, müssen wir festlegen, wie groß jede der Klassen sein soll. Es gibt zwei Kategorien von Antworten: solche mit festen und solche mit adaptiven Größen. Wir werden für beide ein Beispiel geben.

Klasseneinteilung mit festen Klassengrößen

Bei der Klasseneinteilung mit festen Klassengrößen umfasst jede Klasse einen bestimmten Zahlenbereich. Die Bereiche können individuell angepasst oder automatisch aufgeteilt werden, und sie können linear oder exponentiell skaliert sein. Beispielsweise können wir Personen in Altersgruppen nach Jahrzehnten einteilen:

0 bis 9 Jahre alt in Klasse 1, 10 bis 19 Jahre alt in Klasse 2 usw. Um die Zahl auf die Klasse abzubilden, teilen wir einfach durch die Größe der Klasse und arbeiten mit dem ganzzahligen Anteil weiter.

Häufig sieht man auch angepasste Altersklassen, die den Lebensabschnitten besser entsprechen, beispielsweise:

- 0–12 Jahre alt
- 12–17 Jahre alt
- 18–24 Jahre alt
- 25–34 Jahre alt
- 35–44 Jahre alt
- 45–54 Jahre alt
- 55–64 Jahre alt
- 65–74 Jahre alt
- 75 Jahre oder älter

Wenn die Zahlen mehrere Größenordnungen umfassen, kann es besser sein, sie nach Zehnerpotenzen (oder Potenzen einer anderen Konstanten) zu gruppieren: 0 bis 9, 10 bis 99, 100 bis 999, 1.000 bis 9.999 usw. Die Klassengrößen wachsen exponentiell von $O(10)$ über $O(100)$, $O(1000)$ und darüber hinaus. Um den Zähler auf die Klasse abzubilden, bilden wir den Logarithmus des Zahlenwerts. Die Klasseneinteilung mit exponentiellen Klassengrößen ist eng verwandt mit der Logarithmustransformation, die wir im Abschnitt »Die Logarithmustransformation« auf Seite 15 besprechen. Beispiel 2-3 veranschaulicht mehrere Methoden der Klasseneinteilung.

Beispiel 2-3: Quantisierung von Zählern anhand von Klassen fester Größe

```
>>> import numpy as np

# Erzeuge 20 gleichverteilte ganze Zufallszahlen von 0 bis 99.
>>> small_counts = np.random.randint(0, 100, 20)
>>> small_counts
array([30, 64, 49, 26, 69, 23, 56,  7, 69, 67, 87, 14, 67, 33, 88, 77, 75,
       47, 44, 93])
# Bilde per Division auf gleichförmig verteilte Klassen 0-9 ab.
>>> np.floor_divide(small_counts, 10)
array([3, 6, 4, 2, 6, 2, 5, 0, 6, 6, 8, 1, 6, 3, 8, 7, 7, 4, 4, 9], dtype=int32)

# Eine Folge von Zählerwerten, die mehrere Größenordnungen umfassen.
>>> large_counts = [296, 8286, 64011, 80, 3, 725, 867, 2215, 7689, 11495, 91897,
...                 44, 28, 7971, 926, 122, 22222]
# Bilde per Logarithmusfunktion auf Klassen exponentieller Größe ab.
>>> np.floor(np.log10(large_counts))
array([ 2.,  3.,  4.,  1.,  0.,  2.,  2.,  3.,  3.,  4.,  4.,  1.,  1.,
        3.,  2.,  2.,  4.])
```

Klasseneinteilung nach Quantilen

Die Klasseneinteilung mit festen Klassengrößen ist leicht zu berechnen. Wenn zwischen den Zählerwerten aber große Lücken klaffen, wird es viele leere Klassen ohne Daten geben. Dieses Problem lässt sich lösen, indem man die Klassen adaptiv anhand der Verteilung der Daten festlegt. Dazu kann man die Quantile der Verteilung nutzen.

Quantile sind Werte, die die Daten in gleich große Abschnitte aufteilen. Der Median teilt die Daten beispielsweise in Hälften; die eine Hälfte der Datenpunkte ist kleiner und die andere Hälfte größer als der Median. Quartile teilen die Daten in Viertel, Dezile in Zehntel usw. Beispiel 2-4 führt vor, wie man die Dezile der Rezensionszahlen von Yelp berechnet, und Abbildung 2-5 legt die Dezile über das Histogramm. Das macht die Überzahl an kleineren Werten viel klarer erkennbar.

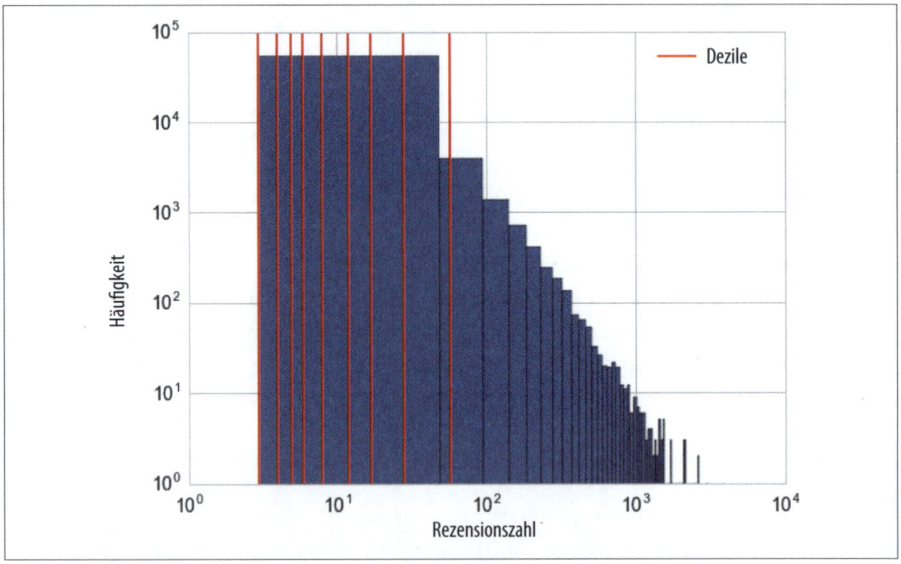

Abbildung 2-5: Dezile der Rezensionszahlen im Yelp-Datensatz – x- und y-Achse sind logarithmisch skaliert.

Beispiel 2-4: Berechnung der Dezile der Rezensionszahlen von Yelp

```
>>> deciles = biz_df['review_count'].quantile([.1, .2, .3, .4, .5, .6, .7, .8, .9])
>>> deciles
0.1     3.0
0.2     4.0
0.3     5.0
0.4     6.0
0.5     8.0
0.6    12.0
0.7    17.0
0.8    28.0
0.9    58.0
Name: review_count, dtype: float64
```

```
# Zeichne die Dezile ins Histogramm.
>>> sns.set_style('whitegrid')
>>> fig, ax = plt.subplots()
>>> biz_df['review_count'].hist(ax=ax, bins=100)
>>> for pos in deciles:
...     handle = plt.axvline(pos, color='r')
>>> ax.legend([handle], ['deciles'], fontsize=14)
>>> ax.set_yscale('log')
>>> ax.set_xscale('log')
>>> ax.tick_params(labelsize=14)
>>> ax.set_xlabel('Review Count', fontsize=14)
>>> ax.set_ylabel('Occurrence', fontsize=14)
```

Um die Quantile zu berechnen und Daten auf Quantil-Klassen abzubilden, können wir die Bibliothek Pandas nutzen (siehe Beispiel 2-5). `pandas.DataFrame.quantile` (*http://bit.ly/2I8vpf2*) und `pandas.Series.quantile` (*http://bit.ly/2D89r80*) berechnen die Quantile. `pandas.qcut` (*http://bit.ly/2IamSrY*) bildet Daten auf eine gewünschte Anzahl von Quantilen ab.

Beispiel 2-5: Klasseneinteilung von Zählerwerten nach Quantilen

```
# Fortführung von Beispiel 2-3 mit large_counts
>>> import pandas as pd

# Abbildung der Zählerwerte auf Quartile
>>> pd.qcut(large_counts, 4, labels=False)
array([1, 2, 3, 0, 0, 1, 1, 2, 2, 3, 3, 0, 0, 2, 1, 0, 3], dtype=int64)

# Berechnung der Quantile
>>> large_counts_series = pd.Series(large_counts)
>>> large_counts_series.quantile([0.25, 0.5, 0.75])
0.25     122.0
0.50     926.0
0.75    8286.0
dtype: float64
```

Die Logarithmustransformation

Im vorigen Abschnitt haben wir kurz angesprochen, dass man den Logarithmus des Zählerwerts nutzen kann, um die Daten auf Klassen exponentieller Größe abzubilden. Schauen wir uns das nun näher an.

Die Logarithmusfunktion ist die Inverse der Exponentialfunktion. Sie ist so definiert, dass $\log_a(a^x) = x$ gilt, wobei a eine positive Konstante ist und x eine beliebige positive Zahl sein kann. Aus $a^0 = 1$ ergibt sich $\log_a(1) = 0$. Die Logarithmusfunktion bildet also das kleine Intervall (0, 1) auf den gesamten Bereich der negativen Zahlen $(-\infty, 0)$ ab. Die Funktion $\log_{10}(x)$ bildet das Intervall [1, 10] auf [0, 1] ab, [10, 100] auf [1, 2] usw. Mit anderen Worten: Die Logarithmusfunktion verdichtet große Zahlen und streckt kleine Zahlen. Je größer x ist, desto langsamer wächst $\log(x)$.

Das ist leichter zu verdauen, wenn man ein Diagramm der Logarithmusfunktion anschaut (siehe Abbildung 2-6). Sie sehen, wie die horizontalen *x*-Werte zwischen 100 und 1.000 auf das kleine Intervall von 2,0 bis 3,0 in der vertikalen *y*-Richtung zusammengedrängt wird, die winzige horizontale Spanne von *x*-Werten kleiner als 100 aber auf den Rest der vertikalen Achse abgebildet wird.

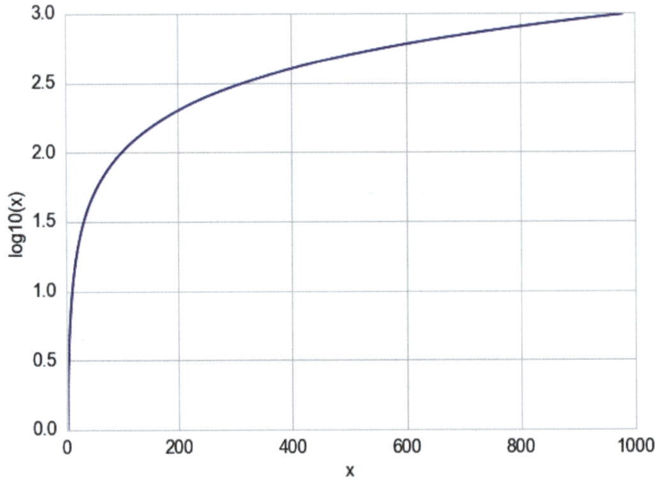

Abbildung 2-6: Die Logarithmusfunktion verdichtet große Zahlen und streckt kleine Zahlen.

Die Logarithmustransformation ist ein mächtiges Werkzeug, um mit einer endlastigen Verteilung positiver Zahlen fertigzuwerden. (Eine endlastige Verteilung legt mehr Wahrscheinlichkeitsmasse auf den oberen Bereich als eine Gauß-Verteilung.) Sie verdichtet den langen oberen Ausläufer der Verteilung in ein kürzeres Ende und dehnt die unteren Werte zu einem längeren Kurvenanfang. Abbildung 2-7 vergleicht die Histogramme der Rezensionszahlen von Yelp vor und nach der Logarithmustransformation (siehe Beispiel 2-6). Die y-Achsen sind nun beide normal (linear) skaliert. Die größeren Klassenabstände im unteren Diagramm im Intervall (0.5, 1] kommen daher, dass es nur zehn mögliche ganzzahlige Werte von 1 bis 10 gibt. Beachten Sie, dass sich die ursprünglichen Rezensionszahlen stark in den niedrigen Werten konzentrieren, Ausreißer aber bis über 4.000 reichen. Nach der Logarithmustransformation ist das Histogramm weniger stark auf das untere Ende konzentriert und eher über die x-Achse verteilt.

Beispiel 2-6: Visualisierung der Verteilung der Rezensionszahlen vor und nach der Logarithmustransformation

```
>>> fig, (ax1, ax2) = plt.subplots(2,1)
>>> biz_df['review_count'].hist(ax=ax1, bins=100)
>>> ax1.tick_params(labelsize=14)
>>> ax1.set_xlabel('review_count', fontsize=14)
>>> ax1.set_ylabel('Occurrence', fontsize=14)
```

```
>>> biz_df['log_review_count'].hist(ax=ax2, bins=100)
>>> ax2.tick_params(labelsize=14)
>>> ax2.set_xlabel('log10(review_count))', fontsize=14)
>>> ax2.set_ylabel('Occurrence', fontsize=14)
```

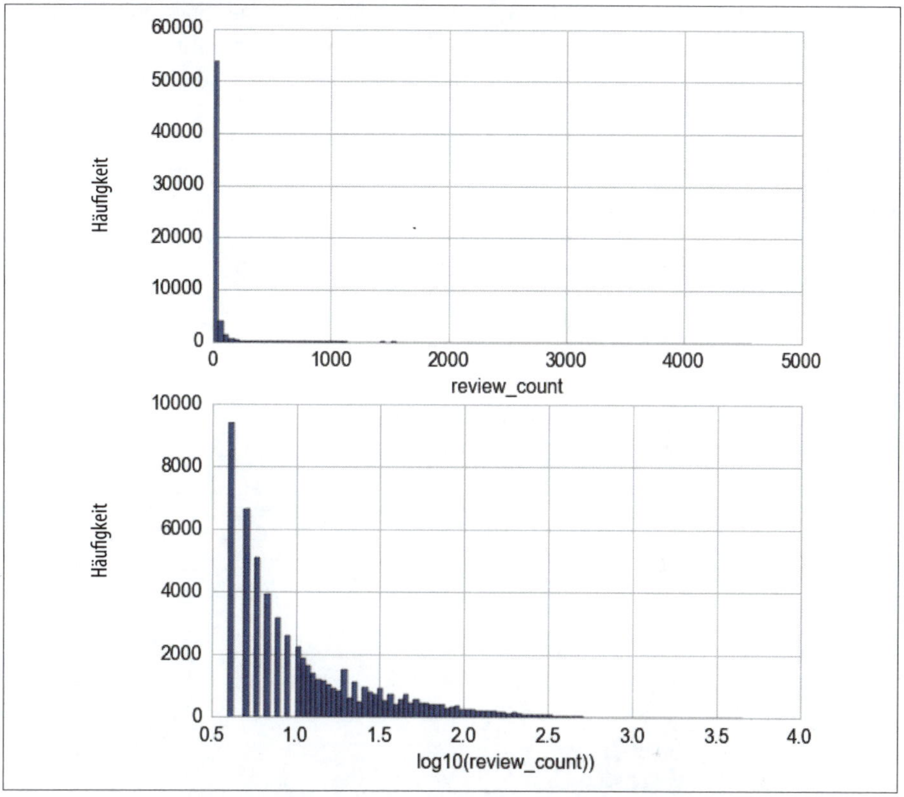

Abbildung 2-7: Vergleich der Rezensionszahlen von Yelp vor (oben) und nach (unten) der Logarithmustransformation

Als weiteres Beispiel betrachten wir den Datensatz zur Verbreitung von Online-Nachrichten (*https://archive.ics.uci.edu/ml/datasets/Online+News+Popularity*) aus dem Machine-Learning-Repository der University of California, Irvine (Fernandes u.a., 2015).

Statistische Kennzahlen des Datensatzes zur Verbreitung von Online-Nachrichten

- Der Datensatz enthält 60 Merkmale einer Menge von 39.797 Pressemeldungen, die über zwei Jahre von Mashable veröffentlicht wurden.

Unser Ziel ist es, anhand dieser Merkmale die Verbreitung der Artikel gemessen an der Anzahl von Weitergaben in den sozialen Medien vorherzusagen. In diesem Beispiel werden wir uns auf ein einziges Merkmal konzentrieren: die Anzahl der Wörter im Artikel. Abbildung 2-8 zeigt die Histogramme dieses Merkmals vor und nach der Logarithmustransformation (siehe Beispiel 2-7). Beachten Sie, dass die Verteilung nach der Logarithmustransformation einer Gauß-Verteilung viel ähnlicher ist, wenn man von der Häufung von Artikeln der Länge null (also ohne Inhalt) absieht.

Beispiel 2-7: Visualisierung der Verteilung der Verbreitung von Pressemeldungen mit und ohne Logarithmustransformation

```
>>> fig, (ax1, ax2) = plt.subplots(2,1)
>>> df['n_tokens_content'].hist(ax=ax1, bins=100)
>>> ax1.tick_params(labelsize=14)
>>> ax1.set_xlabel('Number of Words in Article', fontsize=14)
>>> ax1.set_ylabel('Number of Articles', fontsize=14)

>>> df['log_n_tokens_content'].hist(ax=ax2, bins=100)
>>> ax2.tick_params(labelsize=14)
>>> ax2.set_xlabel('Log of Number of Words', fontsize=14)
>>> ax2.set_ylabel('Number of Articles', fontsize=14)
```

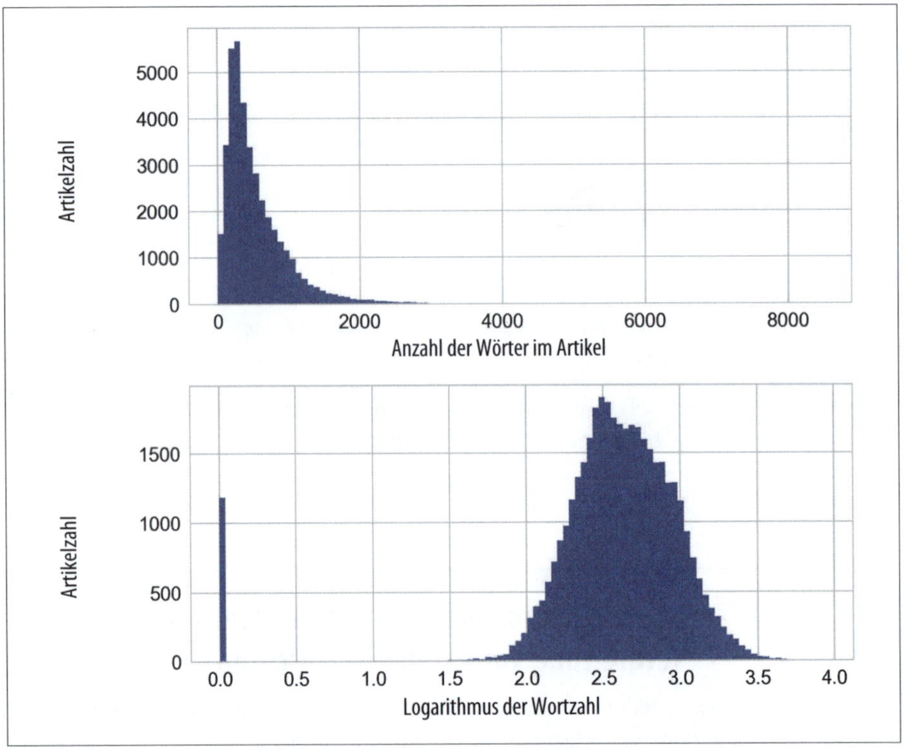

Abbildung 2-8: Vergleich der Wortzahlen in Pressemeldungen von Mashable vor (oben) und nach (unten) der Logarithmustransformation

Die Logarithmustransformation am Werk

Schauen wir uns nun an, was die Logarithmustransformation beim überwachten Lernen bringt. Wir verwenden dazu die beiden zuletzt gesehenen Datensätze. Beim Rezensionsdatensatz von Yelp sagen wir anhand der Anzahl von Rezensionen die mittlere Bewertung eines Geschäfts vorher (siehe Beispiel 2-8). Im Fall der Meldungen von Mashable nutzen wir die Anzahl der Wörter in einem Artikel, um seine Verbreitung vorherzusagen. Da die Ausgaben fortlaufende Zahlen sind, verwenden wir als Modell eine einfache lineare Regression. Wir benutzen scikit-learn (*http://scikit-learn.org/*) für eine zehnfache Kreuzvalidierung der linearen Regression auf dem Merkmal mit und ohne Logarithmustransformation. Die Modelle werden an der R-Quadrat-Bewertung (*http://bit.ly/2D4ZKap*) eingeschätzt, die misst, wie gut ein angelerntes Regressionsmodell neue Daten vorhersagt. Gute Modelle haben hohe R-Quadrat-Bewertungen, ein perfektes Modell erreicht den Höchstwert von 1. Die Bewertung kann negativ werden, und ein schlechtes Modell kann eine beliebig niedrige negative Bewertung erhalten. Mit der Kreuzvalidierung gewinnen wir nicht nur eine Schätzung der Bewertung, sondern auch eine Varianz, an der wir ablesen können, ob die Unterschiede zwischen den beiden Modellen von Bedeutung sind.

Beispiel 2-8: Verwendung logarithmierter Rezensionszahlen von Yelp zur Vorhersage der mittleren Bewertung eines Geschäfts

```
>>> import pandas as pd
>>> import numpy as np
>>> import json
>>> from sklearn import linear_model
>>> from sklearn.model_selection import cross_val_score

# Verwende den bereits geladenen DataFrame von Yelp-Rezensionen,
# um die Logarithmustransformation der Rezensionszahlen zu berechnen.
# Wir addieren 1 zum rohen Zählerwert, damit der Logarithmus nicht ins
# negative Unendlich explodiert, wenn der Zählerwert null ist.
>>> biz_df['log_review_count'] = np.log10(biz_df['review_count'] + 1)

# Lerne lineare Regressionsmodelle an, um die mittlere Sternebewertung eines
# Geschäfts anhand des Merkmals review_count mit und ohne
# Logarithmustransformation vorherzusagen.
# Vergleiche die Bewertung beider Modelle nach  zehnfacher Kreuzvalidierung.
>>> m_orig = linear_model.LinearRegression()
>>> scores_orig = cross_val_score(m_orig, biz_df[['review_count']],
...                               biz_df['stars'], cv=10)
>>> m_log = linear_model.LinearRegression()
>>> scores_log = cross_val_score(m_log, biz_df[['log_review_count']],
...                              biz_df['stars'], cv=10)
>>> print("R-squared score without log transform: %0.5f (+/- %0.5f)"
...       % (scores_orig.mean(), scores_orig.std() * 2))
>>> print("R-squared score with log transform: %0.5f (+/- %0.5f)"
...       % (scores_log.mean(), scores_log.std() * 2))
R-squared score without log transform: -0.03683 (+/- 0.07280)
R-squared score with log transform: -0.03694 (+/- 0.07650)
```

Der Ausgabe des Experiments nach zu urteilen, sind beide einfachen Modelle (mit und ohne Logarithmustransformation) gleichermaßen schlecht darin, die Zielgröße vorherzusagen, wobei das logarithmierte Merkmal sogar ein etwas schlechteres Ergebnis liefert. Wie enttäuschend! Es überrascht nicht, dass keines der beiden Modelle besonders gut ist, da ja beide nur ein Merkmal nutzen, aber man hoffte doch, dass das logarithmierte Merkmal besser funktioniert hätte.

Schauen wir nun, wie sich die Logarithmustransformation beim Datensatz zur Verbreitung von Online-Nachrichten schlägt (siehe Beispiel 2-9).

Beispiel 2-9: Vorhersage der Verbreitung von Artikeln aufgrund logarithmierter Wortzahlen im Datensatz zur Verbreitung von Online-Nachrichten

```
# Lade den Datensatz zur Verbreitung von Online-Nachrichten von der UCI
# herunter und lade die Datei dann mit Pandas in einen DataFrame.
>>> df = pd.read_csv('OnlineNewsPopularity.csv', delimiter=', ')

# Bilde die Logarithmustransformation des Merkmals 'n_tokens_content', das
# die Zahl der Wörter (Tokens) in einer Meldung beschreibt.
>>> df['log_n_tokens_content'] = np.log10(df['n_tokens_content'] + 1)

# Lerne zwei lineare Regressionsmodelle an, um die Anzahl von
# Weiterverbreitungen eines Artikels vorherzusagen, wobei eines das Merkmal
# selbst und das andere das logarithmierte Merkmal benutzt.
>>> m_orig = linear_model.LinearRegression()
>>> scores_orig = cross_val_score(m_orig, df[['n_tokens_content']],
...                               df['shares'], cv=10)
>>> m_log = linear_model.LinearRegression()
>>> scores_log = cross_val_score(m_log, df[['log_n_tokens_content']],
...                              df['shares'], cv=10)
>>> print("R-squared score without log transform: %0.5f (+/- %0.5f)"
...       % (scores_orig.mean(), scores_orig.std() * 2))
>>> print("R-squared score with log transform: %0.5f (+/- %0.5f)"
...       % (scores_log.mean(), scores_log.std() * 2))
R-squared score without log transform: -0.00242 (+/- 0.00509)
R-squared score with log transform: -0.00114 (+/- 0.00418)
```

Die Erwartungsbereiche überschneiden sich noch, aber das Modell mit dem logarithmierten Merkmal funktioniert besser als das ohne. Warum ist die Logarithmustransformation auf diesem Datensatz so viel erfolgreicher? Die Streudiagramme (siehe Beispiel 2-10) der Eingangsmerkmale und Zielwerte geben Aufschluss. Wie im unteren Teil von Abbildung 2-9 zu sehen, hat die Logarithmustransformation die x-Achse verformt und die Ausreißerartikel mit großen Werten der Zielgröße (>200.000 Weitergaben) weiter hinaus zur rechten Seite der Achse gezogen. Das lässt dem linearen Modell mehr »Luft« am unteren Ende des Raums der Eingangsmerkmale. Ohne die Logarithmustransformation (oberes Bild) steht das Modell unter größerem Druck, sehr unterschiedliche Zielwerte innerhalb sehr kleiner Änderungen der Eingangswerte unterzubringen.

Beispiel 2-10: Visualisierung der Korrelation zwischen Eingangs- und Ausgabewerten bei der Vorhersage der Verbreitung von Nachrichten

```
>>> fig2, (ax1, ax2) = plt.subplots(2,1)
>>> ax1.scatter(df['n_tokens_content'], df['shares'])
>>> ax1.tick_params(labelsize=14)
>>> ax1.set_xlabel('Number of Words in Article', fontsize=14)
>>> ax1.set_ylabel('Number of Shares', fontsize=14)

>>> ax2.scatter(df['log_n_tokens_content'], df['shares'])
>>> ax2.tick_params(labelsize=14)
>>> ax2.set_xlabel('Log of the Number of Words in Article', fontsize=14)
>>> ax2.set_ylabel('Number of Shares', fontsize=14)
```

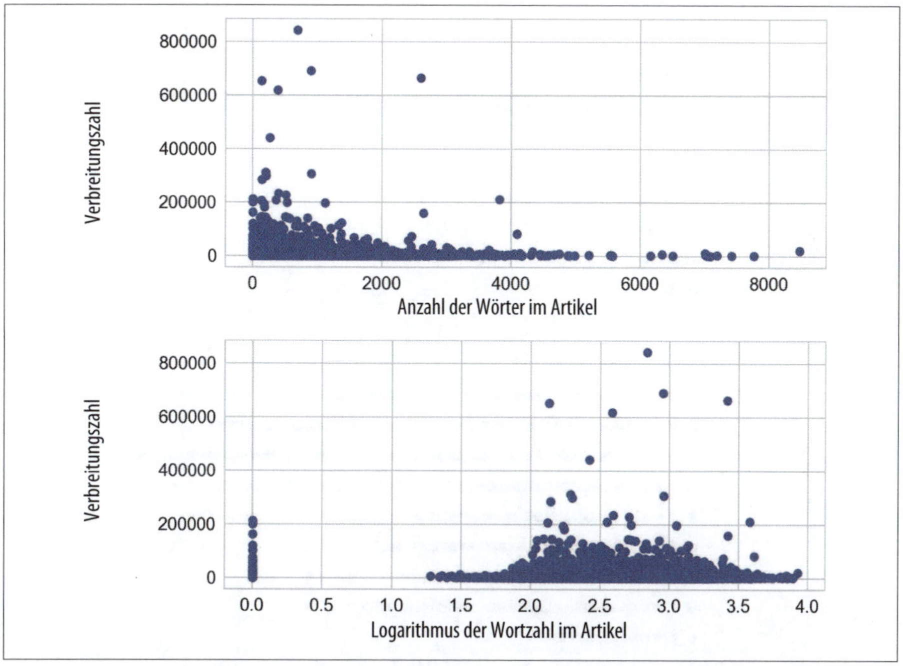

Abbildung 2-9: Streudiagramme der Verbreitungszahl (Zielgröße) über der Wortzahl (Eingangsgröße) im Datensatz zur Verbreitung von Online-Nachrichten – das obere Diagramm stellt das ursprüngliche Merkmal dar, das untere ist das Streudiagramm nach der Logarithmustransformation.

Vergleichen wir das mit den gleichen Streudiagrammen für den Rezensionsdatensatz von Yelp (siehe Beispiel 2-11). Abbildung 2-10 unterscheidet sich sehr von Abbildung 2-9. Die mittlere Sternebewertung haben wir in Schritten von halben Sternen von 1 bis 5 diskretisiert. Hohe Rezensionszahlen (etwa >2.500 Rezensionen) korrelieren tatsächlich mit höheren mittleren Sternebewertungen, aber der Zusammenhang ist bei Weitem nicht linear. Für keine der beiden Eingangsgrößen ist klar, wie man anhand einer Geraden die mittlere Sternebewertung vorhersagen soll. Im Wesentlichen zeigt das Diagramm, dass sich sowohl die Rezensionszahl als auch ihr Logarithmus schlecht für eine lineare Vorhersage der mittleren Sternebewertung eignen.

Beispiel 2-11: Visualisierung der Korrelation zwischen Eingangs- und Ausgabegrößen bei der Vorhersage von Rezensionen für Geschäfte mit dem Yelp-Datensatz

```
>>> fig, (ax1, ax2) = plt.subplots(2,1)
>>> ax1.scatter(biz_df['review_count'], biz_df['stars'])
>>> ax1.tick_params(labelsize=14)
>>> ax1.set_xlabel('Review Count', fontsize=14)
>>> ax1.set_ylabel('Average Star Rating', fontsize=14)

>>> ax2.scatter(biz_df['log_review_count'], biz_df['stars'])
>>> ax2.tick_params(labelsize=14)
>>> ax2.set_xlabel('Log of Review Count', fontsize=14)
>>> ax2.set_ylabel('Average Star Rating', fontsize=14)
```

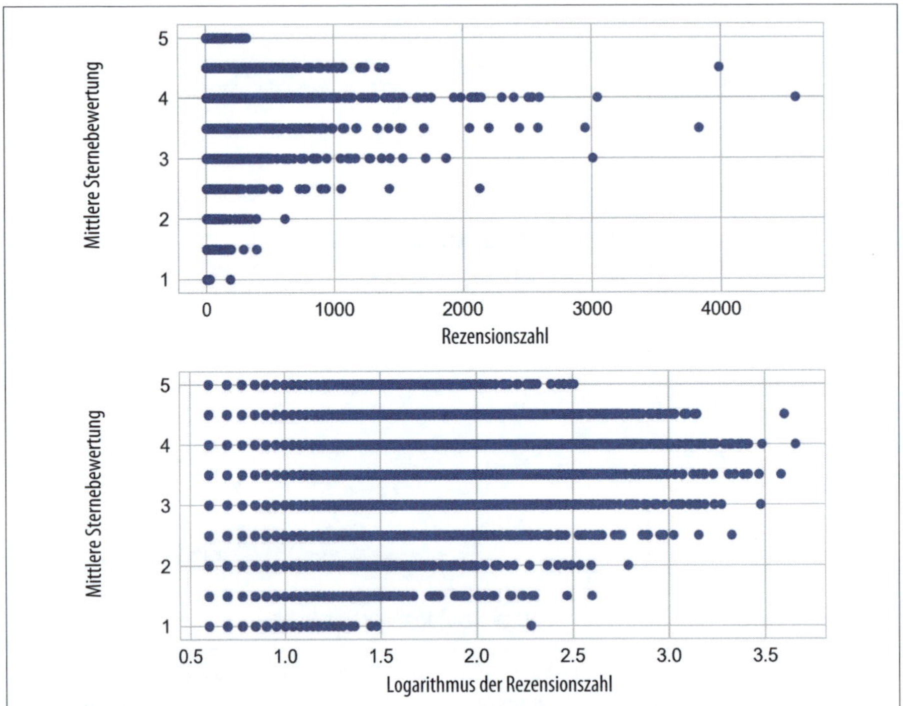

Abbildung 2-10: Streudiagramme der mittleren Sternebewertung (Zielgröße) gegenüber der Rezensionszahl (Eingangsgröße) im Rezensionsdatensatz von Yelp – das obere Bild trägt die Rezensionszahlen selbst auf, das untere trägt die Rezensionszahlen nach der Logarithmustransformation auf.

Die Bedeutung der Visualisierung von Daten

Der Vergleich der Auswirkung der Logarithmustransformation auf zwei verschiedene Datensätze zeigt, wie wichtig es ist, Daten zu visualisieren. Wir haben dabei absichtlich die Eingangs- und Zielvariablen einfach gehalten, um ihren Zusammenhang leicht darstellen zu können. Diagramme wie jene in Abbildung 2-10 offenbaren unmittelbar, dass das gewählte Modell (ein lineares) unmöglich den Zusammenhang zwischen den gewählten Eingangs- und Zielgrößen abbilden kann. Umgekehrt könnte man die Verteilung der Rezensionszahlen aber überzeugend modellieren, wenn man von der mittleren Sternebewertung *ausgeht*. Beim Entwurf von Modellen tut man gut daran, die Zusammenhänge zwischen Eingangs- und Ausgabegrößen sowie zwischen verschiedenen Eingangsmerkmalen visuell zu überprüfen.

Potenztransformationen als verallgemeinerte Logarithmustransformation

Die Logarithmustransformation ist ein spezifisches Beispiel einer Familie von *Potenztransformationen*. Aus Sicht der Statistik handelt es sich um *varianzstabilisierende Transformationen*. Um den Nutzen der Varianzstabilisierung zu verstehen, betrachten wir die Poisson-Verteilung. Sie ist eine endlastige Verteilung, deren Varianz gleich ihrem Mittelwert ist: je größer ihr Schwerpunkt, desto größer also ihre Varianz und desto schwerer das Ende. Potenztransformationen verändern die Verteilung der Variablen so, dass die Varianz nicht mehr vom Mittelwert abhängt. Nehmen wir beispielsweise eine Poisson-verteilte Zufallsvariable X an. Transformieren wir X, indem wir ihre Quadratwurzel bilden, ist die Varianz von $\tilde{X} = \sqrt{X}$ etwa eine Konstante und nicht mehr gleich dem Mittelwert.

Abbildung 2-11 stellt λ dar, den Mittelwert der Verteilung. Wenn λ wächst, verschiebt sich nicht nur der Modus der Verteilung nach rechts, sondern es verteilt sich auch die Masse, und die Varianz wird größer.

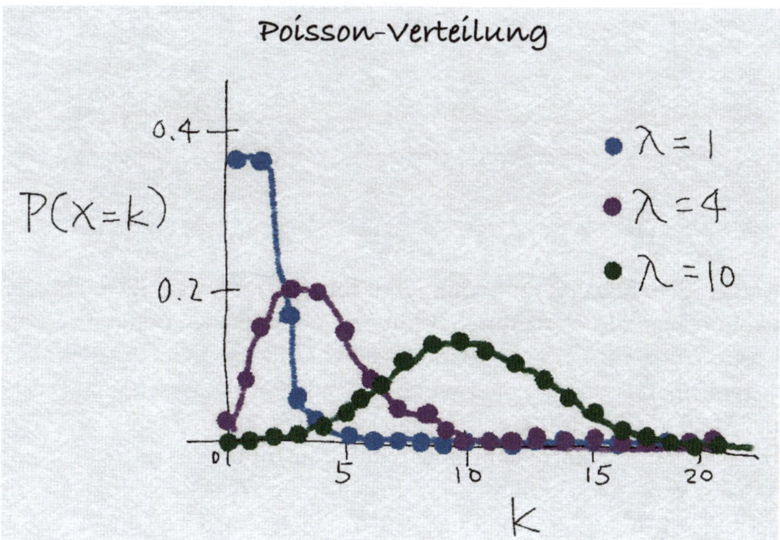

Abbildung 2-11: Eine grobe Darstellung der Poisson-Verteilung als Beispiel einer Verteilung, bei der die Varianz mit dem Mittelwert wächst

Eine einfache Verallgemeinerung sowohl der Quadratwurzel- als auch der Logarithmustransformation ist die sogenannte Box-Cox-Transformation:

$$\tilde{x} = \begin{cases} \dfrac{x^\lambda - 1}{\lambda} & \text{für } \lambda \neq 0, \\ \ln(x) & \text{für } \lambda = 0. \end{cases}$$

Abbildung 2-12 zeigt die Box-Cox-Transformation für $\lambda = 0$ (die Logarithmustransformation), $\lambda = 0.25$, $\lambda = 0.5$ (eine skalierte und verschobene Version der Quadratwurzeltransformation), $\lambda = 0.75$ und $\lambda = 1.5$. Werte von λ kleiner als 1 verdichten große Zahlen, während Werte von λ größer als 1 die gegenteilige Wirkung haben.

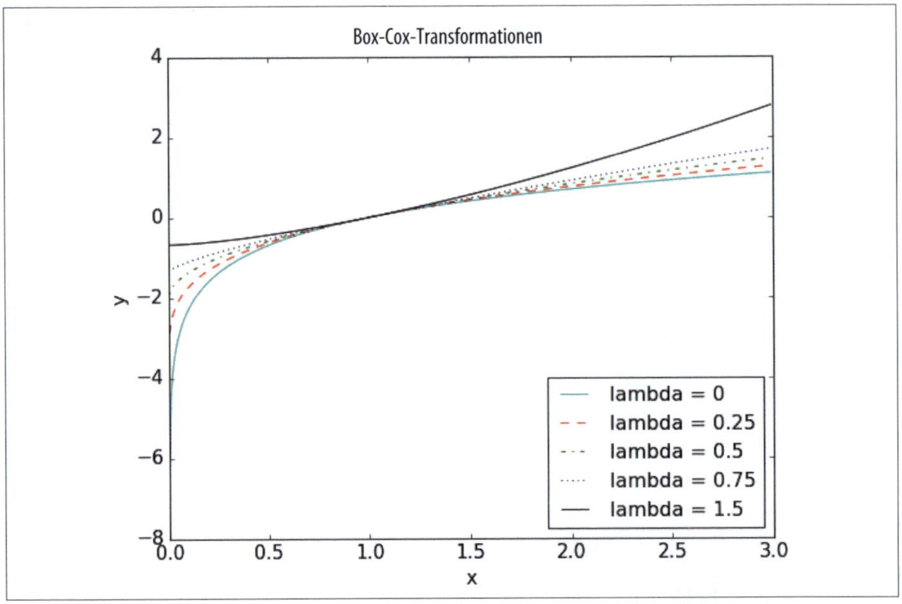

Abbildung 2-12: Box-Cox-Transformationen für verschiedene Werte von λ

Die Box-Cox-Schreibweise funktioniert nur für positive Daten. Bei nicht positiven Daten könnte man die Werte durch Addition einer festen Konstanten verschieben. Wenn wir die Box-Cox-Transformation oder eine allgemeinere Potenztransformation anwenden, müssen wir einen Wert für den Parameter λ festlegen. Das könnte nach der Methode der größten Plausibilität (der Bestimmung des Werts von λ, der die normalverteilte Wahrscheinlichkeit des transformierten Signals maximiert) oder anhand von Bayes-Verfahren geschehen. Eine vollständige Behandlung der Anwendung von Box-Cox- und allgemeinen Potenztransformationen würde den Rahmen dieses Buchs sprengen. Interessierte Leser können sich in *Econometric Methods* von Johnston und DiNardo (1997) tiefer in Potenztransformationen einlesen. Glücklicherweise enthält das `stats`-Paket von SciPy (*https://docs.scipy.org/doc/scipy/reference/stats.html*) eine Implementierung der Box-Cox-Transformation, die unter anderem den optimalen Transformationsparameter bestimmt. Beispiel 2-12 demonstriert seine Anwendung auf den Rezensionsdatensatz von Yelp.

Beispiel 2-12: Box-Cox-Transformation der Rezensionszahlen von Yelp

```
>>> from scipy import stats

# Anschließend an das vorherige Beispiel gehen wir davon aus, dass biz_df die
# Yelp-Daten zu Geschäftsrezensionen enthält.
# Die Box-Cox-Transformation setzt positive Eingangsdaten voraus.
# Wir prüfen zur Sicherheit das Minimum.
>>> biz_df['review_count'].min()
3

# Setzen wir den Eingangsparameter lmbda auf 0, erhalten wir die
# Logarithmustransformation (ohne Verschiebung um eine Konstante).
>>> rc_log = stats.boxcox(biz_df['review_count'], lmbda=0)
# Von Haus aus bestimmt die scipy-Implementierung der Box-Cox-Transformation
# denjenigen lambda-Parameter, der die Ausgabe am besten an eine
# Normalverteilung annähert.
>>> rc_bc, bc_params = stats.boxcox(biz_df['review_count'])
>>> bc_params
-0.4106510862321085
```

Abbildung 2-13 bietet einen visuellen Vergleich der Verteilungen der ursprünglichen und transformierten Zählerwerte (siehe Beispiel 2-13).

Beispiel 2-13: Visualisierung der Histogramme der ursprünglichen, logarithmierten und Box-Cox-transformierten Zählerwerte

```
>>> fig, (ax1, ax2, ax3) = plt.subplots(3,1)
# Histogramm der ursprünglichen Rezensionszahlen
>>> biz_df['review_count'].hist(ax=ax1, bins=100)
>>> ax1.set_yscale('log')
>>> ax1.tick_params(labelsize=14)
>>> ax1.set_title('Review Counts Histogram', fontsize=14)
>>> ax1.set_xlabel('')
>>> ax1.set_ylabel('Occurrence', fontsize=14)

# Rezensionszahlen nach der Logarithmustransformation
>>> biz_df['rc_log'].hist(ax=ax2, bins=100)
>>> ax2.set_yscale('log')
>>> ax2.tick_params(labelsize=14)
>>> ax2.set_title('Log Transformed Counts Histogram', fontsize=14)
>>> ax2.set_xlabel('')
>>> ax2.set_ylabel('Occurrence', fontsize=14)

# Rezensionszahlen nach der optimalen Box-Cox-Transformation
>>> biz_df['rc_bc'].hist(ax=ax3, bins=100)
>>> ax3.set_yscale('log')
>>> ax3.tick_params(labelsize=14)
>>> ax3.set_title('Box-Cox Transformed Counts Histogram', fontsize=14)
>>> ax3.set_xlabel('')
>>> ax3.set_ylabel('Occurrence', fontsize=14)
```

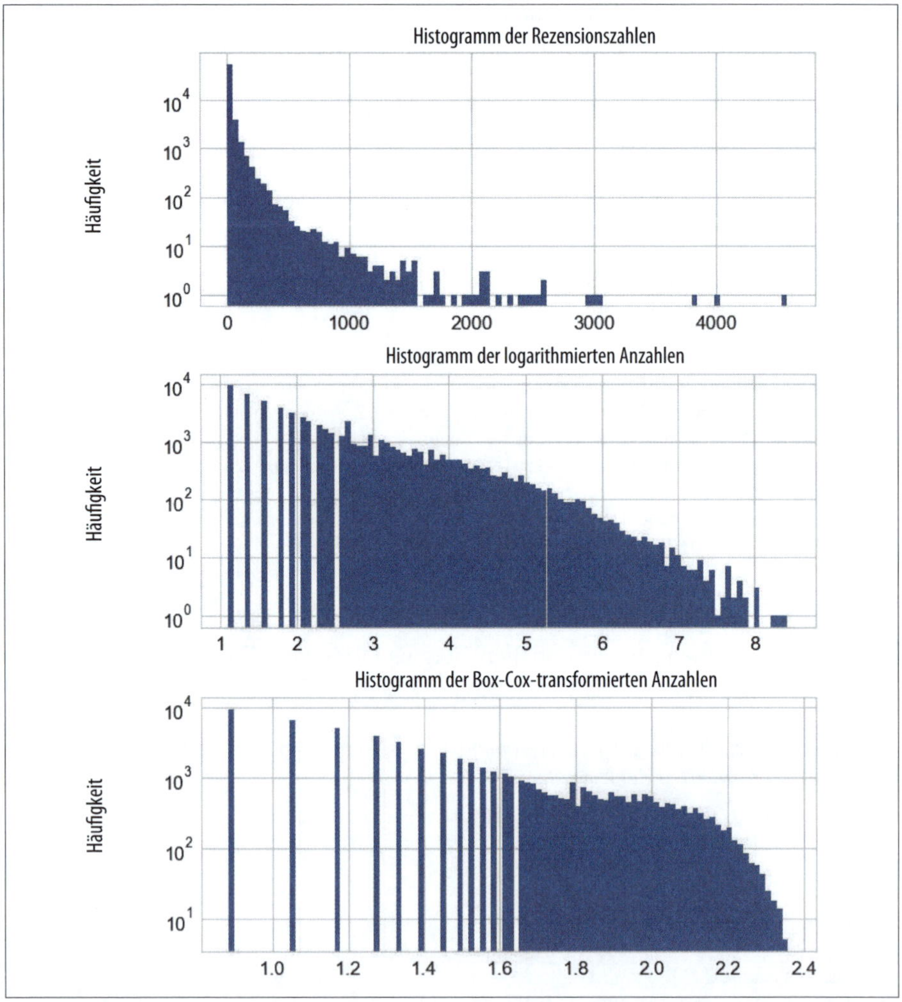

Abbildung 2-13: Box-Cox-Transformation der Rezensionszahlen von Yelp (unten) im Vergleich mit den ursprünglichen (oben) und logarithmierten Histogrammen (Mitte)

Ein *Wahrscheinlichkeitsdiagramm* ist eine einfache Möglichkeit, eine empirische Datenverteilung mit einer theoretischen Verteilung visuell zu vergleichen. Es ist im Wesentlichen ein Streudiagramm beobachteter Quantile über theoretischen Quantilen. Abbildung 2-14 zeigt die Wahrscheinlichkeitsdiagramme der ursprünglichen und transformierten Rezensionszahlen von Yelp über der Normalverteilung (siehe Beispiel 2-14). Da die beobachteten Daten ausschließlich positiv sind, die Gauß-Kurve aber auch für negative Werte definiert ist, gibt es keine Quantile, die dem negativen Ende entsprechen. Wir konzentrieren uns deshalb auf die positive Seite. Dort sind die ursprünglichen Zählerwerte offenbar viel endlastiger als eine Normalverteilung. (Die geordneten Werte reichen bis 4.000, wohingegen sich die theoretischen Quantile nur bis 4 erstrecken.) Sowohl die einfache Logarithmustransformation als auch die optimale Box-Cox-Transformation bringen das positive Ende näher an die Normalverteilung heran. Die optimale Box-Cox-Transformation verflacht das Ende aber stärker als die Logarithmustransformation, sodass es erkennbar unter die rote diagonale Äquivalenzgerade abfällt.

Beispiel 2-14: Wahrscheinlichkeitsdiagramme ursprünglicher und transformierter Zählerwerte über der Normalverteilung

```
>>> fig2, (ax1, ax2, ax3) = plt.subplots(3,1)
>>> prob1 = stats.probplot(biz_df['review_count'], dist=stats.norm, plot=ax1)
>>> ax1.set_xlabel('')
>>> ax1.set_title('Probplot against normal distribution')
>>> prob2 = stats.probplot(biz_df['rc_log'], dist=stats.norm, plot=ax2)
>>> ax2.set_xlabel('')
>>> ax2.set_title('Probplot after log transform')
>>> prob3 = stats.probplot(biz_df['rc_bc'], dist=stats.norm, plot=ax3)
>>> ax3.set_xlabel('Theoretical quantiles')
>>> ax3.set_title('Probplot after Box-Cox transform')
```

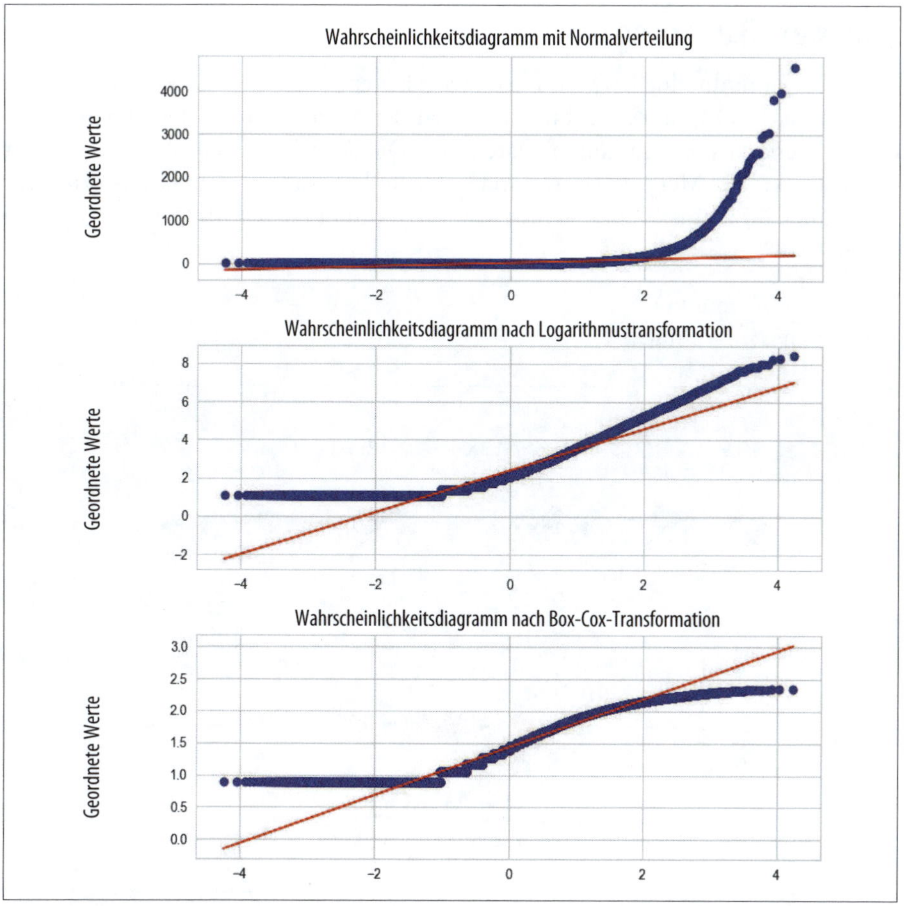

Abbildung 2-14: Vergleich der Verteilung roher und transformierter Rezensionszahlen mit der Normalverteilung

Merkmalsskalierung oder -normierung

Manche Merkmale, etwa die geografische Breite oder Länge, haben einen beschränkten Wertebereich. Andere numerische Merkmale wie Zähler können dagegen unbegrenzt anwachsen. Modelle, die glatte Funktionen der Eingangswerte sind, darunter die lineare und die logistische Regression oder alles, was mit einer Matrix zu tun hat, reagieren auf den Wertebereich der Eingangsgrößen. Baummodelle scheren sich darum andererseits überhaupt nicht. Wenn Sie es mit einem Modell zu tun haben, auf das sich der Wertebereich der Eingangsmerkmale auswirkt, kann eine Merkmalsskalierung hilfreich sein. Wie der Name andeutet, ändert die Merkmalsskalierung den Wertebereich eines Merkmals. Manchmal wird sie auch als *Merkmalsnormierung* bezeichnet. Die Merkmalsskalierung wird gewöhnlich für jedes Merkmal einzeln vorgenommen. Als Nächstes werden wir mehrere Arten gängiger Skalierungsverfahren besprechen, die alle zu verschiedenen Verteilungen der Merkmalswerte führen.

Min-Max-Skalierung

x sei nun ein individueller Merkmalswert (also ein Wert des Merkmals für einen Datenpunkt), und $\min(x)$ und $\max(x)$ seien der Minimal- bzw. der Maximalwert dieses Merkmals im gesamten Datensatz. Die Min-Max-Skalierung verdichtet (oder streckt) alle Merkmalswerte, sodass sie im Intervall [0, 1] zu liegen kommen. Abbildung 2-15 führt diesen Schritt vor. Die Formel für die Min-Max-Skalierung lautet:

$$\tilde{x} = \frac{x - \min(x)}{\max(x) - \min(x)}$$

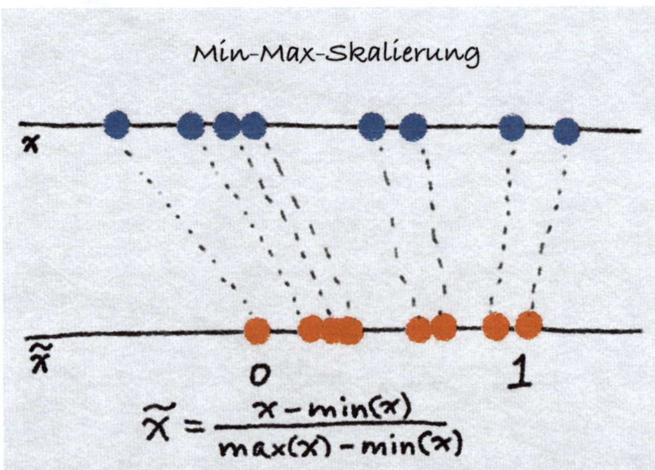

Abbildung 2-15: Veranschaulichung der Min-Max-Skalierung

Standardisierung (Varianzskalierung)

Die Merkmalsstandardisierung ist definiert als:

$$\tilde{x} = \frac{x - \text{mean}(x)}{\text{sqrt}(\text{var}(x))}$$

Sie subtrahiert den Mittelwert des Merkmals (über alle Datenpunkte) und dividiert durch die Varianz. Daher kann sie auch als *Varianzskalierung* bezeichnet werden. Das sich ergebende skalierte Merkmal hat einen Mittelwert von 0 und eine Varianz von 1. Wenn das ursprüngliche Merkmal Gauß-verteilt ist, trifft das auch auf das skalierte Merkmal zu. Abbildung 2-16 ist eine Darstellung der Standardisierung.

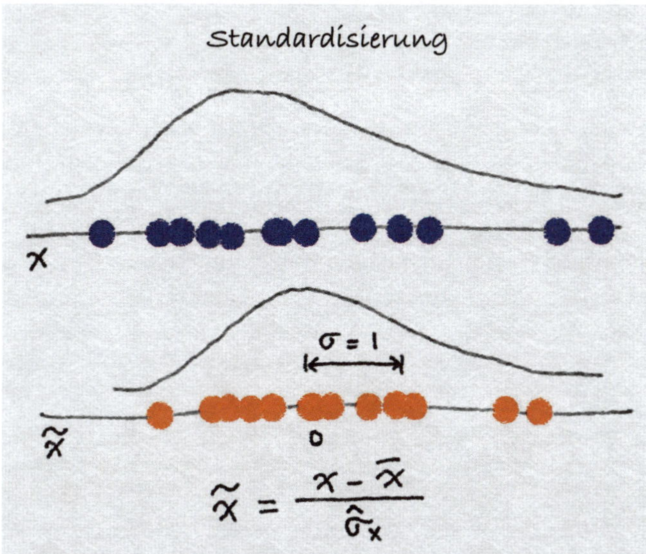

Abbildung 2-16: Veranschaulichung der Merkmalsstandardisierung

»Zentrierung« dünn besetzter Daten vermeiden!

Seien Sie vorsichtig mit der Min-Max-Skalierung und Standardisierung dünn besetzter Merkmale. Beide subtrahieren einen Betrag vom ursprünglichen Merkmalswert. Bei der Min-Max-Skalierung entspricht die Verschiebung dem Minimum aller Werte des betrachteten Merkmals; bei der Standardisierung ist es der Mittelwert. Ist die Verschiebung von null verschieden, können diese beiden Transformationen einen dünn besetzten Merkmalsvektor, bei dem die meisten Werte null sind, in einen dicht besetzten verwandeln. Das könnte je nach Implementierung wiederum großen Rechenaufwand für den Klassifikator bedeuten (ganz davon abgesehen, dass es furchtbar wäre, wenn die Darstellung dadurch auch jedes Wort enthielte, das in einem Dokument gar nicht auftaucht!). Bag-of-Words ist eine dünn besetzte Darstellung, und die meisten Klassifikationsbibliotheken sind auf dünn besetzte Eingangsdaten optimiert.

ℓ^2-Normierung

Das folgende Verfahren normiert (mittels Division) den ursprünglichen Merkmalswert anhand der sogenannten ℓ^2-Norm, auch bekannt als euklidische Norm. Sie ist folgendermaßen definiert:

$$\tilde{x} = \frac{x}{\| x \|_2}$$

Die ℓ^2-Norm misst die Länge des Vektors im Koordinatenraum. Die Definition lässt sich aus dem bekannten Satz des Pythagoras herleiten, mit dessen Hilfe wir die Länge der Hypotenuse eines rechtwinkligen Dreiecks aus den Längen der Katheten berechnen können:

$$\| x \|_2 = \sqrt{x_1^2 + x_2^2 + \ldots + x_m^2}$$

Für die ℓ^2-Norm bildet man die Summe der Quadrate der Merkmalswerte aller Datenpunkte und zieht daraus die Quadratwurzel. Nach der ℓ^2-Normierung hat die Merkmalsspalte die Norm 1. Gelegentlich heißt dieser Vorgang auch ℓ^2-Skalierung. (Grob gesagt, bedeutet *Skalierung* die Multiplikation mit einer Konstanten, wohingegen eine *Normierung* eine ganze Reihe von Rechenschritten umfassen kann.) Abbildung 2-17 veranschaulicht die ℓ^2-Normierung.

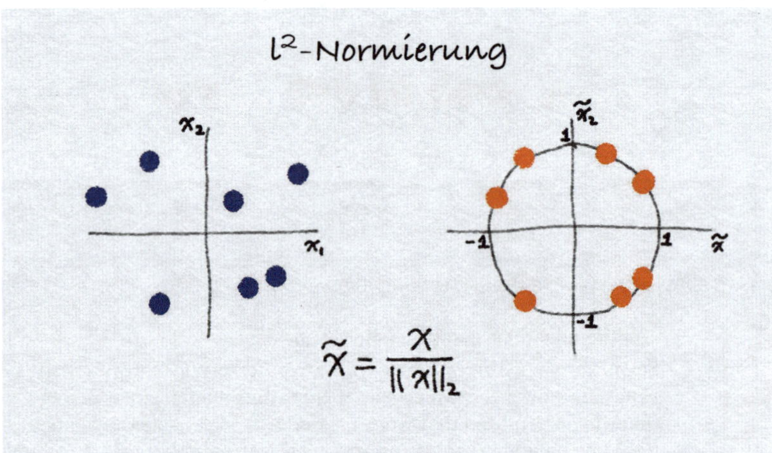

Abbildung 2-17: Veranschaulichung der ℓ^2-Merkmalsnormierung

Datenraum und Merkmalsraum

Die Darstellung in Abbildung 2-17 findet im Datenraum statt und nicht im Merkmalsraum. Man kann aber die ℓ^2-Normierung auch am Datenpunkt anstelle des Merkmals vornehmen, was Datenvektoren mit Einheitsnorm (einer Norm von 1) ergibt (siehe die Diskussion der komplementären Natur von Daten- und Merkmalsvektoren im Abschnitt »Bag-of-Words« auf Seite 40).

Unabhängig vom Skalierungsverfahren dividiert man bei der Merkmalsskalierung stets das Merkmal durch eine Konstante (die sogenannte *Normierungskonstante*). Dabei bleibt die Gestalt der Verteilung eines einzelnen Merkmals erhalten. Wir wollen das anhand der Tokenzahlen der Online-Nachrichten vorführen (siehe Beispiel 2-15).

Beispiel 2-15: Beispiel für eine Merkmalsskalierung

```
>>> import pandas as pd
>>> import sklearn.preprocessing as preproc

# Lade den Datensatz zur Verbreitung von Online-Nachrichten.
>>> df = pd.read_csv('OnlineNewsPopularity.csv', delimiter=', ')

# Betrachte die ursprünglichen Daten - die Anzahl von Wörtern in einem Artikel.
>>> df['n_tokens_content'].as_matrix()
array([ 219.,  255.,  211., ...,  442.,  682.,  157.])

# Min-Max-Skalierung.
>>> df['minmax'] = preproc.minmax_scale(df[['n_tokens_content']])
>>> df['minmax'].as_matrix()
array([ 0.02584376,  0.03009205,  0.02489969, ...,  0.05215955,
        0.08048147,  0.01852726])

# Standardisierung - nach Definition kommen negative Ausgabewerte vor.
>>> df['standardized'] = preproc.StandardScaler().fit_transform(df[['n_tokens_
content']])
>>> df['standardized'].as_matrix()
array([-0.69521045, -0.61879381, -0.71219192, ..., -0.2218518 ,
        0.28759248, -0.82681689])

# L2-Normierung.
>>> df['l2_normalized'] = preproc.normalize(df[['n_tokens_content']], axis=0)
>>> df['l2_normalized'].as_matrix()
array([ 0.00152439,  0.00177498,  0.00146871, ...,  0.00307663,
        0.0047472 ,  0.00109283])
```

Wir können auch die Datenverteilung für unterschiedliche Verfahren der Merkmalsskalierung darstellen (siehe Abbildung 2-18). Wie Beispiel 2-16 zeigt, lässt die Merkmalsskalierung im Gegensatz zur Logarithmustransformation die Gestalt der Verteilung unverändert, nur der Wertebereich der Daten ändert sich.

Beispiel 2-16: Ausgabe des Histogramms der ursprünglichen und skalierten Daten

```
>>> fig, (ax1, ax2, ax3, ax4) = plt.subplots(4,1)
>>> fig.tight_layout()
>>> df['n_tokens_content'].hist(ax=ax1, bins=100)
>>> ax1.tick_params(labelsize=14)
>>> ax1.set_xlabel('Article word count', fontsize=14)
>>> ax1.set_ylabel('Number of articles', fontsize=14)

>>> df['minmax'].hist(ax=ax2, bins=100)
>>> ax2.tick_params(labelsize=14)
```

```
>>> ax2.set_xlabel('Min-max scaled word count', fontsize=14)
>>> ax2.set_ylabel('Number of articles', fontsize=14)

>>> df['standardized'].hist(ax=ax3, bins=100)
>>> ax3.tick_params(labelsize=14)
>>> ax3.set_xlabel('Standardized word count', fontsize=14)
>>> ax3.set_ylabel('Number of articles', fontsize=14)

>>> df['l2_normalized'].hist(ax=ax4, bins=100)
>>> ax4.tick_params(labelsize=14)
>>> ax4.set_xlabel('L2-normalized word count', fontsize=14)
>>> ax4.set_ylabel('Number of articles', fontsize=14)
```

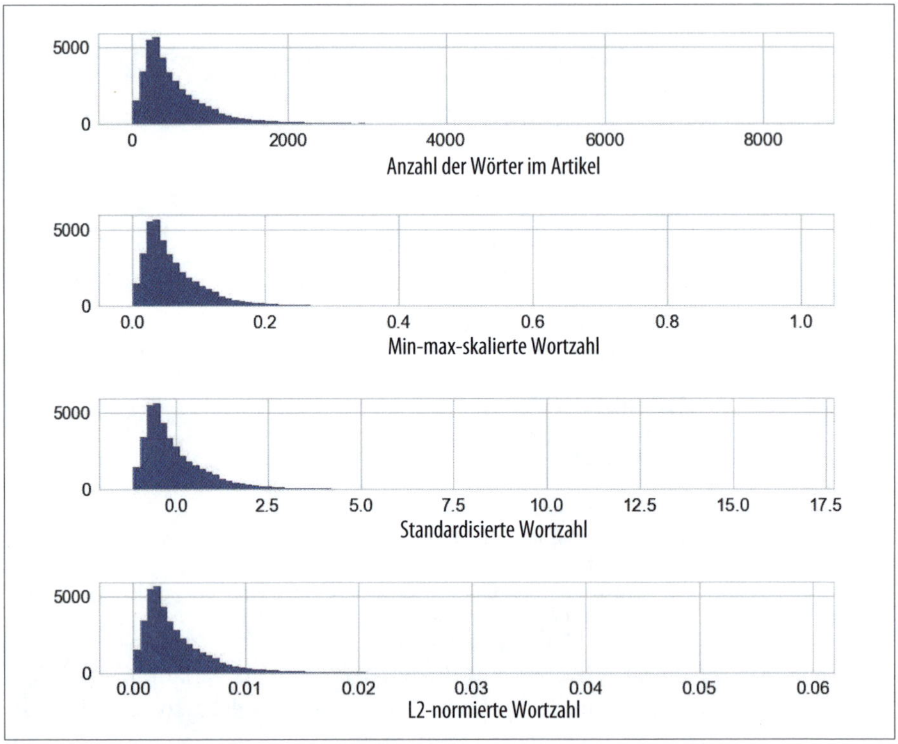

Abbildung 2-18: Ursprüngliche und skalierte Wortzahlen von Pressemeldungen – nur der Wertebereich auf der x-Achse ändert sich, die Gestalt der Verteilung bleibt bei der Merkmalsskalierung unverändert.

Die Merkmalsskalierung ist dann nützlich, wenn ein Satz von Eingangsmerkmalen ganz unterschiedliche Wertebereiche besitzt. Beispielsweise könnte die tägliche Besucherzahl einer bekannten E-Commerce-Website bei 100.000 liegen, während die Anzahl von Verkäufen einige Tausend beträgt. Werden diese beiden Merkmale zugleich in ein Modell geworfen, muss das Modell die Wertebereiche ausbalancieren, während es seine eigentliche Aufgabe zu lösen versucht. Unterscheiden sich die Wertebereiche der Eingangsmerkmale drastisch, kann das zu numerischen Stabilitätsproblemen im Anlernalgorithmus führen. In diesen Fällen bietet es sich an, die Merkmale zu standardisieren. Kapitel 4 geht im Detail auf die Merkmalsskalierung beim Umgang mit natürlichem Text ein und enthält auch Anwendungsbeispiele.

Kreuzmerkmale

Ein einfaches paarweises *Kreuzmerkmal* ist das Produkt zweier Merkmale. Eine Analogie dazu ist das logische UND. Es drückt eine Verknüpfung von Paaren von Bedingungen aus: »der Kauf kommt von Postleitzahl 98121« UND »der Nutzer ist zwischen 18 und 35 Jahre alt«. Bei Entscheidungsbaummodellen bekommt man so etwas frei Haus, aber für verallgemeinerte lineare Modelle sind Kreuzmerkmale oft sehr hilfreich.

Ein simples lineares Modell verwendet eine Linearkombination der einzelnen Eingangsmerkmale $x_1, x_2, \dots x_n$, um die Ausgabe y vorherzusagen:

$$y = w_1x_1 + w_2x_2 + \dots + w_nx_n$$

Eine einfache Erweiterung des linearen Modells ist die Verwendung von paarweisen Verknüpfungen von Eingangsmerkmalen, etwa folgendermaßen:

$$y = w_1x_1 + w_2x_2 + \dots + w_nx_n + w_{1,1}x_1x_1 + w_{1,2}x_1x_2 + w_{1,3}x_1x_3 + \dots$$

So können wir Beziehungen zwischen Merkmalen erfassen, und solche Paare heißen *Kreuzmerkmale*. Wenn x_1 und x_2 binäre Größen sind, dann ist ihr Produkt x_1x_2 die logische Funktion x_1 UND x_2. Angenommen, wir möchten die Vorlieben eines Kunden aus seinen Profilinformationen vorhersagen. In unserem Beispiel erlauben Kreuzmerkmale dem Modell, Vorhersagen nicht allein aufgrund des Alters oder des Wohnorts, sondern aufgrund des Umstands zu treffen, dass der Nutzer ein bestimmtes Alter UND einen bestimmten Wohnort hat.

In Beispiel 2-17 verwenden wir paarweise Kreuzmerkmale aus dem Datensatz zur Verbreitung von Online-Nachrichten von der UC Irvine, um die Zahl der Weiterverbreitungen jeder Meldung vorherzusagen. Wie die Ergebnisse zeigen, führen Kreuzmerkmale zu einer höheren Genauigkeit als Einzelmerkmale. Beispiel 2-17 funktioniert also besser als Beispiel 2-9, das die Wortzahl im Nachrichtentext (mit oder ohne Logarithmustransformation) als einzelnes Merkmal verwendete.

Beispiel 2-17: Beispiel für Kreuzmerkmale zur Vorhersage

```
>>> from sklearn import linear_model
>>> from sklearn.model_selection import train_test_split
>>> import sklearn.preprocessing as preproc

# Annahme: df ist ein Pandas-DataFrame mit dem UCI-Datensatz zur Verbreitung
# von Online-Nachrichten.
>>> df.columns
```

```
Index(['url', 'timedelta', 'n_tokens_title', 'n_tokens_content',
       'n_unique_tokens', 'n_non_stop_words', 'n_non_stop_unique_tokens',
       'num_hrefs', 'num_self_hrefs', 'num_imgs', 'num_videos',
       'average_token_length', 'num_keywords', 'data_channel_is_lifestyle',
       'data_channel_is_entertainment', 'data_channel_is_bus',
       'data_channel_is_socmed', 'data_channel_is_tech',
       'data_channel_is_world', 'kw_min_min', 'kw_max_min', 'kw_avg_min',
       'kw_min_max', 'kw_max_max', 'kw_avg_max', 'kw_min_avg', 'kw_max_avg',
       'kw_avg_avg', 'self_reference_min_shares', 'self_reference_max_shares',
       'self_reference_avg_sharess', 'weekday_is_monday', 'weekday_is_tuesday',
       'weekday_is_wednesday', 'weekday_is_thursday', 'weekday_is_friday',
       'weekday_is_saturday', 'weekday_is_sunday', 'is_weekend', 'LDA_00',
       'LDA_01', 'LDA_02', 'LDA_03', 'LDA_04', 'global_subjectivity',
       'global_sentiment_polarity', 'global_rate_positive_words',
       'global_rate_negative_words', 'rate_positive_words',
       'rate_negative_words', 'avg_positive_polarity', 'min_positive_polarity',
       'max_positive_polarity', 'avg_negative_polarity',
       'min_negative_polarity', 'max_negative_polarity', 'title_subjectivity',
       'title_sentiment_polarity', 'abs_title_subjectivity',
       'abs_title_sentiment_polarity', 'shares'],
      dtype='object')

# Wähle die inhaltsbezogenen Merkmale als Einzelmerkmale im Modell,
# übergehe die abgeleiteten Merkmale.
>>> features = ['n_tokens_title', 'n_tokens_content',
...                'n_unique_tokens', 'n_non_stop_words', 'n_non_stop_unique_tokens',
...                'num_hrefs', 'num_self_hrefs', 'num_imgs', 'num_videos',
...                'average_token_length', 'num_keywords', 'data_channel_is_lifestyle',
...                'data_channel_is_entertainment', 'data_channel_is_bus',
...                'data_channel_is_socmed', 'data_channel_is_tech',
...                'data_channel_is_world']

>>> X = df[features]
>>> y = df[['shares']]

# Erzeuge paarweise Kreuzmerkmale, übergehe den konstanten Bias-Term.
>>> X2 = preproc.PolynomialFeatures(include_bias=False).fit_transform(X)
>>> X2.shape
(39644, 170)

# Erzeuge Anlern- und Testdaten für beide Sätze von Merkmalen.
>>> X1_train, X1_test, X2_train, X2_test, y_train, y_test = \
...     train_test_split(X, X2, y, test_size=0.3, random_state=123)

>>> def evaluate_feature(X_train, X_test, y_train, y_test):
...     """Passe ein lineares Regressionsmodell an den Anlerndatensatz an
...     und bewerte es anhand des Testdatensatzes"""
...     model = linear_model.LinearRegression().fit(X_train, y_train)
...     r_score = model.score(X_test, y_test)
...     return (model, r_score)

# Lerne die Modelle an, vergleiche ihre Bewertung für die zwei Merkmalssätze.
>>> (m1, r1) = evaluate_feature(X1_train, X1_test, y_train, y_test)
>>> (m2, r2) = evaluate_feature(X2_train, X2_test, y_train, y_test)
```

```
>>> print("R-squared score with singleton features: %0.5f" % r1)
>>> print("R-squared score with pairwise features: %0.10f" % r2)
R-squared score with singleton features: 0.00924
R-squared score with pairwise features: 0.0113276523
```

Kreuzmerkmale sind sehr einfach zu beschreiben, aber aufwendig in der Anwendung. Die Anlern- und Bewertungsdauer eines linearen Modells mit paarweisen Kreuzmerkmalen wächst von $O(n)$ auf $O(n^2)$, wenn n die Anzahl der Einzelmerkmale ist.

Es gibt ein paar Möglichkeiten, diesen Rechenaufwand bei Kreuzmerkmalen höherer Ordnung zu umgehen. Man könnte eine Merkmalsauswahl aus der Gesamtheit aller möglichen Kreuzmerkmale vornehmen. Oder man gibt sich Mühe, eine kleinere Zahl komplexer Merkmale von Hand zu erarbeiten.

Beide Herangehensweisen haben ihre Vor- und Nachteile. Bei der Merkmalsauswahl werden die geeignetsten Merkmale für die jeweilige Aufgabe berechnet. (Diese Technik ist nicht auf Kreuzmerkmale beschränkt.) Manche Verfahren der Merkmalsauswahl erfordern es aber dennoch, mehrere Modelle mit einer großen Anzahl von Merkmalen anzulernen.

Von Hand erstellte komplexe Merkmale können ausdrucksstark genug sein, damit nur wenige von ihnen benötigt werden, sodass sich die Anlernzeit des Modells verringert – aber die Merkmale selbst können dafür aufwendig zu berechnen sein, was die Berechnung der Modellbewertung teuer macht. Gute Beispiele für von Hand erstellte (oder maschinell erlernte) komplexe Merkmale sind in Kapitel 8 zu finden. Schauen wir uns nun einige Verfahren zur Merkmalsauswahl an.

Merkmalsauswahl

Bei der Merkmalsauswahl werden unnütze Merkmale entfernt, um die Komplexität des erstellten Modells zu verringern. Das große Ziel ist ein sparsames Modell, das schneller zu berechnen ist, ohne dabei nennenswert an Vorhersagegenauigkeit einzubüßen. Dazu erfordern es manche Verfahren der Merkmalsauswahl, mehr als einen Kandidaten für ein solches Modell anzulernen. Mit anderen Worten: Bei der Merkmalsauswahl geht es nicht um kürzere Anlerndauern – in der Tat *erhöhen* manche Verfahren die Gesamtdauer fürs Anlernen –, sondern um eine schnellere Modellbewertung.

Grob gesagt, bilden die Verfahren zur Merkmalsauswahl drei Klassen:

Filter

Filterverfahren verarbeiten Merkmale vor, um diejenigen zu entfernen, die voraussichtlich nichts zum Modell beitragen. Beispielsweise könnte man die Korrelation zwischen jedem Merkmal und der Antwortgröße (die wechselseitige Aussagekraft eines der beiden über das jeweils andere) berechnen und diejenigen Merkmale aussortieren, die einen Schwellenwert unterschreiten. Kapitel 3 diskutiert Beispiele solcher Verfahren für Textmerkmale. Filterverfahren sind viel billiger als die nachfolgend beschriebenen Wrapper-Verfahren, aber sie nehmen nicht Bezug auf das angewandte Modell. Daher kann es vorkommen, dass sie die für das jeweilige Modell richtigen Merkmale gar nicht auswählen können. Am besten geht man beim Vorfiltern zurückhaltend vor, um nicht versehentlich nützliche Merkmale auszuschließen, bevor sie es überhaupt bis zum Anlernschritt des Modells geschafft haben.

Wrapper-Verfahren

Diese Verfahren sind teuer, erlauben es aber, Teilmengen von Merkmalen auszuprobieren, wodurch man nicht Gefahr läuft, versehentlich Merkmale wegzulassen, die zwar für sich nicht informativ sind, in Verbindung mit anderen aber doch nützlich. Ein Wrapper-Verfahren behandelt das Modell als Black Box, die eine Gütebewertung einer vorgeschlagenen Teilmenge von Merkmalen liefert. Eine weitere Routine verfeinert dann iterativ diese Teilmenge.

Eingebettete Verfahren

Diese Verfahren führen die Merkmalsauswahl als Teil des Anlernvorgangs des Modells durch. Beispielsweise ist einem Entscheidungsbaum die Merkmalsauswahl inhärent, da er bei jedem Anlernschritt ein Merkmal bestimmt, anhand dessen er eine Verzweigung vornimmt. Ein weiteres Beispiel ist der ℓ^1-Regularisierer, der dem Anlernziel eines jeden linearen Modells hinzugefügt werden kann. Der ℓ^1-Regularisierer bevorzugt Modelle, die eher weniger Merkmale benutzen, sodass er auch als Sparsamkeitsbedingung für das Modell bezeichnet wird. Eingebettete Verfahren bauen die Merkmalsauswahl in den Anlernvorgang des Modells ein. Sie sind nicht so mächtig wie die Wrapper-Verfahren, dafür aber auch nicht annähernd so teuer. Im Gegensatz zu Filtern wählen eingebettete Verfahren die Merkmale passend zum Modell aus. In diesem Sinne suchen eingebettete Verfahren einen Kompromiss zwischen Rechenaufwand und Güte der Ergebnisse.

Eine vollständige Behandlung der Merkmalsauswahl würde über den Rahmen dieses Buchs hinausgehen. Interessierte Leser seien auf den Übersichtsartikel von Guyon und Elisseeff (2003) verwiesen.

Zusammenfassung

Dieses Kapitel hat eine Reihe üblicher Verfahren der numerischen Merkmalskonstruktion besprochen, darunter Quantisierung, Skalierung (oder auch Normierung), Logarithmustransformation (eine Form der Potenztransformation) und Kreuzmerkmale. Es hat eine kurze Übersicht der Verfahren zur Merkmalsauswahl gegeben, die für den Umgang mit großen Mengen von Kreuzmerkmalen notwendig sind. Beim statistischen Machine Learning werden alle Daten letztlich auf numerische Merkmale reduziert. Daher führen alle Wege am Ende zu irgendeinem Verfahren der numerischen Merkmalskonstruktion. Halten Sie diese Werkzeuge für das Endspiel der Merkmalskonstruktion griffbereit!

Literatur

Bertin-Mahieux, Thierry, Daniel P. W. Ellis, Brian Whitman und Paul Lamere. »The Million Song Dataset.« *Proceedings of the 12th International Society for Music Information Retrieval Conference* (2011): 591–596.

Fernandes, K., P. Vinagre, and P. Cortez. »A Proactive Intelligent Decision Support System for Predicting the Popularity of Online News.« *Proceedings of the 17th Portuguese Conference on Artificial Intelligence* (2015): 535–546.

Guyon, Isabell, und André Elisseeff. »An Introduction to Variable and Feature Selection.« *Journal of Machine Learning Research Special Issue on Variable and Feature Selection* 3 (2003): 1157–1182.

Johnston, Jack, und John DiNardo. *Econometric Methods*. 4th ed. New York: McGraw Hill, 1997.

KAPITEL 3

Textdaten: Einebnen, Filtern und Wortgruppensuche

Wie würden Sie einen Algorithmus gestalten, um den folgenden Textabsatz zu analysieren?

> Emma klopfte an die Tür. Keine Antwort. Sie klopfte wieder und wartete. Neben dem Haus stand ein großer Ahornbaum. Emma schaute am Baum hinauf und sah einen riesigen Raben in der Spitze des Baums. Die Nachmittagssonne ließ den Raben prächtig glänzen. Sein Schnabel war hart und spitz, seine Fänge scharf und kräftig. Er wirkte majestätisch und Ehrfurcht gebietend. Er beherrschte den Baum, auf dem er saß. Der Rabe schaute Emma mit Augen wie schwarze Perlen geradewegs an. Emma fühlte sich etwas eingeschüchtert. Sie trat einen Schritt von der Tür zurück und sagte zögernd: »Hallo?«

Der Absatz enthält eine Menge Informationen. Wir wissen, dass es um eine Person namens Emma und einen Raben geht. Es kommen ein Haus und ein Baum vor, und Emma versucht, in das Haus zu gelangen, sieht aber stattdessen den Raben. Der Rabe ist prächtig und hat Emma bemerkt, die etwas verängstigt ist, aber versucht, Kontakt aufzunehmen.

Welche Teile dieser Schatzes an Information sind nun die hervorstechenden Merkmale, die wir dem Text entnehmen sollten? Zunächst liegt es nahe, die Namen der Hauptfiguren zu extrahieren: Emma und der Rabe. Weiterhin könnte es sinnvoll sein, die Szenerie festzustellen: ein Haus, eine Tür und ein Baum. Und was ist mit den Beschreibungen des Raben? Was mit Emmas Handlungen – an die Tür klopfen, einen Schritt zurückgehen, Hallo sagen?

Dieses Kapitel stellt die Grundlagen der Merkmalskonstruktion für Text vor. Wir beginnen mit *Bag-of-Words*, der einfachsten Darstellung anhand der Statistik von Wörterzahlen. Eine damit eng verwandte Transformation ist *TF-IDF*, wobei es sich im Wesentlichen um ein Verfahren der Merkmalsskalierung handelt. Zum Zweck einer ausführlichen Diskussion ist ihm eigens das folgende Kapitel gewidmet. Das vorliegende Kapitel beschäftigt sich zunächst mit Textauszugsmerkmalen und geht dann darauf ein, wie man diese filtert und bereinigt.

Bag-of-X: von natürlichem Text zu flachen Vektoren

Beim Aufbau von Machine-Learning-Modellen wie bei der Merkmalskonstruktion hat man gern ein einfaches und interpretierbares Ergebnis. Einfache Dinge lassen sich leicht ausprobieren, und bei interpretierbaren Merkmalen und Modellen findet man Fehler leichter als bei komplexen. Einfache und interpretierbare Merkmale führen nicht immer zum genauesten Modell, aber es bietet sich an, mit etwas Einfachem anzufangen und erst dann die Komplexität zu erhöhen, wenn es nicht mehr anders geht.

Bei Textdaten können wir mit einer Statistik beginnen: mit einer Liste von Wörterzahlen, die als Bag-of-Words (Ansammlung von Wörtern) bezeichnet wird. Eine Liste von Wörterzahlen hat nicht zum Ziel, die interessanten Gegenstände zu bestimmen, etwa Emma oder den Raben. Aber diese beiden Wörter werden in unserer Textprobe immer wieder erwähnt, und ihre Anzahl ist größer als die eines willkürlich gewählten Worts wie »Hallo«. Für einfache Aufgaben wie die Klassifikation eines Dokuments ist die Statistik der Wörterzahlen oftmals ausreichend. Diese Technik ist auch bei der Informationssuche anwendbar, wenn das Ziel ist, diejenige Menge von Dokumenten zu finden, die zu einer eingegebenen Textsuche passen. Bei beiden Aufgaben ist man mit wortbezogenen Merkmalen gut bedient, weil das Vorhandensein oder die Abwesenheit bestimmter Wörter ein sehr guter Indikator für das inhaltliche Thema des Dokuments ist.

Bag-of-Words

Bei der *Bag-of-Words*-(BoW-)Merkmalsgewinnung wird ein Textdokument in einen Vektor von Anzahlen umgewandelt. (Ein Vektor ist nichts weiter als eine Sammlung von *n* Zahlen.) Der Vektor enthält einen Eintrag für jedes mögliche Wort im Vokabular. Wenn das Wort – etwa »Erdferkel« – drei Mal im Dokument vorkommt, enthält der Merkmalsvektor an der Stelle, die diesem Wort entspricht, einen Zahlenwert von 3. Kommt ein Wort aus dem Vokabular im Dokument nicht vor, bekommt es einen Zählerwert von 0 zugeordnet. Beispielsweise besitzt der Text »es ist ein Welpe und er ist äußerst niedlich« die BoW-Darstellung aus Abbildung 3-1.

Bag-of-Words verwandelt ein Textdokument in einen flachen Vektor. Er heißt »flach«, weil er keine der ursprünglichen Textstrukturen enthält. Der ursprüngliche Text ist eine Folge von Wörtern. Ein Bag-of-Words besitzt aber keine Reihenfolge; es weiß lediglich, wie oft jedes der Wörter im Text vorkommt. Wie Abbildung 3-2 veranschaulicht, ist die Ordnung der Wörter im Vektor nicht von Bedeutung, solange sie für alle Dokumente im Datensatz konsistent ist. Ebenso wenig stellt die Bag-of-Words-Methode irgendeine Vorstellung von einer Hierarchie von Wörtern dar. Der Begriff »Tier« umfasst beispielsweise »Hund«, »Katze«, »Rabe« usw. Aber in einer Bag-of-Words-Darstellung sind alle diese Wörter gleichberechtigte Vektorelemente.

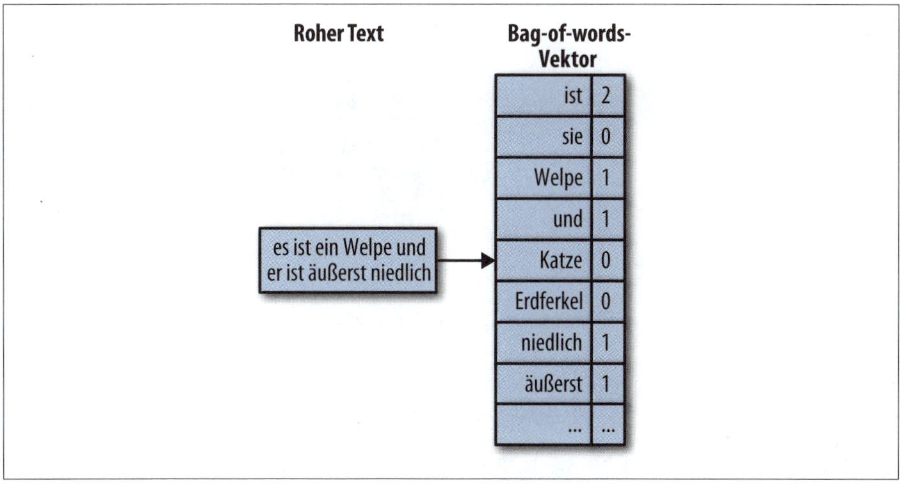

Abbildung 3-1: Vom Rohtext zu einer Bag-of-Words-Darstellung

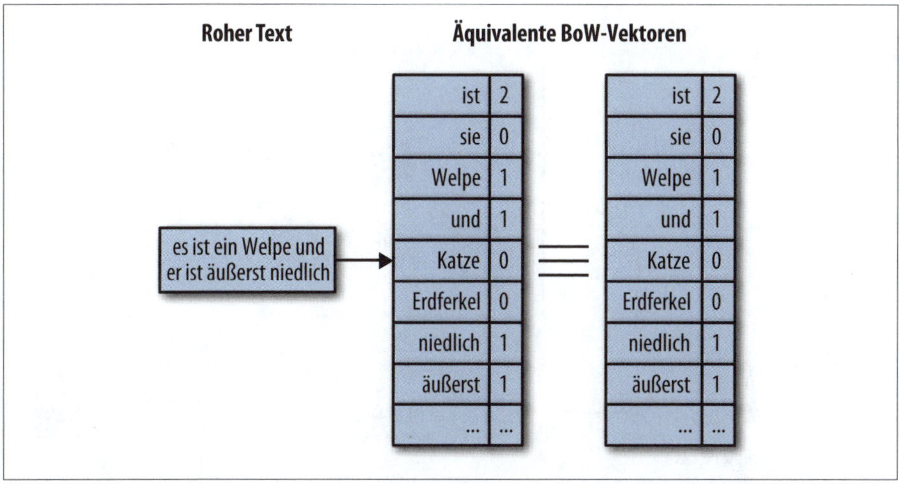

Abbildung 3-2: Zwei äquivalente BoW-Vektoren

Worauf es hier ankommt, ist die Geometrie der Daten im Merkmalsraum. Ein Bag-of-Words-Vektor hat für jedes Wort eine eigene Dimension. Wenn das Vokabular *n* Wörter umfasst, wird ein Dokument zu einem Punkt[1] in einem *n*-dimensionalen Raum. Die Geometrie eines Objekts ist jenseits von zwei oder drei Dimensionen schwer darzustellen, wir müssen uns also auf unsere Vorstellungskraft verlassen. Abbildung 3-3 zeigt, wie unser Beispielsatz in dem zweidimensionalen Merkmalsraum aussieht, der den Wörtern »Welpe« und »niedlich« entspricht.

1 Gelegentlich wird der Begriff »Dokumentenvektor« verwendet. Der Vektor zeigt vom Koordinatenursprung zu dem angegebenen Punkt. Für unsere Zwecke sind »Vektor« und »Punkt« gleichbedeutend.

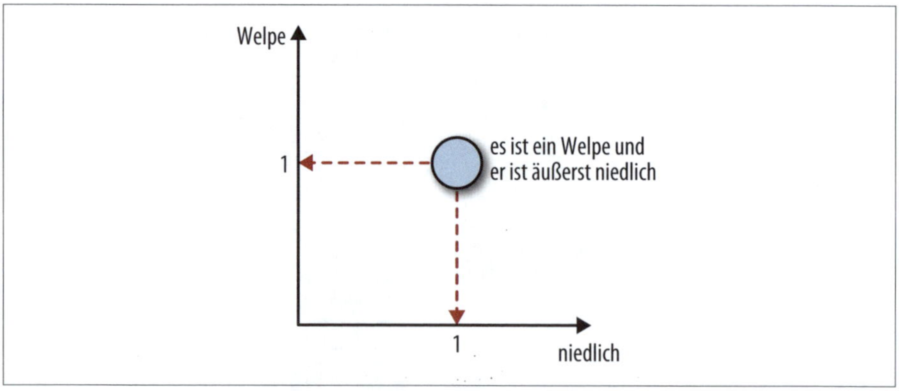

Abbildung 3-3: Darstellung eines Beispiels für ein Textdokument in einem 2-D-Merkmalsraum

Abbildung 3-4 zeigt drei Sätze in einem 3-D-Raum, der den Wörtern »Welpe«, »äußerst« und »niedlich« entspricht.

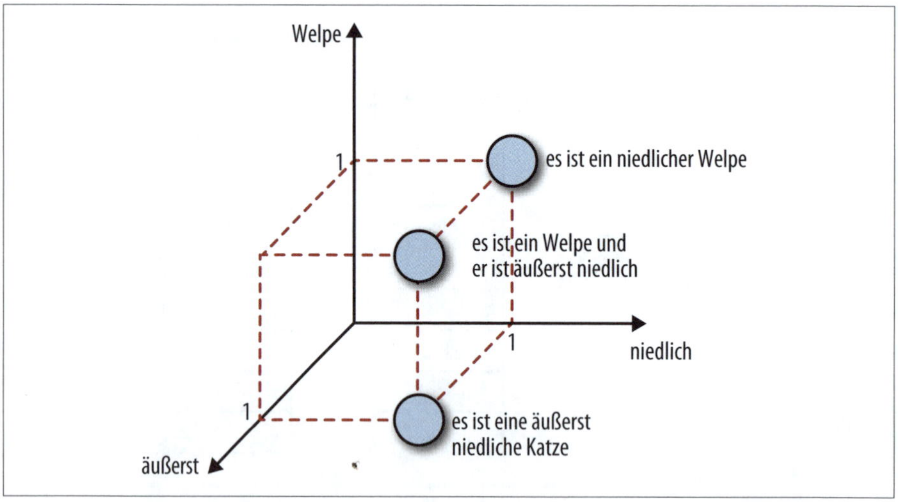

Abbildung 3-4: Drei Sätze in einem 3-D-Merkmalsraum

Beide Abbildungen stellen Datenvektoren im Merkmalsraum dar. Die Achsen bezeichnen einzelne Wörter, die in der Bag-of-Words-Darstellung Merkmale sind, und die Punkte im Raum bezeichnen Datenpunkte (Textdokumente). Manchmal ist es auch aufschlussreich, sich *Merkmals*vektoren im *Daten*raum anzuschauen. Ein Merkmalsvektor enthält die Ausprägung des jeweiligen Merkmals an jedem Datenpunkt. Die Achsen bezeichnen einzelne Datenpunkte, und die Punkte stellen Merkmalsvektoren dar. Abbildung 3-5 zeigt ein Beispiel. Bei der Bag-of-Words-Merkmalsgewinnung für Textdokumente ist ein Merkmal ein Wort, und ein Merkmalsvektor enthält die Anzahlen dieses Worts in jedem der Dokumente. Auf diese

Weise wird ein Wort als ein »Bag-of-Documents« (eine Ansammlung von Dokumenten) dargestellt. Wie wir in Kapitel 4 sehen werden, entstehen diese Bag-of-Documents-Vektoren durch die Matrixtransposition der Bag-of-Words-Vektoren.

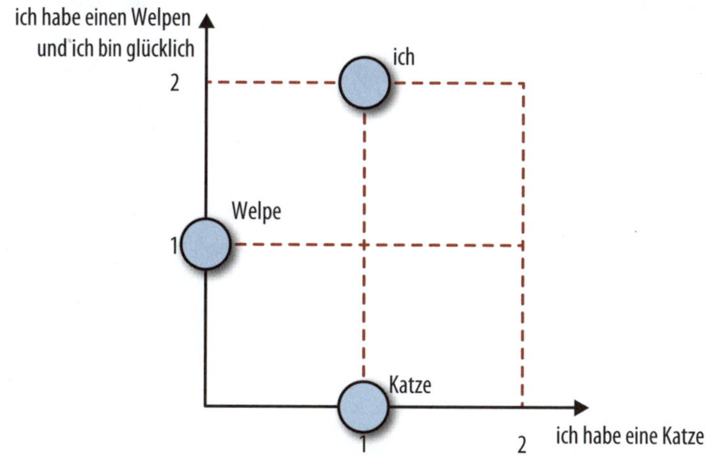

Abbildung 3-5: Wortvektoren im Dokumentenraum

Die Bag-of-Words-Methode ist nicht perfekt. Einen Satz in seine einzelnen Wörter zu zerlegen, kann die semantische Bedeutung zerstören. Beispielsweise bedeutet »nicht schlecht« semantisch »brauchbar« oder sogar »gut«. Aber »nicht« und »schlecht« sind eine bezugslose Negation und eine negative Wertung. Im Englischen bedeuten »toy dog« (Spielzeughund) und »dog toy« (Hundespielzeug) zwei ganz verschiedene Dinge (es sei denn, der Spielzeughund dient als Hundespielzeug), und die Bedeutung geht verloren, wenn »toy« und »dog« als einzelne Wörter daherkommen. Man findet leicht viele solcher Beispiele. Die Methode Bag-of-*n*-Grams, die wir als Nächstes besprechen, bügelt dieses Problem zum Teil aus, ist aber keine grundlegende Lösung. Man sollte im Hinterkopf behalten, dass Bag-of-Words eine einfache und nützliche Heuristik ist, aber bei Weitem kein richtiges semantisches Textverständnis abbildet.

Bag-of-n-Grams

Bag-of-*n*-Grams ist eine natürliche Erweiterung der Bag-of-Words-Methode. Ein *n*-Gramm ist eine Folge von *n* Tokens. Ein Wort ist im Grunde ein 1-Gramm oder auch *Unigramm*. Nach der Zerlegung in Tokens kann der Zählmechanismus entweder einzelne Tokens zu Wörterzahlen zusammenfassen oder überlappende Abfolgen als *n*-Gramme zählen. Beispielsweise erzeugt der Satz »Emma klopfte an die Tür.« die *n*-Gramme »Emma klopfte«, »klopfte an«, »an die« und »die Tür«.

n-Gramme erhalten mehr von der ursprünglichen Abfolgestruktur des Texts, und daher kann die Bag-of-n-Grams-Darstellung aussagekräftiger sein. Das hat jedoch seinen Preis. Theoretisch kann es bei k unterschiedlichen Wörtern k^2 unterschiedliche 2-Gramme (oder *Bigramme*) geben. Praktisch gibt es nicht annährend so viele, weil nicht jedes Wort auf jedes andere folgen kann. Dennoch gibt es gewöhnlich eine Menge mehr unterschiedliche n-Gramme ($n > 1$) als Wörter. Das bedeutet, dass Bag-of-n-Grams einen viel größeren und dünner besetzten Merkmalsraum ergibt, und das bedeutet auch, dass n-Gramme teurer zu berechnen, zu speichern und zu modellieren sind. Je größer n ist, desto reicher ist der Informationsgehalt und desto höher die Kosten.

Um zu sehen, wie die Anzahl von n-Grammen mit n wächst (siehe Abbildung 3-6), wollen wir n-Gramme für den Rezensionsdatensatz von Yelp (*http://www.yelp.com/dataset_challenge*) berechnen. In Beispiel 3-1 berechnen wir die n-Gramme der ersten 10.000 Rezensionen mithilfe von Pandas und dem `CountVectorizer`-Transformator aus scikit-learn.

Beispiel 3-1: Berechnung von n-Grammen

```
>>> import pandas
>>> import json
>>> from sklearn.feature_extraction.text import CountVectorizer

# Lade die ersten 10.000 Rezensionen.
>>> f = open('data/yelp/v6/yelp_academic_dataset_review.json')
>>> js = []
>>> for i in range(10000):
...     js.append(json.loads(f.readline()))
>>> f.close()
>>> review_df = pd.DataFrame(js)

# Erzeuge Merkmalstransformatoren für Unigramme, Bigramme und Trigramme.
# Bei der Standardeinstellung werden Wörter mit einem Zeichen ignoriert. Dies ist in
# der Praxis hilfreich, da nicht informative Wörter ausgelassen werden. Wir beziehen
# sie jedoch zu Illustrationszwecken ausdrücklich in dieses Beispiel mit ein.
>>> bow_converter = CountVectorizer(token_pattern='(?u)\\b\\w+\\b')
>>> bigram_converter = CountVectorizer(ngram_range=(2,2),
...                                    token_pattern='(?u)\\b\\w+\\b')
>>> trigram_converter = CountVectorizer(ngram_range=(3,3),
...                                     token_pattern='(?u)\\b\\w+\\b')

# Passe die Transformatoren an und prüfe die Größe der Vokabulare.
>>> bow_converter.fit(review_df['text'])
>>> words = bow_converter.get_feature_names()
>>> bigram_converter.fit(review_df['text'])
>>> bigrams = bigram_converter.get_feature_names()
>>> trigram_converter.fit(review_df['text'])
>>> trigrams = trigram_converter.get_feature_names()
>>> print (len(words), len(bigrams), len(trigrams))
26047 346301 847545
```

```
# Wirf einen Blick auf die n-Gramme selbst.
>>> words[:10]
['0', '00', '000', '0002', '00am', '00ish', '00pm', '01', '01am', '02']

>>> bigrams[-10:]
['zucchinis at',
 'zucchinis took',
 'zucchinis we',
 'zuma over',
 'zuppa di',
 'zuppa toscana',
 'zuppe di',
 'zurich and',
 'zz top',
 'à la']

>>> trigrams[:10]
['0 10 definitely',
 '0 2 also',
 '0 25 per',
 '0 3 miles',
 '0 30 a',
 '0 30 everything',
 '0 30 lb',
 '0 35 tip',
 '0 5 curry',
 '0 5 pork']
```

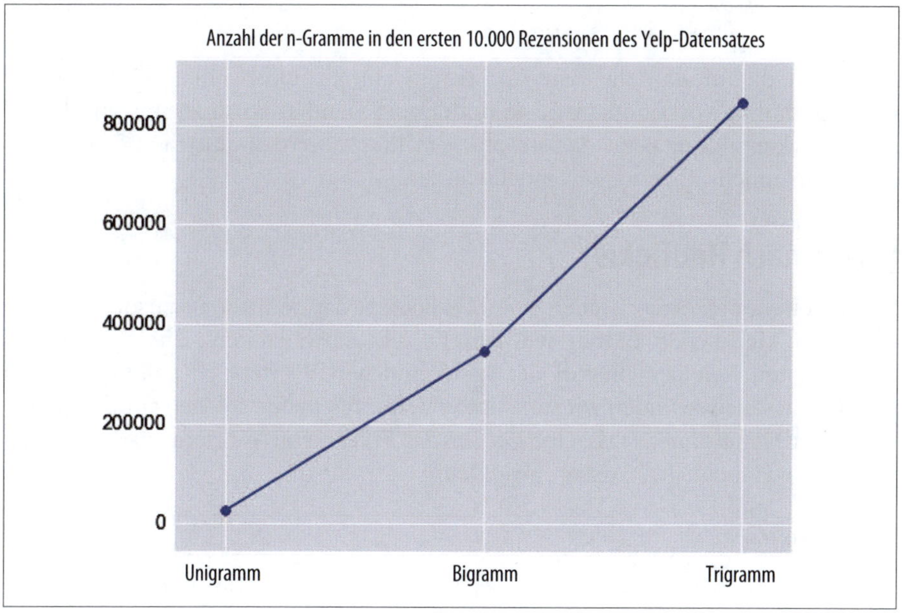

Abbildung 3-6: Anzahl unterschiedlicher n-Gramme in den ersten 10.000 Rezensionen des Yelp-Datensatzes

Reinere Merkmale durch Filtern

Wie erreichen wir bei Wörtern eine klare Trennung zwischen Signal und Rauschen? Verfahren,die aus Rohtext per Tokenbildung und Zählung Listen einfacher Wörter oder *n*-Gramme erzeugen, können durch Filtern verbessert werden. Die Phrasenerkennung, die wir als Nächstes diskutieren werden, kann als spezieller Bigrammfilter angesehen werden. Zunächst stellen wir noch einige weitere Filtermöglichkeiten vor.

Stoppwörter

Für Klassifikation und Suche ist normalerweise kein tiefgehendes Textverständnis notwendig. Beispielsweise ändern in dem Satz »Emma klopfte an die Tür.« die Wörter »an« und »die« nichts daran, dass es um eine Person und eine Tür geht. Bei wenig spezialisierten Aufgaben wie der Klassifikation kann es sein, dass Pronomen, Artikel und Präpositionen nicht viel beitragen. Der Fall liegt jedoch völlig anders bei der Bedeutungsanalyse, die ein Verständnis für semantische Feinheiten erfordert.

Das verbreitete NLP-Paket für Python, NLTK (*http://www.nltk.org/*), enthält eine sprachwissenschaftlich definierte Liste von Stoppwörtern für viele Sprachen. (Sie müssen NLTK installieren und `nltk.download()` aufrufen, um sie alle zu erhalten.) Auch im Web gibt es verschiedene Stoppwortlisten. Beispielhaft sehen Sie hier einige Wörter aus der Liste englischer Stoppwörter:

```
a, about, above, am, an, been, didn't, couldn't, i'd, i'll, itself, let's, myself,
our, they, through, when's, whom, ...
```

Achten Sie darauf, dass die Liste Apostrophe enthält und bei den Wörtern keine Großschreibung vorkommt. Um sie in der vorliegenden Form zu nutzen, dürfen bei der Tokenbildung keine Apostrophe verschluckt werden, und die Wörter müssen in Kleinbuchstaben umgewandelt werden.

Filtern nach Häufigkeit

Listen von Stoppwörtern stellen eine Möglichkeit dar, Wörter auszusortieren, die zu leeren Merkmalen führen würden. Es gibt noch weitere, eher statistische Zugänge, um sich dem Begriff der »gewöhnlichen Wörter« zu nähern. Bei der Anordnungsanalyse finden wir statistische Verfahren neben solchen auf Grundlage manueller Definitionen. Dasselbe gilt für das Filtern von Wörtern; dabei können wir ebenso Häufigkeitsstatistik anwenden.

Häufige Wörter

Häufigkeitsstatistik ist ein großartiges Werkzeug, um sowohl korpusspezifische gewöhnliche Wörter als auch allgemeine Stoppwörter auszufiltern. Beispielsweise treten im markierten Korpus-Datensatz der New York Times, dem *New York*

Times Annotated Corpus Dataset (*https://catalog.ldc.upenn.edu/LDC2008T19*), die Phrase »New York Times« und jedes der einzelnen Wörter darin häufig auf. Ebenso ist das Wort »House« als Teil der Phrase »House of Commons« häufig zu finden im Hansard-Korpus (*http://www.hansard-corpus.org/*) kanadischer Parlamentsdebatten, einem Datensatz, der gern für statistisches maschinelles Übersetzen genutzt wird, weil er von allen Dokumenten eine englische und eine französische Fassung enthält. Die betreffenden Wörter tragen im Allgemeinen eine Bedeutung, jedoch nicht innerhalb der jeweiligen speziellen Korpora. Eine handelsübliche Stoppwortliste erwischt die allgemeinen Stoppwörter, nicht jedoch die korpusspezifischen.

Ein Blick auf die häufigsten Wörter kann Probleme beim Parsen des Texts offenlegen und Wörter aufzeigen, die normalerweise sinnvoll sind, im betrachteten Korpus aber zu oft vorkommen. Beispielsweise führt Tabelle 3-1 die 40 häufigsten Wörter im Rezensionsdatensatz von Yelp auf. Die Häufigkeit beruht dabei auf der Anzahl Dokumente (Rezensionen), in denen sie erscheinen, nicht aber auf der Anzahl von Vorkommen innerhalb eines Dokuments. Wie wir sehen, enthält die Liste viele Stoppwörter, aber auch einige Überraschungen. »s« und »t« sind enthalten, weil wir den Apostroph als Tokentrenner verwendet haben und Wörter wie »Mary's« oder »didn't« zu »Mary s« bzw. »didn t« zerlegt wurden. Weiterhin erscheinen die Wörter »good«, »food« und »great« in etwa einem Drittel der Rezensionen, aber wir würden sie dennoch gern behalten, weil sie für Aufgaben wie die Bedeutungsanalyse oder eine Kategorisierung der Geschäfte sehr nützlich sind.

Tabelle 3-1: Häufigste Wörter im Rezensionsdatensatz von Yelp

Rang	Wort	Dokumentenzahl	Rang	Wort	Dokumentenzahl
1	the	1416058	21	t	684049
2	and	1381324	22	not	649824
3	a	1263126	23	s	626764
4	i	1230214	24	had	620284
5	to	1196238	25	so	608061
6	it	1027835	26	place	601918
7	of	1025638	27	good	598393
8	for	993430	28	at	596317
9	is	988547	29	are	585548
10	in	961518	30	food	562332
11	was	929703	31	be	543588
12	this	844824	32	we	537133
13	but	822313	33	great	520634
14	my	786595	34	were	516685

Tabelle 3-1: Häufigste Wörter im Rezensionsdatensatz von Yelp (Fortsetzung)

Rang	Wort	Dokumentenzahl	Rang	Wort	Dokumentenzahl
15	that	777045	35	there	510897
16	with	775044	36	here	481542
17	on	735419	37	all	478490
18	they	720994	38	if	475175
19	you	701015	39	very	460796
20	have	692749	40	out	460452

In der Praxis ist es hilfreich, das Filtern nach Häufigkeit mit einer Stoppwortliste zu kombinieren. Außerdem ist es eine knifflige Frage, wo man abschneiden soll. Leider gibt es keine allgemeingültige Antwort darauf. Meistens muss dieser Punkt von Hand bestimmt und bei Änderungen am Datensatz erneut überprüft werden.

Seltene Wörter

Je nach Aufgabe kann es auch sein, dass man seltene Wörter ausfiltern muss. Das können wirklich merkwürdige Begriffe, aber auch Fehlschreibungen gewöhnlicher Wörter sein. Für ein statistisches Modell ist ein Wort, das nur in einem oder zwei Dokumenten auftritt, eher Rauschen als nützliche Information. Nehmen wir beispielsweise an, wir sollten Geschäfte anhand ihrer Yelp-Rezensionen kategorisieren, und eine einzige Rezension enthielte das Wort »gobbledygook«. Wie könnte man anhand dieses einen Worts sagen, ob das Geschäft ein Restaurant, ein Kosmetiksalon oder eine Bar ist? Selbst wenn wir wüssten, dass das Geschäft in diesem Fall eine Bar ist, wäre es falsch, aus anderen Rezensionen, die auch das Wort »gobbledygook« enthalten, ebenfalls auf diese Klassifikation zu schließen.

Seltene Wörter sind nicht nur unzuverlässig bei der Vorhersage, sondern erzeugen auch unnötigen Rechenaufwand. Der Satz von 1,6 Millionen Yelp-Rezensionen enthält 357.481 verschiedene Wörter (an Leerzeichen und Interpunktion in Tokens zerlegt), von denen 189.915 in nur einer Rezension und 41.162 in zwei Rezensionen vorkommen. Über 60% des Vokabulars tritt also nur selten auf. Das ist eine sogenannte *endlastige Verteilung* und in tatsächlich vorkommenden Daten sehr verbreitet. Die Anlernzeit vieler statistischer Machine-Learning-Modelle skaliert linear mit der Anzahl von Merkmalen, bei manchen Modellen auch quadratisch oder schlimmer. Seltene Wörter verursachen hohe Berechnungs- und Speicherkosten, bringen aber kaum Gewinn.

Seltene Wörter können mittels Statistik von Wortzahlen leicht identifiziert und beseitigt werden. Alternativ können sie auch gemeinsam in einer eigenen Ausschussklasse gezählt werden, die als zusätzliches Merkmal dient. Abbildung 3-7 veranschaulicht diese Darstellung anhand eines kurzen Dokuments, das eine Reihe gewöhnlicher und zwei seltene Wörter enthält, »gobbledygook« und »zylophant«.

Die üblichen Wörter werden für sich gezählt und können mit Stoppwortlisten oder anderen auf Häufigkeiten beruhenden Methoden weiter gefiltert werden. Die seltenen Wörter verlieren ihre Identität und werden zu einem Ausschussmerkmal zusammengefasst.

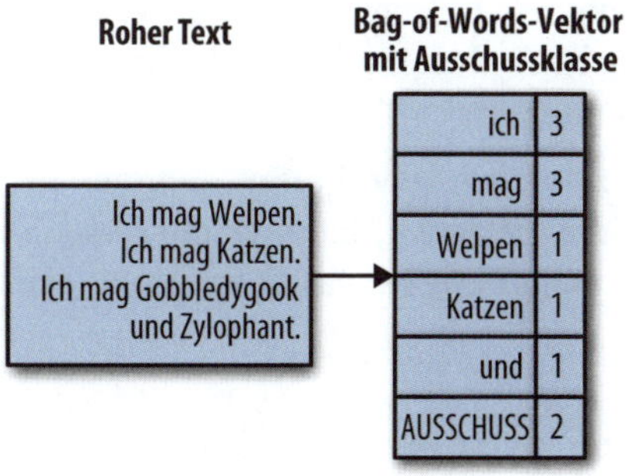

Abbildung 3-7: Bag-of-Words-Merkmalsvektor mit einer Ausschussklasse

Da man die seltenen Wörter erst kennt, wenn der gesamte Korpus ausgezählt ist, muss das Ausschussmerkmal in einem Nachverarbeitungsschritt zusammengefasst werden.

Dieses Buch handelt von Merkmalskonstruktion, und daher konzentrieren wir uns auf Merkmale. Der Begriff der Seltenheit betrifft aber auch Datenpunkte. Wenn ein Textdokument sehr kurz ist, enthält es vermutlich keine nützliche Information und sollte nicht verwendet werden, um ein Modell anzulernen. Mit dieser Regel muss man jedoch vorsichtig sein. Der Dump der Wikipedia (*https://dumps.wikimedia.org/*) enthält viele Seiten, die nur unvollständige Textrümpfe sind und wahrscheinlich ohne Risiko weggefiltert werden können. Twitter-Nachrichten andererseits sind von Natur aus kurz und erfordern andere Tricks bei der Merkmalserzeugung und Modellierung.

Stemming

Ein Problem beim schlichten Parsen besteht darin, dass verschiedene Variationen desselben Worts als getrennte Wörter gezählt werden. Beispielsweise sind »Blume« und »Blumen« technisch gesehen verschiedene Tokens, ebenso wie »Läufer«, »Lauf« und »laufen«, obwohl sie in ihrer Bedeutung eng verwandt sind. Es wäre doch schön, wenn alle diese verschiedenen Varianten auf dasselbe Wort abgebildet würden.

Stemming ist ein Vorgang bei der Verarbeitung natürlicher Sprache, bei dem versucht wird, jedes Wort auf seine zugrunde liegende, linguistisch definierte Wortstammform zurückzuführen. Dafür gibt es verschiedene Ansätze. Einige beruhen auf sprachwissenschaftlichen Regeln, andere auf statistischen Beobachtungen.

Eine Unterklasse von Algorithmen verbindet die Markierung anhand der Wortarten mit linguistischen Regeln zur sogenannten Lemmatisierung.

Die meisten Stemming-Werkzeuge sind auf die englische Sprache ausgelegt, obwohl auch an anderen Sprachen gearbeitet wird. Der Porter-Stemmer (*http://tartarus.org/martin/PorterStemmer/*) ist das am weitesten verbreitete frei verfügbare Stemming-Werkzeug für die englische Sprache. Das Programm ist ursprünglich in ANSI-C geschrieben, aber im Lauf der Zeit sind Anbindungen an viele andere Sprachen entstanden.

Das folgende Beispiel zeigt, wie der Porter-Stemmer mit dem NLTK-Paket in Python genutzt wird. Wie Sie sehen, kann er mit einer Vielzahl von Situationen umgehen, ist aber auch nicht perfekt. Das Wort »goes« wird auf »goe« abgebildet, »go« auf sich selbst:

```
>>> import nltk
>>> stemmer = nltk.stem.porter.PorterStemmer()
>>> stemmer.stem('flowers')
u'flower'
>>> stemmer.stem('zeroes')
u'zero'
>>> stemmer.stem('stemmer')
u'stem'
>>> stemmer.stem('sixties')
u'sixti'
>>> stemmer.stem('sixty')
u'sixty'
>>> stemmer.stem('goes')
u'goe'
>>> stemmer.stem('go')
u'go'
```

Stemming verursacht einigen Rechenaufwand. Ob der Nutzen das letztendlich wert ist, hängt von der Anwendung ab. Es darf auch nicht unerwähnt bleiben, dass Stemming manchmal mehr schadet, als es nützt. Die Wörter »new« und »news« haben sehr unterschiedliche Bedeutungen, aber für beide würde der Wortstamm »new« erkannt werden. Solche Beispiele gibt es zuhauf, und aus diesem Grund wird manchmal auf Stemming verzichtet.

Bedeutungseinheiten: von Wörtern über n-Gramme zu Phrasen

Das Konzept von Bag-of-Words ist schnell erklärt. Aber woher weiß ein Rechner, was ein Wort ist? Ein Textdokument wird digital als Zeichenkette dargestellt. Man begegnet hier und da auch halb strukturiertem Text in Form von JSON-Objekten oder HTML-Seiten. Aber selbst wenn Tags und Struktur hinzukommen, ist die Grundeinheit immer noch eine Zeichenkette. Wie verwandelt man so etwas in eine Folge von Wörtern? Dazu sind die Vorgänge des *Parsens* und der *Tokenbildung* von Bedeutung, die wir als Nächstes diskutieren.

Parsen und Tokenbildung

Parsen ist notwendig, wenn eine Zeichenkette mehr enthält als reinen Text. Handelt es sich bei den Rohdaten beispielsweise um eine Webseite, eine E-Mail oder irgendein Log, besitzen sie eine zusätzliche Struktur. Man muss festlegen, wie Textauszeichnung, Kopf- und Fußzeilen oder auch die uninteressanten Teile des Logs zu behandeln sind. Ist das Dokument eine Webseite, muss der Parser mit URLs umgehen. Ist es eine E-Mail, müssen Felder wie Absender, Empfänger und Betreff gesondert behandelt werden – anderenfalls werden diese Kopfzeilen am Ende als normale Wörter gezählt, was nicht unbedingt sinnvoll sein muss.

Nach einem einfachen Parsen ist der reine Textteil des Dokuments bereit für die Tokenbildung. Diese macht aus der Zeichenkette – einer Folge von Schriftzeichen – eine Folge von Tokens. Jedes Token kann dann als ein Wort gezählt werden. Der Tokenerzeuger muss wissen, welche Zeichen anzeigen, dass ein Token zu Ende ist und ein neues anfängt. Leerzeichen sind gewöhnlich gute Trennzeichen, ebenso Interpunktion. Enthält der Text Twitter-Meldungen, sollte die Raute (#) nicht als Trennzeichen (oder auch *Begrenzungszeichen*) gewertet werden.

Manchmal müssen Sätze anstelle ganzer Dokumente analysiert werden. Beispielsweise sollten sich *n*-Gramme als Verallgemeinerung des Wortbegriffs nicht über Satzgrenzen erstrecken. Komplexere Methoden zur Merkmalsgewinnung aus Text, etwa word2vec, arbeiten ebenfalls mit Sätzen oder Absätzen. In diesen Fällen muss man zuerst das Dokument in Sätze parsen und dann jeden Satz weiter in Tokens zerlegen, um Wörter zu erhalten.

Zeichenkettenobjekte: komplexer, als es scheint

Zeichenkettenobjekte kommen in unterschiedlichen Kodierungen wie ASCII oder Unicode vor. Reiner englischer Text kann in ASCII kodiert werden. Die meisten anderen Sprachen erfordern Unicode. Enthält das Dokument Zeichen jenseits des ASCII-Zeichensatzes, muss der Tokenerzeuger mit der betreffenden Kodierung umgehen können, um die Ergebnisse nicht zu verfälschen

Anordnungsanalyse zur Phrasenerkennung

An einer Folge von Tokens kann man unmittelbar die Liste der Wörter und *n*-Gramme ablesen. Semantisch gesehen, sind wir jedoch eher daran gewöhnt, Phrasen zu verstehen und keine *n*-Gramme. Bei der Computerverarbeitung natürlicher Sprache (NLP, engl. *Natural Language Processing*) wird das Konzept einer sinnvollen Phrase als *Anordnung* bezeichnet. Nach Manning und Schütze (1999: 151) ist »eine Anordnung ein Ausdruck aus zwei oder mehr Wörtern, die eine Aussage auf eine gebräuchliche Weise ausdrücken«.

Anordnungen tragen mehr Bedeutung als die Summe ihrer Teile. Beispielsweise hat »starker Tee« eine andere Bedeutung als »große Körperkraft« und »Tee«; daher wird diese Wortgruppe als Anordnung betrachtet. Der Ausdruck »niedlicher Welpe«

bedeutet andererseits genau die Summe seiner Teile: »niedlich« und »Welpe«. Er gilt somit nicht als Anordnung.

Anordnungen müssen keine zusammenhängenden Folgen sein. Der Satz »Emma klopfte an die Tür.« enthält beispielsweise die Anordnung »klopfen Tür«. Nicht jede Anordnung ist also ein n-Gramm. Umgekehrt ist nicht jedes n-Gramm eine sinnvolle Anordnung.

Da Anordnungen mehr als die Summe ihrer Teile sind, kann ihre Bedeutung durch einzelne Wörterzahlen nicht angemessen ausgedrückt werden. Bag-of-Words ist also keine geeignete Darstellung. Bag-of-*n*-Grams ist ebenfalls problematisch, da es zu viele bedeutungslose Folgen erfasst (man denke an »this is« in unserem Beispiel für Bag-of-*n*-Grams), jedoch nicht genug sinntragende (also etwa »klopfen Tür«).

Anordnungen sind nützliche Merkmale. Aber wie kann man sie im Text entdecken und herausziehen? Eine Möglichkeit ist, sie vorzudefinieren. Wenn wir uns richtig Mühe gäben, könnten wir vermutlich umfassende Listen von Wendungen in verschiedenen Sprachen zusammenstellen und im Text nach Übereinstimmungen suchen. Das wäre sehr teuer, würde aber funktionieren. Falls der Korpus sehr themenspezifisch ist und esoterische Ausdrücke enthält, könnte das die Methode der Wahl sein. Allerdings würde es eine Menge Handarbeit erfordern, die Liste zu pflegen, und sie müsste ständig aktualisiert werden, wenn sich die Korpora weiterentwickeln. Beispielsweise wäre die Methode nicht sehr realistisch für Twitter-Meldungen oder Blogs und Artikel.

Während der Entwicklung der statistische Verarbeitung natürlicher Sprache in den letzten zwei Jahrzehnten hat man sich zunehmend für statistische Methoden zum Auffinden von Phrasen entschieden. Statt eine feste Liste von Phrasen und idiomatischen Ausdrücken zu erstellen, stützen sich statistische Methoden zur Anordnungsanalyse auf die sich ständig ändernden Daten, um so die Sprüche des Tages ans Licht zu bringen.

Verfahren auf Grundlage von Häufigkeiten

Ein einfacher Hack ist es, sich die am häufigsten auftretenden *n*-Gramme anzusehen. Die Schwierigkeit besteht bei diesem Ansatz darin, dass die häufigsten *n*-Gramme nicht unbedingt auch die sinnvollsten sind. Tabelle 3-2 zeigt die verbreitetsten Bigramme ($n = 2$) im gesamten Rezensionsdatensatz von Yelp. Wie wir sehen, sind die zehn häufigsten Bigramme nach Dokumentenzahl sehr generische Begriffe, die nicht viel Bedeutung tragen.

Tabelle 3-2: Am häufigsten auftretende 2-Gramme im Rezensionsdatensatz von Yelp

Bigramm	Dokumentenzahl
of the	450,849
and the	426,346

Tabelle 3-2: Am häufigsten auftretende 2-Gramme im Rezensionsdatensatz von Yelp (Fortsetzung)

Bigramm	Dokumentenzahl
in the	397,821
it was	396,713
this place	344,800
it s	341,090
and i	332,415
on the	325,044
i was	285,012
for the	276,946

Hypothesentest in der Anordnungsanalyse

Die rohe Zahl von Vorkommen ist ein zu grobes Maß. Wir müssen schlauere Statistiken finden, um sinntragende Phrasen leichter auffinden zu können. Der Schlüsselgedanke ist die Frage, ob zwei Wörter im untersuchten Text häufiger zusammen auftreten, als das rein zufällig der Fall wäre. Der statistische Apparat, der diese Frage beantworten kann, heißt *Hypothesentest*.

Der Hypothesentest ist eine Technik, um verrauschte Daten auf Ja- und Nein-Antworten zu reduzieren. Dabei werden die Daten als Stichproben aus Zufallsverteilungen modelliert. Die Zufälligkeit bedeutet, dass man sich der Antwort nie ganz sicher sein kann; es kann immer Ausreißer geben. Jede Antwort besitzt also eine Wahrscheinlichkeit.

Das Ergebnis eines Hypothesentests könnte beispielsweise lauten: »Diese beiden Datensätze stammen mit einer Wahrscheinlichkeit von 95 % aus derselben Verteilung.« Als leicht zugängliche Einführung in Hypothesentests sei das Tutorium der Khan Academy über Hypothesis Testing and p-Values (*http://bit.ly/2G3bNIF*) empfohlen.

Im Zusammenhang mit der Anordnungsanalyse sind über die Jahre viele Hypothesentests vorgeschlagen worden. Eines der erfolgreichsten Verfahren beruht auf dem Test des Wahrscheinlichkeitsverhältnisses (Dunning, 1993). Für ein gegebenes Wortpaar testet es zwei Hypothesen anhand des betrachteten Datensatzes. Hypothese 1 (die Nullhypothese) besagt, dass Wort 1 unabhängig von Wort 2 vorkommt. Man kann auch sagen, dass sich das Auftreten von Wort 1 nicht darauf auswirkt, ob Wort 2 auch auftritt. Hypothese 2 (die Alternativhypothese) besagt dagegen, dass das Auftreten von Wort 1 die Wahrscheinlichkeit dafür beeinflusst, ob Wort 2 ebenfalls auftritt. Aus der Alternativhypothese würde folgen, dass die beiden Wörter zusammen eine Phrase bilden. Der Test des Wahrscheinlichkeitsverhältnisses für die Phrasenerkennung (oder auch Anordnungsanalyse) formuliert daher folgende Frage: Können die beobachteten Wortvorkommen in einem gegebenen Textkorpus mit größerer Wahrscheinlichkeit durch ein Modell erzeugt werden, in dem die beiden Wörter unabhängig voneinander auftreten, oder in einem, in dem die Wahrscheinlichkeiten der beiden Wörter miteinander verknüpft sind?

Das ist ein ziemlicher Brocken. Drücken wir es ein wenig mathematischer aus. (Mathematik ist wunderbar geeignet, um Dinge sehr präzise und treffend auszudrücken, aber sie benötigt einen völlig anderen Parser als natürliche Sprache.)

Wir können die Nullhypothese H_{null} (unabhängig) als $P(w_2 \mid w_1) = P(w_2 \mid \text{nicht } w_1)$ und die Alternativhypothese $H_{alternativ}$ (nicht unabhängig) als $P(w_2 \mid w_1) \neq P(w_2 \mid \text{nicht } w_1)$ ausdrücken.

Die resultierende statistische Größe ist der Logarithmus des Verhältnisses der beiden:

$$\log \lambda = \log \frac{L\ (\text{Daten}; H_{null})}{L\ (\text{Daten}; H_{alternativ})}$$

Die Wahrscheinlichkeitsfunktion *L(Daten; H)* stellt die Wahrscheinlichkeit dafür dar, die Worthäufigkeiten im Datensatz unter Annahme des unabhängigen bzw. des nicht unabhängigen Modells für das Wortpaar vorzufinden. Um diese Wahrscheinlichkeit zu berechnen, müssen wir eine weitere Annahme darüber treffen, wie die Daten erzeugt werden. Das einfachste Modell für die Erzeugung der Daten ist das Binomialmodell. Dabei werfen wir für jedes Wort aus dem Datensatz eine Münze und setzen unser betrachtetes Wort ein, falls die Münze Kopf zeigt, und irgendein anderes Wort bei Zahl. Bei dieser Vorgehensweise gehorcht die Häufigkeit des betrachteten Worts einer *Binomialverteilung*. Die Binomialverteilung ist durch die Gesamtzahl von Wörtern, die Anzahl des Auftretens des betrachteten Worts sowie die Wahrscheinlichkeit für Kopf beim Münzwurf vollständig bestimmt.

Der Algorithmus für die Erkennung verbreiteter Phrasen durch Testen des Wahrscheinlichkeitsverhältnisses sieht folgendermaßen aus:

1. Berechne die Auftrittswahrscheinlichkeiten aller einzelnen Wörter: $P(w)$.
2. Berechne für alle unterschiedlichen Bigramme die bedingten paarweisen Wahrscheinlichkeiten der Wortvorkommen: $P(w_2 \mid w_1)$.
3. Berechne das Wahrscheinlichkeitsverhältnis $\log \lambda$ für alle unterschiedlichen Bigramme.
4. Ordne die Bigramme nach ihrem Wahrscheinlichkeitsverhältnis.
5. Verwende die Bigramme mit den kleinsten Werten für das Wahrscheinlichkeitsverhältnis als Merkmale.

Keine Panik vor dem Test des Wahrscheinlichkeitsverhältnisses!

Die Schlüsselerkenntnis ist, dass der Test nicht die Wahrscheinlichkeitsparameter selbst vergleicht, sondern die Wahrscheinlichkeiten dafür, dass man unter der Voraussetzung dieser Parameter (und der Annahme eines Erzeugungsmodells) die tatsächlichen Daten beobachtet. Wahrscheinlichkeit ist eines der Grundprinzipien des statistischen Lernens, aber wenn man ihm die ersten paar Male begegnet, macht es ziemlich sicher einen Knoten ins Hirn. Hat man die Logik einmal verstanden, kann man ganz intuitiv damit umgehen.

Es gibt noch einen weiteren statistischen Ansatz, der von punktueller wechselseitiger Aussagekraft ausgeht. Er reagiert aber sehr empfindlich auf seltene Wörter, die in echten Textkorpora natürlich immer auftreten. Daher wird er gewöhnlich nicht verwendet, und wir werden ihn hier auch nicht vorführen.

Eine Gemeinsamkeit aller statistischen Verfahren für die Anordnungsanalyse, ob anhand von Häufigkeiten, Hypothesentests oder punktueller wechselseitiger Aussagekraft, besteht darin, dass sie eine Liste von Kandidaten für Phrasen filtern. Am leichtesten und billigsten erzeugt man eine solche Liste, indem man *n*-Gramme zählt. Es ist zwar möglich, nicht zusammenhängende Abfolgen zu erzeugen, aber die sind teuer zu berechnen. In der Praxis geht man selbst für aufeinanderfolgende *n*-Gramme selten über Bigramme oder Trigramme hinaus, weil es davon auch noch nach dem Filtern einfach zu viele gibt. Um längere Phrasen zu erzeugen, existieren andere Verfahren, etwa die Wortgruppensuche oder Kombinationen mit der Markierung von Wortarten (PoS, engl. *Part-of-Speech*).

Wortgruppensuche und Wortartenmarkierung

Die Wortgruppensuche ist ein bisschen anspruchsvoller als die Suche nach *n*-Grammen, da sie unter Verwendung regelbasierter Modelle Folgen von Tokens anhand von Wortartenbildet.

Wenn beispielsweise für unsere zu lösende Aufgabe die Entität (in diesem Fall der Gegenstand des Texts) entscheidend ist, würden wir uns am ehesten für alle Substantivphrasen interessieren. Dazu bilden wir für jedes Wort ein Token aus der jeweiligen Wortart und schauen uns dann die Nachbarschaft des Tokens an, um Gruppen von Wortarten bzw. Wortgruppen zu finden. Modelle, die Wörtern Wortarten zuordnen, sind im Allgemeinen sprachspezifisch.Mehrere Open-Source-Bibliotheken wie NLTK, spaCy (*https://spacy.io/*) und TextBlob (*http://textblob.readthedocs.io/en/dev/*) haben verschiedene Sprachmodelle zur Verfügung.

Um zu zeigen, wie mehrere Bibliotheken in Python die Wortgruppensuche durch Wortartenmarkierung ziemlich einfach machen, verwenden wir wieder den Rezensionsdatensatz von Yelp. In Beispiel 3-2 werten wir die Wortarten aus, um Substantivphrasen sowohl mit spaCy als auch mit TextBlob zu finden.

Beispiel 3-2: Wortartenmarkierung und Wortgruppensuche

```
>>> import pandas as pd
>>> import json

# Lade die ersten 10 Rezensionen.
>>> f = open('data/yelp/v6/yelp_academic_dataset_review.json')
>>> js = []
>>> for i in range(10):
...     js.append(json.loads(f.readline()))
>>> f.close()
>>> review_df = pd.DataFrame(js)
```

```
# Zuerst verwenden wir Funktionen von spaCy.
>>> import spacy
# Lade das Sprachmodell.
>>> nlp = spacy.load('en')

# Wir können eine Pandas-Reihe von NLP-Variablen aus spaCy erstellen.
>>> doc_df = review_df['text'].apply(nlp)

# spaCy liefert uns fein unterschiedene Wortarten mit (.pos_) und grob
# unterschiedene Wortarten mit (.tag_).
>>> for doc in doc_df[4]:
...     print([doc.text, doc.pos_, doc.tag_])

Got VERB VBP
a DET DT
letter NOUN NN
in ADP IN
the DET DT
mail NOUN NN
last ADJ JJ
week NOUN NN
that ADJ WDT
said VERB VBD
Dr. PROPN NNP
Goldberg PROPN NNP
is VERB VBZ
moving VERB VBG
to ADP IN
Arizona PROPN NNP
to PART TO
take VERB VB
a DET DT
new ADJ JJ
position NOUN NN
there ADV RB
in ADP IN
June PROPN NNP
. PUNCT .
  SPACE SP
He PRON PRP
will VERB MD
be VERB VB
missed VERB VBN
very ADV RB
much ADV RB
. PUNCT .


 SPACE SP
I PRON PRP
think VERB VBP
finding VERB VBG
a DET DT
new ADJ JJ
doctor NOUN NN
```

```
in ADP IN
NYC PROPN NNP
that ADP IN
you PRON PRP
actually ADV RB
like INTJ UH
might VERB MD
almost ADV RB
be VERB VB
as ADV RB
awful ADJ JJ
as ADP IN
trying VERB VBG
to PART TO
find VERB VB
a DET DT
date NOUN NN
! PUNCT .

# spaCy nimmt für uns auch eine einfache Substantivprüfung vor.
>>> print([chunk for chunk in doc_df[4].noun_chunks])
[a letter, the mail, Dr. Goldberg, Arizona, a new position, June, He, I,
a new doctor, NYC, you, a date]

#####
# Wir können dieselben Merkmalstransformationen mit Textblob machen.
from textblob import TextBlob

# Der voreingestellte Tagger in TextBlob verwendet den PatternTagger, was für
# unser Beispiel in Ordnung ist. Man kann auch den NLTK-Tagger auswählen, der
# für unvollständige Sätze besser funktioniert.
>>> blob_df = review_df['text'].apply(TextBlob)

>>> blob_df[4].tags
[('Got', 'NNP'),
('a', 'DT'),
('letter', 'NN'),
('in', 'IN'),
('the', 'DT'),
('mail', 'NN'),
('last', 'JJ'),
('week', 'NN'),
('that', 'WDT'),
('said', 'VBD'),
('Dr.', 'NNP'),
('Goldberg', 'NNP'),
('is', 'VBZ'),
('moving', 'VBG'),
('to', 'TO'),
('Arizona', 'NNP'),
('to', 'TO'),
('take', 'VB'),
('a', 'DT'),
('new', 'JJ'),
('position', 'NN'),
```

```
('there', 'RB'),
('in', 'IN'),
('June', 'NNP'),
('He', 'PRP'),
('will', 'MD'),
('be', 'VB'),
('missed', 'VBN'),
('very', 'RB'),
('much', 'JJ'),
('I', 'PRP'),
('think', 'VBP'),
('finding', 'VBG'),
('a', 'DT'),
('new', 'JJ'),
('doctor', 'NN'),
('in', 'IN'),
('NYC', 'NNP'),
('that', 'IN'),
('you', 'PRP'),
('actually', 'RB'),
('like', 'IN'),
('might', 'MD'),
('almost', 'RB'),
('be', 'VB'),
('as', 'RB'),
('awful', 'JJ'),
('as', 'IN'),
('trying', 'VBG'),
('to', 'TO'),
('find', 'VB'),
('a', 'DT'),
('date', 'NN')]

>>> print([np for np in blob_df[4].noun_phrases])
['got', 'goldberg', 'arizona', 'new position', 'june', 'new doctor', 'nyc']
```

Sie sehen, dass die beiden Bibliotheken leicht unterschiedliche Substantivphrasen finden. spaCy nimmt gewöhnliche englische Wörter wie »a« und »the« mit hinzu, während TextBlob diese Wörter entfernt. Das spiegelt einen Unterschied in den Regelwerken wider, die bestimmen, was die jeweilige Bibliothek als Substantivphrase ansieht. Sie können auch eigene Wortartenbeziehungen formulieren, um die Wortgruppen zu definieren, die Sie interessieren. Wir empfehlen Bird u.a. (2009), wenn Sie sich wirklich eingehend und von Grund auf mit der Wortgruppensuche in Python beschäftigen wollen.

Zusammenfassung

Die Darstellung als Bag-of-Words ist leicht verständlich, einfach zu berechnen und nützlich für Klassifikation und Suche. Manchmal stellen einzelne Wörter jedoch eine zu starke Vereinfachung dar, um bestimmte Informationen im Text zu erfassen. Dann bedient man sich längerer Folgen. Bag-of-*n*-Grams ist eine natürliche

Verallgemeinerung von Bag-of-Words. Dieses Konzept ist immer noch leicht zu verstehen, und es ist genauso einfach zu berechnen wie Bag-of-Words.

Der Bag-of-*n*-Grams-Algorithmus erzeugt viel mehr unterschiedliche *n*-Gramme. Er erhöht die Speicherkosten für Merkmale ebenso wie die Berechnungskosten für das Anlernen des Modells und die Vorhersage. Die Anzahl der Datenpunkte bleibt dabei gleich, aber die Dimension des Merkmalsraums wird viel größer; er ist also viel dünner mit Daten besetzt. Je größer *n* ist, desto größer ist der Speicher- und Rechenaufwand, und desto dünner verteilt sind die Daten. Aus diesen Gründen führen längere *n*-Gramme nicht immer zu Verbesserungen bei der Modellgenauigkeit (oder einem anderen Gütemaß). Gewöhnlich hört man bei $n = 2$ oder 3 auf. Längere *n*-Gramme werden selten verwendet.

Eine Maßnahme gegen dünnere Besetzung und höhere Kosten ist das Filtern der *n*-Gramme, um nur die Phrasen mit dem höchsten Bedeutungsgehalt zu behalten. Das ist das Ziel der Anordnungsanalyse. Theoretisch können Anordnungen (oder Phrasen) nicht zusammenhängende Tokenfolgen im Text bilden. Praktisch verursacht die Suche nach nicht zusammenhängenden Phrasen jedoch einen viel höheren Rechenaufwand für wenig Gewinn. Die Anordnungsanalyse beginnt daher gewöhnlich mit einer Liste von Kandidaten für Bigramme und wendet statistische Verfahren an, um sie zu filtern.

Alle diese Verfahren verwandeln eine Folge von Texttokens in eine zusammenhanglose Menge von Anzahlen. Mengen haben viel weniger Struktur als Folgen, sie führen zu flachen Merkmalsvektoren.

In diesem Kapitel haben wir erste Schritte mit einfachen Merkmalsgewinnungsverfahren für Text unternommen. Diese Verfahren machen aus einem Stück Text in einer natürlichen Sprache – voller reichhaltiger semantischer Struktur – einen einfachen flachen Vektor. Wir haben eine Reihe verbreiteter Filterverfahren diskutiert, die die Vektoreinträge bereinigen. Des Weiteren haben wir *n*-Gramme und die Anordnungsanalyse als Verfahren vorgestellt, die den flachen Vektoren ein wenig mehr Struktur verleihen. Das nächste Kapitel geht viel detaillierter auf einen weiteren üblichen Trick zur Merkmalsgewinnung aus Text ein: *TF-IDF*. Darauffolgende Kapitel besprechen dann weitere Verfahren, um einem flachen Vektor Struktur zurückzugeben.

Literatur

Bird, Steven, Ewan Klein und Edward Loper. *Natural Language Processing with Python* (*http://shop.oreilly.com/product/9780596516499.do*). Sebastopol, CA: O'Reilly Media, 2009.

Dunning, Ted. »Accurate Methods for the Statistics of Surprise and Coincidence.« *ACM Journal of Computational Linguistics, special issue on using large corpora* 19:1 (1993): 61–74.

Khan Academy. »Hypothesis Testing and p-Values.« Abgerufen von *https://www.khanacademy.org/math/probability/statistics-inferential/hypothesis-testing/v/hypothesis-testing-and-p-values*.

Manning, Christopher D., und Hinrich Schütze. *Foundations of Statistical Natural Language Processing*. Cambridge, MA: MIT Press, 1999.

KAPITEL 4

Auswirkungen der Merkmalsskalierung: von Bag-of-Words zu TF-IDF

Eine Bag-of-Words-Darstellung ist einfach zu erzeugen, aber bei Weitem nicht perfekt. Zählen wir alle Wörter als gleichwertig, werden am Ende einige Wörter übermäßig gewichtet. Erinnern wir uns an das Beispiel von Emma und dem Raben aus Kapitel 3. Wir suchen eine Darstellung des Dokuments, die die beiden Hauptfiguren hervorhebt. Das Wort »Emma« kommt viermal vor, »Rabe« bzw. »Raben« dreimal, aber »und« erscheint ganze sechs Male und »er« und »der« jeweils auch dreimal. Die Hauptfiguren stechen bei einer einfachen Häufigkeitszählung nicht hervor. Das ist ein Problem.

Es wäre auch gut, wenn Wörter wie »prächtig«, »glänzen«, »eingeschüchtert«, »zögernd« und »beherrschte« ausgewählt würden, weil sie den Ton des Absatzes bestimmen. Sie deuten eine Stimmung an, die für einen Datenanalytiker eine sehr wertvolle Information sein kann. Wir hätten also im Idealfall gern eine Darstellung, die *bedeutungstragende* Wörter hervorhebt.

TF-IDF: eine kleine Variation von Bag-of-Words

TF-IDF ist eine einfache Variation des Bag-of-Words-Ansatzes. Die Abkürzung steht für *Begriffshäufigkeit – inverse Dokumentenhäufigkeit* (engl. *Term Frequency – Inverse Document Frequency*). Statt der rohen Anzahl jedes Worts in jedem Dokument eines Datensatzes betrachtet TF-IDF eine normierte Anzahl, bei der jede Wortzahl durch die Zahl der Dokumente geteilt wurde, in denen dieses Wort vorkommt. Das heißt:

$$\text{bow}(w, d) = \#\ \text{Vorkommen des Worts } w \text{ im Dokument } d$$

$$\text{TF-IDF}(w, d) = \text{bow}(w, d) * N / (\#\ \text{Dokumente, in denen das Wort } w \text{ vorkommt})$$

N ist die Gesamtzahl der Dokumente im Datensatz. Der Quotient N / (# Dokumente ...) wird als *inverse Dokumentenhäufigkeit* bezeichnet. Kommt ein Wort in vielen Dokumenten vor, liegt seine inverse Dokumentenhäufigkeit nahe bei 1. Ist es nur in wenigen Dokumenten enthalten, ist die inverse Dokumentenhäufigkeit viel größer.

Wir können auch eine Logarithmustransformation anwenden, statt mit der inversen Dokumentenhäufigkeit selbst zu arbeiten. Der Logarithmus bildet 1 auf 0 ab und macht große Zahlen (solche, die viel größer als 1 sind) kleiner. (Mehr dazu später.)

Definieren wir TF-IDF als:

$$\text{TF-IDF}(w, d) = \text{bow}(w, d) * \log (N / \#\ \text{Dokumente, in denen } w \text{ vorkommt})$$

dann wird ein Wort, das in jedem einzelnen Dokument erscheint, effektiv auf null gesetzt, und ein Wort, das in sehr wenigen Dokumenten vorkommt, bekommt eine noch größere Zahl zugeordnet als zuvor schon.

Schauen wir uns einige Bilder an, um zu verstehen, worum es hier geht. Abbildung 4-1 zeigt ein einfaches Beispiel mit vier Sätzen: »es ist ein Welpe«, »es ist eine Katze«, »es ist ein Kätzchen« und »dies ist ein Hund und das ist ein Pferd«. Wir zeichnen diese Sätze in den Merkmalsraum der drei Wörter »Welpe«, »Katze« und »ist« ein.

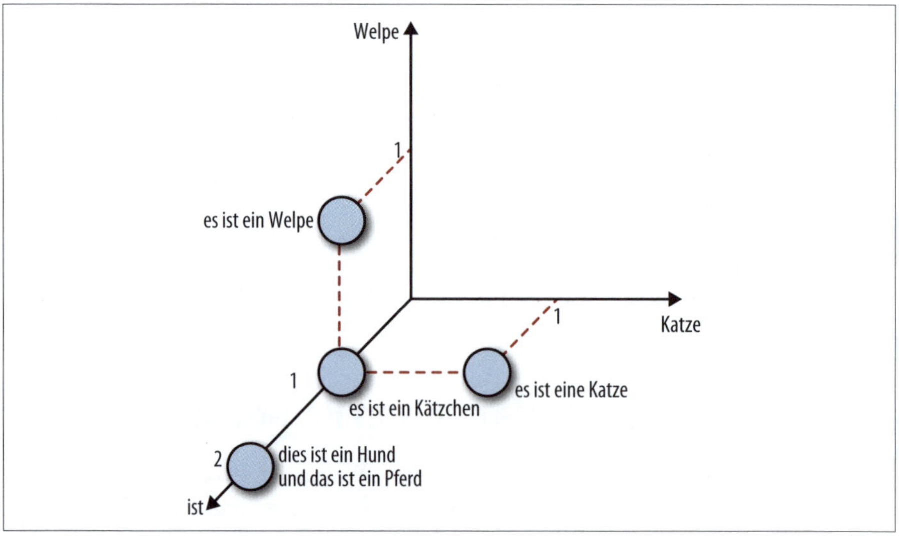

Abbildung 4-1: Vier Sätze über Hunde und Katzen

Betrachten wir nun dieselben vier Sätze in der TF-IDF-Darstellung unter Anwendung der Logarithmustransformation auf die inverse Dokumentenhäufigkeit. Abbildung 4-2 zeigt die Dokumente im Merkmalsraum. Achten Sie darauf, dass das Wort »ist« als Merkmal effektiv ausgelöscht wurde, da es in allen Sätzen dieses Datensatzes enthalten ist. Dafür zählen die Wörter »Welpe« und »Katze« nun stärker als zuvor (log(4) = 1,38... > 1), da sie jeweils nur in einem der insgesamt vier Sätze vorkommen. Somit macht TF-IDF seltene Wörter auffälliger und ignoriert gewöhnliche Wörter. Der Algorithmus ist eng verwandt mit den Filterverfahren anhand von Häufigkeiten in Kapitel 3, mathematisch aber viel eleganter, als harte Schwellenwerte festzulegen.

Die Idee von TF-IDF

TF-IDF macht seltene Wörter sichtbarer und ignoriert gewöhnliche Wörter effektiv.

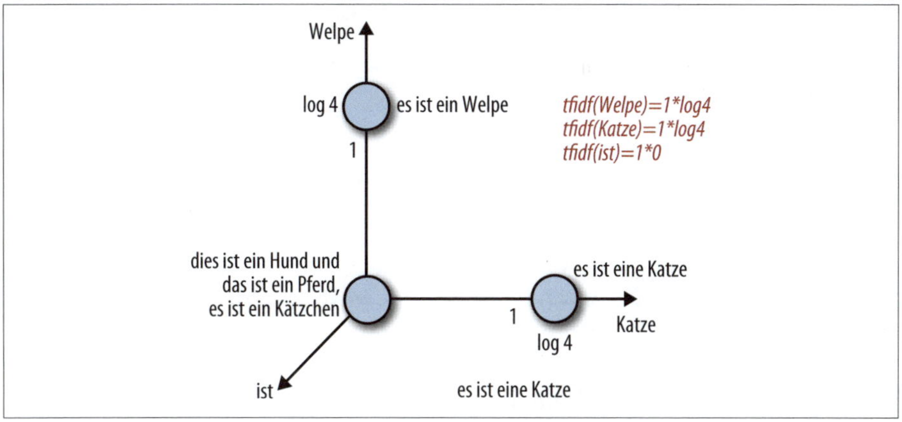

Abbildung 4-2: TF-IDF-Darstellung der Sätze in Abbildung 4-1

Ein Praxistest

Das TF-IDF-Verfahren transformiert Wortzahlen als Merkmale durch Multiplikation mit einer Konstanten. Daher dient es als Beispiel einer *Merkmalsskalierung*, die wir in Kapitel 2 vorgestellt haben. Wie gut funktioniert diese Merkmalsskalierung praktisch? Vergleichen wir die Ergebnisse mittels skalierter und unskalierter Merkmale bei einer einfachen Textklassifikation. Zeit für Code!

In Beispiel 4-1 kommen wir wieder auf den Rezensionsdatensatz von Yelp (*http://www.yelp.com/dataset_challenge*) zurück. Runde 6 der Yelp-Dataset-Challenge enthält nahezu 1,6 Millionen Rezensionen von Geschäften in sechs Städten der USA.

Beispiel 4-1: Laden und Bereinigen des Rezensionsdatensatzes von Yelp mit Python

```
>>> import json
>>> import pandas as pd

# Lade die Yelp-Daten über die Geschäfte.
>>> biz_f = open('yelp_academic_dataset_business.json')
>>> biz_df = pd.DataFrame([json.loads(x) for x in biz_f.readlines()])
>>> biz_f.close()

# Lade die Yelp-Rezensionen.
>>> review_file = open('yelp_academic_dataset_review.json')
>>> review_df = pd.DataFrame([json.loads(x) for x in review_file.readlines()])
>>> review_file.close()

# Ziehe nur die Nightlife-Lokale und Restaurants heraus.
```

```
>>> two_biz = biz_df[biz_df.apply(lambda x: 'Nightlife' in x['categories'] or
...                                  'Restaurants' in x['categories'],
...                               axis=1)]

# Verknüpfe damit die Rezensionen, um alle Rezensionen dieser zwei Arten von
# Geschäften zu bekommen.
>>> twobiz_reviews = two_biz.merge(review_df, on='business_id', how='inner')

# Entferne die Merkmale, die wir nicht verwenden wollen.
>>> twobiz_reviews = twobiz_reviews[['business_id',
...                                  'name',
...                                  'stars_y',
...                                  'text',
...                                  'categories']]

# Erzeuge die Zielspalte - True für Nightlife-Lokale, sonst False.
>>> two_biz_reviews['target'] = \
...     twobiz_reviews.apply(lambda x: 'Nightlife' in x['categories'],
...                          axis=1)
```

Erzeugung eines Klassifikationsdatensatzes

Schauen wir nun, ob wir anhand der Rezensionen ein Geschäft entweder als Restaurant oder als Nightlife-Lokal kategorisieren können. Um Anlernzeit zu sparen, beschränken wir uns auf eine Teilmenge der Rezensionen. In unserem Fall besteht eine große Differenz zwischen den Rezensionszahlen der beiden Kategorien. Wir sprechen von einem *Datensatz mit unausgeglichenen Klassen*. Unausgeglichene Datensätze stellen bei der Modellierung ein Problem dar, weil das Modell den meisten Aufwand darauf verwenden wird, sich an die größere Klasse anzupassen. Da wir in beiden Klassen jede Menge Daten haben, können wir das Problem gut dadurch lösen, dass wir aus der größeren Klasse (den Restaurants) eine Stichprobe nehmen, die etwa den gleichen Umfang wie die kleine Klasse (Nightlife) hat. Hier ist ein beispielhafter Ablauf:

1. Nimm eine zufällige Stichprobe von 10% der Nightlife-Rezensionen und 2,1% der Restaurantrezensionen. (Die Prozentsätze sind so gewählt, dass die Zahl der Beispiele in beiden Klassen etwa gleich ist.)
2. Teile diesen Datensatz im Verhältnis 70 zu 30 für das Anlernen bzw. Testen. In unserem Beispiel kommen ein Anlerndatensatz mit 29.264 Rezensionen und ein Testdatensatz mit 12.542 Rezensionen heraus.
3. Die Anlerndaten enthalten 46.924 unterschiedliche Wörter; das entspricht der Anzahl von Merkmalen in der Bag-of-Words-Darstellung.

Beispiel 4-2 führt das vor.

Beispiel 4-2: Erzeugung eines ausgeglichenen Klassifikationsdatensatzes

```
# Erzeuge eine Stichprobe mit ausgeglichenen Klassen.
>>> nightlife = \
...   twobiz_reviews[twobiz_reviews.apply(lambda x: 'Nightlife' in x['categories'],
...                                       axis=1)]
```

```
>>> restaurants = \
...     twobiz_reviews[twobiz_reviews.apply(lambda x: 'Restaurants' in x['categories'],
...                                         axis=1)]
>>> nightlife_subset = nightlife.sample(frac=0.1, random_state=123)
>>> restaurant_subset = restaurants.sample(frac=0.021, random_state=123)
>>> combined = pd.concat([nightlife_subset, restaurant_subset])

# Teile in Anlern- und Testdatensatz.
>>> training_data, test_data = modsel.train_test_split(combined,
...                                                    train_size=0.7,
...                                                    random_state=123)
>>> training_data.shape
(29264, 5)
>>> test_data.shape
(12542, 5)
```

Bag-of-Words skalieren mit der TF-IDF-Transformation

In diesem Experiment wollen wir die Effektivität von Bag-of-Words, TF-IDF und ℓ^2-Normierung bei der linearen Klassifikation vergleichen. Nun läuft es auf dasselbe hinaus, ob man erst TF-IDF und dann die ℓ^2-Normierung anwendet oder nur die ℓ^2-Normierung allein. Wir müssen also lediglich drei Sätze von Merkmalen testen: Bag-of-Words, TF-IDF und Bag-of-Words mit nachgelagerter wortweiser ℓ^2-Normierung.

In Beispiel 4-3 verwenden wir den `CountVectorizer` aus scikit-learn, um den Rezensionstext in die Bag-of-Words-Darstellung umzuwandeln. Alle Verfahren zur Merkmalsgewinnung aus Text benötigen implizit einen Tokenerzeuger, also ein Modul, das aus einem Text als Zeichenkette eine Liste von Tokens (Wörtern) macht. In diesem Beispiel sucht das voreingestellte Tokenbildungsmuster von scikit-learn nach Folgen von zwei oder mehr alphanumerischen Zeichen. Interpunktion wird als Tokentrenner angesehen.

Beispiel 4-3: Transformation von Merkmalen

```
# Stelle den Rezensionstext als Bag-of-Words dar.
>>> bow_transform = text.CountVectorizer()
>>> X_tr_bow = bow_transform.fit_transform(training_data['text'])
>>> X_te_bow = bow_transform.transform(test_data['text'])
>>> len(bow_transform.vocabulary_)
46924

>>> y_tr = training_data['target']
>>> y_te = test_data['target']

# Erzeuge die TF-IDF-Darstellung anhand der Bag-of-Words-Matrix.
>>> tfidf_trfm = text.TfidfTransformer(norm=None)
>>> X_tr_tfidf = tfidf_trfm.fit_transform(X_tr_bow)
>>> X_te_tfidf = tfidf_trfm.transform(X_te_bow)

# Erstelle auch gleich noch die l2-Normierung der Bag-of-Words-Darstellung.
>>> X_tr_l2 = preproc.normalize(X_tr_bow, axis=0)
>>> X_te_l2 = preproc.normalize(X_te_bow, axis=0)
```

Merkmalsskalierung auf dem Testdatensatz

Eine Feinheit bei der Merkmalsskalierung ist der Umstand, dass sie die Kenntnis statistischer Eigenschaften der Merkmale erfordert, die wir jedoch in der Praxis höchstwahrscheinlich nicht besitzen: Mittelwert, Varianz, Dokumentenhäufigkeit, ℓ^2-Norm usw. Um die TF-IDF-Darstellung zu berechnen, müssen wir die inverse Dokumentenhäufigkeit auf Grundlage der *Anlerndaten* berechnen und diese statistischen Größen verwenden, um sowohl die Anlern- als auch die Testdaten zu skalieren. Bei scikit-learn bedeutet die Anpassung der Merkmalstransformation an die Anlerndaten, die relevanten statistischen Eigenschaften zu bestimmen. Die angepasste Transformation kann dann auf die Testdaten angewandt werden.

Wenn wir die Testdaten anhand statistischer Eigenschaften der Anlerndaten skalieren, wird das Ergebnis etwas unordentlich aussehen. Die Min-Max-Skalierung bildet den Testdatensatz nicht mehr sauber auf 0 und 1 ab. ℓ^2-Normen, Mittelwerte und Varianzen liegen alle ein bisschen daneben. Das ist allerdings weniger schlimm als die fehlenden Daten. Der Testdatensatz kann beispielsweise Wörter enthalten, die in den Anlerndaten nicht vorkommen, und dann hätten wir für diese neuen Wörter keine Dokumentenhäufigkeit parat. Üblicherweise werden die neuen Wörter im Testdatensatz dann einfach weggeworfen. Das mag zwar unverantwortlich erscheinen, aber das – auf dem Anlerndatensatz angelernte – Modell wüsste ohnehin nicht, was es mit diesen Wörtern machen sollte. Wenn es etwas weniger nach einem Hack aussehen soll, kann man explizit ein »Ausschusswort« anlernen und schon im Anlerndatensatz alle selten auftretenden Wörter darauf abbilden, wie wir es im Abschnitt »Seltene Wörter« auf Seite 48 gesehen haben.

Klassifikation mittels logistischer Regression

Die logistische Regression ist ein einfacher linearer Klassifikator. Dank ihrer Einfachheit ist sie oft einen Versuch wert. Sie nimmt eine gewichtete Kombination der Eingangsmerkmale und wendet eine *Sigmoid-Funktion* darauf an, die jede reelle Zahl stetig auf eine Zahl zwischen 0 und 1 abbildet. Die Funktion wandelt eine reelle Zahl x in eine Zahl zwischen 0 und 1 um. Sie besitzt einen Parametersatz w, der die Steigung in der Mitte, bei 0,5, beschreibt. Der Verschiebungsterm b bezeichnet den Eingangswert, bei dem der Funktionswert die Mitte passiert. Ein logistischer Klassifikator sagt die positive Klasse vorher, wenn der Wert des Sigmoids größer als 0,5 ist, und anderenfalls die negative Klasse. Durch Verändern von w und b kann man steuern, wo dieser Wechsel auftritt und wie schnell die Entscheidung um diesen Punkt herum auf veränderte Eingangswerte reagieren soll.

Abbildung 4-3 veranschaulicht die Sigmoid-Funktion.

Bauen wir nun einige einfache Klassifikatoren mittels logistischer Regression anhand unserer verschiedenen Merkmalssätze und schauen wir, wie sie sich schlagen (siehe Beispiel 4-4).

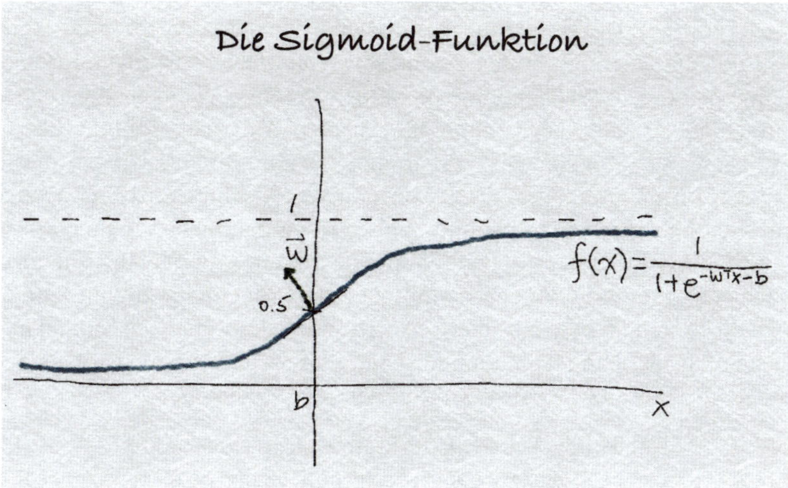

Abbildung 4-3: Darstellung einer Sigmoid-Funktion

Beispiel 4-4: Klassifikatoren mittels logistischer Regression mit Standardparametern anlernen

```
>>> def simple_logistic_classify(X_tr, y_tr, X_test, y_test, description):
...     ### Hilfsfunktion zum Trainieren eines logistischen Klassifikators und
...     Bewertung der Testdaten
...     m = LogisticRegression().fit(X_tr, y_tr)
...     s = m.score(X_test, y_test)
...     print ('Test score with', description, 'features:', s)
...     return m

>>> m1 = simple_logistic_classify(X_tr_bow, y_tr, X_te_bow, y_te, 'bow')
>>> m2 = simple_logistic_classify(X_tr_l2, y_tr, X_te_l2, y_te, 'l2-normalized')
>>> m3 = simple_logistic_classify(X_tr_tfidf, y_tr, X_te_tfidf, y_te, 'TF-IDF')
Test score with bow features: 0.775873066497
Test score with l2-normalized features: 0.763514590974
Test score with TF-IDF features: 0.743182905438
```

Paradoxerweise zeigen die Ergebnisse, dass der genaueste Klassifikator derjenige ist, der die Bag-of-Words-Merkmale benutzt. Das haben wir nicht erwartet. Wie sich herausstellt, liegt es daran, dass die Klassifikatoren nicht gut »abgestimmt« sind. Das ist eine häufige Falle beim Vergleich von Klassifikatoren.

Abstimmen der logistischen Regression durch Regularisierung

Die logistische Regression hat ein paar interessante Eigenschaften. Ist die Anzahl der Merkmale größer als die Zahl der Datenpunkte, spricht man davon, dass die Aufgabe, das beste Modell zu finden, *unterbestimmt* ist. Dieses Problem kann man unter anderem dadurch beheben, dass man zusätzliche Bedingungen an das Anlernen stellt. Das wird als *Regularisierung* bezeichnet, und wir besprechen nun ihre technischen Einzelheiten.

Die meisten Implementierungen der logistischen Regression haben eine Regularisierung vorgesehen. Um sie zu nutzen, muss man einen Regularisierungsparameter angeben. Regularisierungsparameter sind *Hyperparameter*, die nicht automatisch beim Anlernen des Modells mitgelernt werden können. Vielmehr müssen sie auf die betrachtete Aufgabe abgestimmt und an den Anlernalgorithmus übergeben werden. Dieser Vorgang heißt Hyperparameterabstimmung. (Siehe beispielsweise Zheng [2015] für Einzelheiten der Bewertung von Machine-Learning-Modellen.) Ein einfaches Verfahren zur Abstimmung der Hyperparameter ist die *Gittersuche*: Man bestimmt ein Gitter von Hyperparameterwerten, und der Abstimmalgorithmus sucht programmatisch nach dem besten Hyperparametersatz in dem Gitter. Hat man die besten Hyperparameterwerte gefunden, lernt man ein Modell mit diesen Einstellungen anhand des gesamten Anlerndatensatzes an und verwendet seine Güte auf dem Testdatensatz als Bewertung dieser Modellklasse.

Wichtig: beim Modellvergleich Hyperparameter abstimmen

Es ist von ganz wesentlicher Bedeutung, die Hyperparameter abzustimmen, wenn man Modelle oder Merkmale vergleicht. Die Voreinstellungen eines Softwarepakets werden immer ein Modell liefern. Aber falls die Software nicht hinter den Kulissen eine automatische Abstimmung vornimmt, wird dieses Modell sehr wahrscheinlich suboptimal sein, da es suboptimale Hyperparametereinstellungen verwendet. Die Empfindlichkeit der Güte eines Klassifikators für die Hyperparameterwerte hängt vom Modell und der Verteilung der Anlerndaten ab. Die logistische Regression ist relativ robust (oder unempfindlich) in Bezug auf die Hyperparametereinstellungen. Dennoch muss man den richtigen *Wertebereich* für die Hyperparameter finden und verwenden. Anderenfalls können sich scheinbare Vorteile eines Modells gegenüber einem anderen allein aus der Abstimmung der Parameter ergeben, statt das tatsächliche Verhalten des Modells oder der Merkmale widerzuspiegeln.

Selbst die besten Pakete zum automatischen Abstimmen erfordern immer noch Angaben für die oberen und unteren Grenzen der Suche, und diese Grenzen herauszufinden, kann durchaus einige manuelle Versuche erfordern.

Im folgenden Beispiel setzen wir von Hand das Suchgitter der logistischen Regularisierungsparameter auf {1e-5, 0.001, 0.1, 1, 10, 100}. Wir haben ein paar Versuche gebraucht, um die oberen und unteren Ränder einzugrenzen. Die optimalen Hyperparameterwerte für jeden Merkmalssatz sind in Tabelle 4-1 angegeben.

Tabelle 4-1: Beste Hyperparameterwerte für die logistische Regression auf einer Stichprobe von Yelp-Rezensionen für Nightlife-Lokale und Restaurants

	ℓ^2-Regularisierung
BoW	0.1
ℓ^2-normiert	10
TF-IDF	0.001

Wir wollen zudem testen, ob der Genauigkeitsunterschied zwischen TF-IDF und Bag-of-Words auf Rauschen zurückzuführen ist. Dazu verwenden wir eine *k*-fache Kreuzvalidierung, um mehrere statistisch unabhängige Datensätze zu simulieren. Sie teilt den Datensatz in *k* Abschnitte. Das Kreuzvalidierungsverfahren iteriert über die Abschnitte, verwendet alle außer einem zum Anlernen und validiert die Ergebnisse anhand des einen Abschnitts, der ausgelassen wurde.

Varianzschätzung durch Resampling

Moderne statistische Verfahren gehen davon aus, dass die zugrunde liegenden Daten aus einer Zufallsverteilung stammen. Auch die Messungen der Güte von Modellen, die aus Daten abgeleitet wurden, sind einem zufälligen Rauschen unterworfen. In einer solchen Situation bietet es sich immer an, die Messung nicht nur einmal durchzuführen, sondern mehrfach anhand von Datensätzen mit vergleichbaren statistischen Eigenschaften. So erhalten wir einen Erwartungsbereich für den Messwert.

Die *k*-fache Kreuzvalidierung ist so eine Herangehensweise, Resampling eine weitere Technik, um mehrere kleine Stichproben aus demselben zugrunde liegenden Datensatz zu erzeugen. Zheng (2015) bespricht das Resampling eingehender.

Die Funktion `GridSearchCV` aus scikit-learn führt eine Gittersuche mittels Kreuzvalidierung durch (siehe Beispiel 4-5). Abbildung 4-4 zeigt ein Fehlerbalkendiagramm der Verteilung von Genauigkeitsmessungen für Modelle, die mit den jeweiligen Merkmalssätzen angelernt wurden. Die Mittellinie in den Kästchen markiert den Median der Genauigkeit, die Kästchen selbst den Bereich zwischen den ersten und dritten Quartilen, und die Fehlerbalken erstrecken sich über den Rest der Verteilung.

Beispiel 4-5: Hyperparameterabstimmung für die logistische Regression mittels Gittersuche

```
>>> import sklearn.model_selection as modsel

# Lege ein Suchgitter fest und führe eine fünffache Gittersuche für jeden der
# Merkmalssätze durch.
>>> param_grid_ = {'C': [1e-5, 1e-3, 1e-1, 1e0, 1e1, 1e2]}

# Stimme den Klassifikator für die Bag-of-Words-Darstellung ab.
>>> bow_search = modsel.GridSearchCV(LogisticRegression(), cv=5,
...                                  param_grid=param_grid_)
>>> bow_search.fit(X_tr_bow, y_tr)

# Stimme den Klassifikator für den L2-normierten Wortvektor ab.
>>> l2_search = modsel.GridSearchCV(LogisticRegression(), cv=5,
...                                 param_grid=param_grid_)
>>> l2_search.fit(X_tr_l2, y_tr)
```

```
# Stimme den Klassifikator für TF-IDF ab.
>>> tfidf_search = modsel.GridSearchCV(LogisticRegression(), cv=5,
...                                    param_grid=param_grid_)
>>> tfidf_search.fit(X_tr_tfidf, y_tr)

# Schauen wir uns eine der Ausgaben der Gittersuche an, um zu sehen, ob es
# funktioniert hat.
>>> bow_search.cv_results_
{'mean_fit_time': array([  0.43648252,   0.94630651,
          5.64090128,  15.31248307,  31.47010217,  42.44257565]),
'mean_score_time': array([ 0.00080056,  0.00392466,  0.00864897,  0 .00784755,
         0.01192751,  0.0072515 ]),
'mean_test_score': array([ 0.57897075,  0.7518111 ,  0.78283898,  0.77381766,
         0.75515992,  0.73937261]),
'mean_train_score': array([ 0.5792185 ,  0.76731652,  0.87697341,  0.94629064,
         0.98357195,  0.99441294]),
'param_C': masked_array(data = [1e-05 0.001 0.1 1.0 10.0 100.0],
              mask = [False False False False False False],
        fill_value = ?),
'params': ({'C': 1e-05},
  {'C': 0.001},
  {'C': 0.1},
  {'C': 1.0},
  {'C': 10.0},
  {'C': 100.0}),
'rank_test_score': array([6, 4, 1, 2, 3, 5]),
'split0_test_score': array([ 0.58028698,  0.75025624,  0.7799795 ,  0.7726341 ,
         0.75247694,  0.74086095]),
'split0_train_score': array([ 0.57923964,  0.76860316,  0.87560871,  0.94434003,
         0.9819308 ,  0.99470312]),
'split1_test_score': array([ 0.5786776 ,  0.74628396,  0.77669571,  0.76627371,
         0 .74867589,  0.73176149]),
'split1_train_score': array([ 0.57917218,  0.7684849 ,  0.87945837,  0.94822946,
         0.98504976,  0.99538678]),
'split2_test_score': array([ 0.57816504,  0.75533914,  0.78472578,  0.76832394,
         0.74799248,  0.7356911 ]),
'split2_train_score': array([ 0.57977019,  0.76613558,  0.87689548,  0.94566657,
         0.98368288,  0.99397719]),
'split3_test_score': array([ 0.57894737,  0.75051265,  0.78332194,  0.77682843,
         0.75768968,  0.73855092]),
'split3_train_score': array([ 0.57914745,  0.76678626,  0.87634546,  0.94558346,
         0.98385443,  0.99474628]),
'split4_test_score': array([ 0.57877649,  0.75666439,  0.78947368,  0.78503076,
         0.76896787,  0.75      ]),
'split4_train_score': array([ 0.57876303,  0.7665727 ,  0.87655903,  0.94763369,
         0.98334188,  0.99325132]),
'std_fit_time': array([ 0.03874582,  0.02297261,  1.18862097,  1.83901079,
         4.21516797,  2.93444269]),
'std_score_time': array([ 0.00160112,  0.00605009,  0.00623053,  0.00698687,
         0.00713112,  0.00570195]),
'std_test_score': array([ 0.00070799,  0.00375907,  0.00432957,  0.00668246,
         0.00612049]),
'std_train_score': array([ 0.00032232,  0.00102466,  0.00131222,  0.00143229,
         0.00100223,  0.00073252])}
```

```
# Zeichne die Ergebnisse der Kreuzvalidierung in ein Fehlerbalkendiagramm, um
# die Güte der Klassifikatoren darzustellen und zu vergleichen.
>>> search_results = pd.DataFrame.from_dict({
...                         'bow': bow_search.cv_results_['mean_test_score'],
...                         'tfidf': tfidf_search.cv_results_['mean_test_score'],
...                         'l2': l2_search.cv_results_['mean_test_score']
...                     })

# Unsere üblichen matplotlib-Aufrufe. Seaborn sorgt hier für ein hübsches
# Diagramm.
>>> import matplotlib.pyplot as plt
>>> import seaborn as sns
>>> sns.set_style("whitegrid")

>>> ax = sns.boxplot(data=search_results, width=0.4)
>>> ax.set_ylabel('Accuracy', size=14)
>>> ax.tick_params(labelsize=14)
```

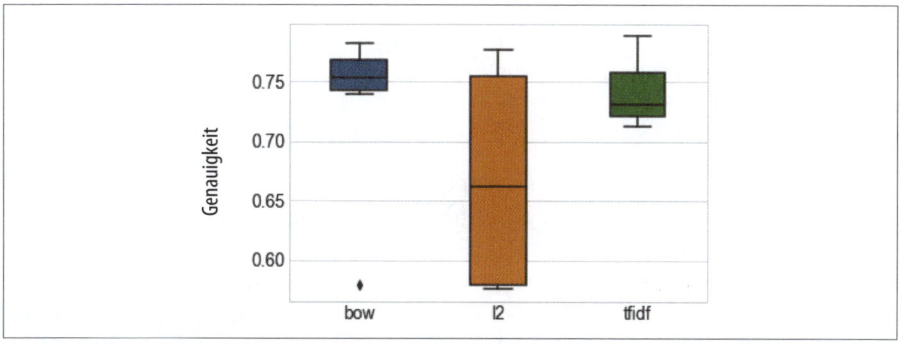

Abbildung 4-4: Verteilung der Klassifikatorgenauigkeit für jeden Merkmalssatz und jede Einstellung der Regularisierung – die Genauigkeit wird als Mittel über eine fünffache Kreuzvalidierung gemessen.

Tabelle 4-2 zeigt die mittlere Klassifikatorgenauigkeit nach der Kreuzvalidierung für jede Hyperparametereinstellung. Der Stern in jeder Spalte bezeichnet die höchste erreichte Genauigkeit für den jeweiligen Merkmalssatz.

Tabelle 4-2: Mittlere Bewertungen für die Klassifikatorgenauigkeit nach Kreuzvalidierung

Regularisierungsparameter	BoW	ℓ^2-normiert	TF-IDF
0.00001	0.578971	0.575724	0.721638
0.001	0.751811	0.575724	0.788648 *
0.1	0.782839 *	0.589120	0.763566
1	0.773818	0.734247	0.741150
10	0.755160	0.776756 *	0.721467
100	0.739373	0.761106	0.712309

Das Ergebnis für ℓ^2-normierte Merkmale sieht in Abbildung 4-4 beunruhigend schlecht aus. Aber lassen Sie sich nicht täuschen. Die kleinen Genauigkeitswerte kommen durch eine sehr schlechte Einstellung der Regularisierungsparameter zustande – ein konkreter Beweis dafür, dass suboptimale Hyperparameter zu ganz falschen Schlüssen führen können. Wenn wir ein Modell wie in Beispiel 4-6 mit der besten Hyperparametereinstellung für jeden Merkmalssatz anlernen, liegen die Genauigkeitsbewertungen der verschiedenen Merkmalssätze sehr nah beieinander.

Beispiel 4-6: Letzter Anlern- und Testschritt für den Vergleich der verschiedenen Merkmalssätze

```
# Lerne abschließend ein Modell auf dem gesamten Anlerndatensatz an und
# verwende dazu die besten Hyperparameterwerte, die zuvor gefunden wurden. Miss
# die Genauigkeit auf dem Testdatensatz.
>>> m1 = simple_logistic_classify(X_tr_bow, y_tr, X_te_bow, y_te, 'bow',
...                               _C=bow_search.best_params_['C'])
>>> m2 = simple_logistic_classify(X_tr_l2, y_tr, X_te_l2, y_te, 'l2-normalized',
...                               _C=l2_search.best_params_['C'])
>>> m3 = simple_logistic_classify(X_tr_tfidf, y_tr, X_te_tfidf, y_te, 'TF-IDF',
...                               _C=tfidf_search.best_params_['C'])
Test score with bow features: 0.78360708021
Test score with l2-normalized features: 0.780178599904
Test score with TF-IDF features: 0.788470738319
```

Die richtige Abstimmung hat die Genauigkeit aller Merkmalssätze verbessert, und alle drei liefern nun eine ähnliche Klassifikationsgenauigkeit bei der regularisierten logistischen Regression. Die Genauigkeitsbewertung des TF-IDF-Modells ist leicht höher, aber der Unterschied ist wahrscheinlich nicht statistisch signifikant. Diese Ergebnisse sind völlig rätselhaft. Wenn die Merkmalsskalierung nicht besser funktioniert als das einfache Bag-of-Words-Verfahren, warum sollte man sie dann überhaupt anwenden? Wozu der ganze Tanz, wenn TF-IDF nichts bewirkt? Diesen Fragen gehen wir im folgenden Abschnitt nach.

Der Sache auf den Grund gegangen: Was geht hier vor?

Um die Zusammenhänge hinter den Ergebnissen zu verstehen, müssen wir uns ansehen, wie das Modell die Merkmale verwendet. Bei linearen Modellen wie der logistischen Regression geschieht das mittels eines Zwischenobjekts, der sogenannten *Datenmatrix*.

Die Datenmatrix enthält Datenpunkte, die als flache Vektoren fester Länge dargestellt werden. Im Zusammenhang mit Bag-of-Words-Vektoren wird die Datenmatrix auch als *Dokument-Begriffs-Matrix* bezeichnet. Abbildung 3-1 zeigt einen Bag-of-Words-Vektor in Vektorgestalt, und Abbildung 4-1 stellt vier Bag-of-Words-Vektoren im Merkmalsraum dar. Um die Dokument-Begriffs-Matrix zu bilden, nimmt man einfach die Dokumentenvektoren in einer flachen Darstellung und stapelt sie aufeinander. Die Spalten entsprechen allen möglichen Wörtern im

Vokabular (siehe Abbildung 4-5). Da die meisten Dokumente nur eine kleine Teilmenge aller möglichen Wörter enthalten, sind die meisten Einträge dieser Matrix Nullen; die Matrix ist *dünn besetzt*.

	es	ist	Welpe	Katze	Pferd	ein	dies
es ist ein Welpe	1	1	1	0	0	1	0
es ist ein Kätzchen	1	1	0	0	0	1	0
es ist eine Katze	1	1	0	1	0	0	0
dies ist ein Hund und das ist ein Pferd	0	2	0	0	1	2	1
es ist eine Matrix	1	1	0	0	0	0	0

Abbildung 4-5: Beispiel einer Dokument-Begriffs-Matrix aus fünf Dokumenten und sieben Wörtern

Verfahren zur Merkmalsskalierung sind im Grunde Spaltenoperationen auf der Datenmatrix. Insbesondere multiplizieren sowohl TF-IDF als auch die ℓ^2-Normierung die gesamte Spalte (beispielsweise ein *n*-Gramm-Merkmal) mit einer Konstanten.

TF-IDF bedeutet Spaltenskalierung

TF-IDF und ℓ^2-Normierung sind beides Spaltenoperationen auf der Datenmatrix.

Wie im Anhang gezeigt, läuft ein linearer Klassifikator darauf hinaus, die beste Linearkombination von Merkmalen zu finden, die die Spaltenvektoren der Datenmatrix sind. Der Lösungsraum wird durch den Spaltenraum und den Nullraum der Datenmatrix beschrieben. Die Güte des angelernten linearen Klassifikators hängt direkt vom Nullraum und dem Spaltenraum der Datenmatrix ab. Ein großer Spaltenraum bedeutet, dass zwischen den Merkmalen nur wenig lineare Abhängigkeit besteht, was im Allgemeinen gut ist. Der Nullraum enthält »neue« Datenpunkte, die sich nicht als Linearkombinationen existierender Daten ausdrücken lassen; ein großer Nullraum kann Probleme bereiten. (Lesern, die an einem Überblick über Begriffe wie lineare Trennfläche, Eigenwertzerlegung und fundamentale Unterräume einer Matrix interessiert sind, sei die Beschäftigung mit dem Anhang wärmstens empfohlen.)

Wie beeinflussen Spaltenskalierungen den Spaltenraum und den Nullraum der Datenmatrix? Die Antwort lautet: »Nicht sehr.« Es besteht aber eine kleine Chance, dass sich TF-IDF und ℓ^2-Normierung unterscheiden könnten. Schauen wir uns nun an, warum.

Der Nullraum der Datenmatrix kann aus mehreren Gründen recht groß werden. Erstens enthalten viele Datensätze Datenpunkte, die einander sehr ähneln. Das bedeutet, dass der effektive Spaltenraum klein ist gegenüber der Anzahl von Datenpunkten im Datensatz. Zweitens kann die Anzahl der Merkmale viel größer sein als die Zahl der Datenpunkte. Das Bag-of-Words-Verfahren ist besonders gut darin, riesige Merkmalsräume zu erzeugen. In unserem Yelp-Beispiel enthält der Anlerndatensatz 47.000 Merkmale in 29.000 Rezensionen. Zudem wächst die Zahl der unterschiedlichen Wörter gewöhnlich mit der Zahl der Dokumente im Datensatz, sodass weitere hinzugefügte Dokumente das Verhältnis von Merkmalen zu Daten nicht unbedingt verringern oder den Nullraum verkleinern würden.

Beim Bag-of-Words-Verfahren ist der Spaltenraum relativ klein gegenüber der Anzahl der Merkmale. Es könnte Wörter geben, die etwa gleich oft in denselben Dokumenten vorkommen. Dann wären die entsprechenden Spaltenvektoren nahezu linear abhängig, wodurch der Spaltenraum nicht den vollen Rang hätte (siehe den Anhang für die Definition des vollen Rangs). Das wird als *Defekt* der Matrix bezeichnet. (Eine Matrix kann ähnlich einem technischen Gerät einen Defekt besitzen, wodurch ihr Ergebnisraum kleiner ausfällt, als er sollte.)

Defekte im Zeilenraum und im Spaltenraum führen dazu, dass das Modell für die vorliegende Aufgabe überbestimmt ist. Das lineare Modell stattet jedes Merkmal im Datensatz mit einem Gewichtsparameter aus. Hätten Zeilen- und Spaltenraum vollen Rang,[1] könnte uns das Modell jeden beliebigen Zielvektor im Ergebnisraum erzeugen. Besitzen sie Defekte, hat das Modell mehr Freiheitsgrade, als es benötigt. Das macht es schwerer, eine Lösung zu bestimmen.

Kann eine Merkmalsskalierung das Defekt-Problem der Datenmatrix lösen? Schauen wir uns das einmal an.

Der Spaltenraum ist definiert als die Linearkombination aller Spaltenvektoren (der Fettdruck bezeichnet einen Vektor): $a_1\mathbf{v}_1 + a_2\mathbf{v}_2 + \ldots + a_n\mathbf{v}_n$. Die Merkmalsskalierung ersetzt einen Spaltenvektor durch ein konstantes Vielfaches, etwa $\tilde{\mathbf{v}}_1 = c\mathbf{v}_1$. Wir können aber immer noch die ursprüngliche Linearkombination erzeugen, indem wir einfach a_1 durch $\tilde{a}_1 = a_1 / c$ ersetzen. Offenbar ändert die Merkmalsskalierung den Rang des Spaltenraums nicht. Ebenso wenig beeinflusst sie den Rang des Nullraums, da man die Skalierung der Merkmalsspalte durch eine umgekehrte Skalierung des entsprechenden Eintrags im Gewichtsvektor wieder aufheben kann.

Wie so oft gibt es aber einen Haken. Ist der Skalar 0, lässt sich die ursprüngliche Linearkombination nicht wiederherstellen; $\mathbf{v}_1$ ist verloren. Wenn dieser Vektor von allen anderen Spalten linear unabhängig ist, haben wir effektiv den Spaltenraum verkleinert und den Nullraum vergrößert.

Korreliert der betreffende Vektor nicht mit der Zielausgabe, bedeutet das effektiv die Entfernung verrauschter Signale, was gut ist. Und das stellt sich nun als wesentlicher Unterschied zwischen TF-IDF und der ℓ^2-Normierung heraus. Die ℓ^2-Normierung würde nie eine Norm von null errechnen, es sei denn, der Vektor enthielte

1 Streng genommen können Zeilen- und Spaltenraum einer nicht quadratischen Matrix nicht gleichzeitig vollen Rang haben. Der maximal mögliche Rang beider Unterräume ist der kleinere der Werte m (Zeilenzahl) und n (Spaltenzahl).

nur Nullen. Ist der Vektor nahe null, ist seine Norm ebenfalls nahe null. Die Division durch die kleine Norm würde den Vektor betonen und verlängern.

Das TF-IDF-Verfahren andererseits kann Skalierungsfaktoren nahe null erzeugen, wie Abbildung 4-2 zeigt. Das geschieht dann, wenn das Wort in einer großen Zahl von Dokumenten im Anlerndatensatz enthalten ist. Ein solches Wort korreliert sehr wahrscheinlich nicht stark mit dem Zielvektor. Es zu entfernen, erlaubt dem Lösungsalgorithmus, sich auf die anderen Richtungen im Spaltenraum zu konzentrieren und bessere Lösungen zu finden (wenngleich die Verbesserung der Genauigkeit wahrscheinlich nicht riesig sein wird, da es üblicherweise nur wenige verrauschte Richtungen gibt, die sich so entfernen lassen).

Die Merkmalsskalierung – sowohl die ℓ^2-Normierung als auch der TF-IDF-Algorithmus – hat aber sehr wohl eine eindrucksvolle Auswirkung auf die Geschwindigkeit, mit der die Lösung konvergiert. Das ist ein Zeichen dafür, dass die Datenmatrix nun eine viel kleinere Konditionszahl hat. (Das ist das Verhältnis zwischen dem größten und dem kleinsten einzelnen Wert – siehe den Anhang für eine vollständige Diskussion dieser Begriffe.) In der Tat sorgt die ℓ^2-Normierung für eine Konditionszahl von fast 1. Es ist aber nicht so, als wäre die Lösung umso besser, je besser die Konditionszahl ist. In unserem Experiment konvergierte die ℓ^2-Normierung viel schneller als BoW und TF-IDF. Sie ist aber auch anfälliger für eine Überanpassung: Sie erfordert viel mehr Regularisierung und ist empfindlicher für die Anzahl von Iterationen während der Optimierung.

Zusammenfassung

In diesem Kapitel haben wir den TF-IDF-Algorithmus als Einstieg genutzt, um im Detail zu untersuchen, ob und wie Merkmalstransformationen das Modell beeinflussen können. TF-IDF ist ein Beispiel für eine Merkmalsskalierung, und deshalb haben wir seine Güte der eines anderen Verfahrens zur Merkmalsskalierung gegenübergestellt – der ℓ^2-Normierung.

Die Ergebnisse waren nicht so, wie wir sie erwartet hätten. TF-IDF und ℓ^2-Normierung tragen nicht zu einer besseren Genauigkeit des letztendlichen Klassifikators gegenüber dem einfachen Bag-of-Words-Verfahren bei. Nachdem wir uns ein paar Happen statistischen Modellierens und linearer Algebra zu Gemüte geführt haben, erkennen wir den Grund: Keines der Verfahren verändert den Spaltenraum der Datenmatrix.

Ein kleiner Unterschied zwischen den beiden Verfahren liegt darin, dass TF-IDF die Wortanzahl sowohl »strecken« als auch »stauchen« kann. Anders gesagt, es vergrößert einige Anzahlen und bringt andere in die Nähe von null. Daher kann TF-IDF bedeutungslose Wörter ganz ausmerzen.

Unterwegs haben wir außerdem eine weitere Auswirkung der Merkmalsskalierung entdeckt: Sie verbessert die Konditionszahl der Datenmatrix, wodurch lineare

Modelle viel schneller angelernt werden können. Diese Wirkung hat sowohl die ℓ^2-Normierung als auch der TF-IDF-Algorithmus.

Zusammenfassend lautet die Lektion: Die *richtige* Merkmalsskalierung kann bei der Klassifikation helfen. Eine richtige Skalierung betont die sinntragenden Wörter und gewichtet gewöhnliche Wörter niedrig. Sie kann zudem die Konditionszahl der Datenmatrix verbessern. Die richtige Skalierung ist nicht unbedingt eine einheitliche Spaltenskalierung.

Diese Geschichte veranschaulicht wunderbar die Schwierigkeiten, wenn man die Auswirkungen der Merkmalskonstruktion im allgemeinen Fall untersuchen will. Verändert man die Merkmale, beeinflusst das den Anlernvorgang und die daraus hervorgehenden Modelle. Lineare Modelle sind am einfachsten zu verstehen, erfordern aber immer noch eine sehr sorgfältige Methodik beim Experimentieren und eine Menge tief greifender mathematischer Kenntnisse, um die theoretischen und praktischen Folgen auseinanderzunehmen. Mit komplizierteren Modellen oder Merkmalstransformationen wäre das im Großen und Ganzen unmöglich.

Literatur

Zheng, Alice. *Evaluating Machine Learning Models* (*http://www.oreilly.com/data/free/evaluating-machine-learning-models.csp*). Sebastopol, CA: O'Reilly Media, 2015.

KAPITEL 5

Kategoriale Variablen: Eier zählen im Roboterzeitalter

Eine *kategoriale Variable* wird, wie der Name nahelegt, für die Darstellung von Kategorien oder Markierungen verwendet. Beispielsweise könnte eine kategoriale Variable Hauptstädte der Welt, die vier Jahreszeiten oder die Branche einer Firma (Öl, Reisen, Technik) beschreiben. Es gibt in einem realistischen Datensatz immer endlich viele Ausprägungen einer Kategorie. Sie lassen sich als Zahlen darstellen, aber im Gegensatz zu anderen numerischen Variablen können die Ausprägungen einer kategorialen Variablen nicht untereinander angeordnet werden. (*Öl* ist als Branche weder größer noch kleiner als *Reisen*.) Sie werden daher als *ungeordnet* bezeichnet.

Eine einfache Frage kann als Lackmustest dafür dienen, ob etwas eine kategoriale Variable sein sollte: »Ist es von Bedeutung, *wie* unterschiedlich zwei Werte sind, oder lediglich, *dass* sie sich unterscheiden?« Ein Aktienpreis von 500 Dollar ist fünfmal so hoch wie ein Preis von 100 Dollar. Aktienpreise sollten also als stetige numerische Variable dargestellt, die Branche der Firma (Öl, Reisen, Technik usw.) aber als kategorial behandelt werden.

Große kategoriale Variablen sind besonders bei Transaktionsdaten verbreitet. Viele Webservices verfolgen die Nutzer beispielsweise anhand einer ID, die je nach der Anzahl unterscheidbarer Nutzer des Diensts eine kategoriale Variable mit Hunderten bis Abermillionen von Ausprägungen ist. Die IP-Adresse einer Internettransaktion ist ein weiteres Beispiel einer großen kategorialen Variablen. Diese Variablen sind kategorial, da Nutzer-IDs und IP-Adressen zwar numerisch sind, ihr Zahlenwert aber gewöhnlich nicht relevant für die gestellte Frage ist. So könnte die IP-Adresse für die Erkennung von Betrugsversuchen in Einzeltransaktionen wichtig sein – manche IP-Adressen oder Netzbereiche sind möglicherweise für besonders viele betrügerische Transaktionen verantwortlich. Aber das Subnetz 164.203.x.x ist nicht inhärent betrügerischer als 164.202.x.x; auf den Zahlenwert des Subnetzes kommt es nicht an.

Als große kategoriale Variable kann auch das Vokabular eines Dokumentenkorpus aufgefasst werden, wobei die Kategorien die unterschiedlichen Wörter sind. So viele unterschiedliche Kategorien darzustellen, kann hohen Rechenaufwand verursachen. Können einzelne Kategorien (Wörter) mehrfach in einem Datenpunkt

(Dokument) vorkommen, können wir dafür Zähler einführen und alle Kategorien durch ihre Häufigkeitsstatistik ausdrücken. Das wird als *Klassenzählung* bezeichnet. Wir beginnen unsere Betrachtung mit üblichen Darstellungen kategorialer Variablen und gelangen schließlich zu einer Diskussion über die Klassenzählung für große kategoriale Variablen, die in modernen Datensätzen sehr häufig anzutreffen sind.

Kodierung kategorialer Variablen

Die Kategorien einer kategorialen Variablen sind meist nicht numerisch.[1] Beispielsweise kommen für die Variable »Augenfarbe« die Kategorien oder Ausprägungen »Schwarz«, »Blau«, »Braun« usw. infrage. Um diese nicht numerischen Kategorien in Zahlen zu verwandeln, wird eine Kodierung benötigt. Man ist versucht, jeder von *k* möglichen Kategorien einfach eine ganze Zahl, etwa von 1 bis *k*, zuzuweisen – aber solche Werte wären miteinander vergleichbar, was für Kategorien nicht erlaubt sein soll. Schauen wir uns also ein paar Alternativen an.

Die One-Hot-Kodierung

Besser wäre es, eine Gruppe von Bits zu verwenden. Jedes Bit steht für eine mögliche Kategorie. Kann die Variable nicht mehreren Kategorien zugleich angehören, kann nur ein Bit in der Gruppe »eingeschaltet« sein. Das wird als *One-Hot-Kodierung* bezeichnet und ist in scikit-learn als `sklearn.preprocessing.OneHotEncoder` (*http://bit.ly/2tmlzTn*) implementiert. Jedes der Bits ist ein Merkmal. Somit lässt sich eine kategoriale Variable mit *k* möglichen Kategorien als Merkmalsvektor der Länge *k* kodieren. Tabelle 5-1 zeigt ein Beispiel.

Tabelle 5-1: One-Hot-Kodierung einer Kategorie aus drei Städten

	e_1	e_2	e_3
San Francisco	1	0	0
New York	0	1	0
Seattle	0	0	1

Die One-Hot-Kodierung ist sehr einfach zu verstehen, aber sie verwendet ein Bit mehr, als eigentlich nötig wäre. Wenn k–1 der Bits 0 sind, muss das letzte Bit 1 sein, weil die Variable stets eine der *k* Ausprägungen annehmen muss. Mathematisch formuliert, lautet diese Bedingung »die Summe aller Bits muss gleich 1 sein«:

$$e_1 + e_2 + ... + e_k = 1$$

1 In der Standardliteratur zur Statistik ist *Ausprägungen* der technische Begriff für die Kategorien. Eine kategoriale Variable mit zwei unterschiedlichen Kategorien besitzt zwei Ausprägungen. Wir verwenden diese Bezeichnung hier gleichbedeutend mit dem eher umgangssprachlichen Begriff »Kategorien«.

Wir haben es also mit einer linearen Abhängigkeit zu tun. Wie wir in Kapitel 4 festgestellt haben, sind linear abhängige Merkmale hinderlich, da dann das angelernte lineare Modell nicht mehr eindeutig ist. Unterschiedliche Linearkombinationen der Merkmale können die gleichen Vorhersagen liefern, sodass wir um ein paar Ecken denken müssten, um die Auswirkung eines Merkmals auf die Vorhersage zu verstehen.

Die Dummy-Kodierung

Das Problem mit der One-Hot-Kodierung ist, dass sie *k* Freiheitsgrade erlaubt, während die Variable selbst nur *k*–1 benötigt. Die *Dummy-Kodierung* beseitigt den zusätzlichen Freiheitsgrad, indem sie nur *k*–1 Merkmale in der Darstellung verwendet (siehe Tabelle 5-2). Ein Merkmal wird über Bord geworfen und als Vektor aus lauter Nullen abgebildet. Dies wird als *Referenzkategorie* bezeichnet. Sowohl die Dummy- als auch die One-Hot-Kodierung sind in Pandas als `pandas.get_dummies` (*http://bit.ly/2mBNeJx*) implementiert.

Tabelle 5-2: Dummy-Kodierung einer Kategorie aus drei Städten

	e_1	e_2
San Francisco	1	0
New York	0	1
Seattle	0	0

Die Modellierung mit Dummy-Kodierung liefert ein besser interpretierbares Ergebnis als mit One-Hot-Kodierung. Das erkennt man leicht anhand des Falls einer einfachen linearen Regression. Angenommen, unsere Daten beschreiben Wohnungsmietpreise in drei Städten: San Francisco, New York und Seattle (siehe Tabelle 5-3).

Tabelle 5-3: Hypothetischer Datensatz von Wohnungspreisen in drei Städten

	Stadt	Miete
0	SF	3999
1	SF	4000
2	SF	4001
3	NYC	3499
4	NYC	3500
5	NYC	3501
6	Seattle	2499
7	Seattle	2500
8	Seattle	2501

Wir können einen linearen Regressor anlernen, der den Mietpreis allein anhand der Stadt vorhersagt (siehe Beispiel 5-1).

Das lineare Regressionsmodell kann folgendermaßen geschrieben werden:

$$y = w_1x_1 + ... + w_nx_n$$

Man fügt üblicherweise eine zusätzliche Konstante hinzu, den sogenannten *Verschiebungsterm*, sodass y von null verschieden sein kann, wenn die x-Werte null sind:

$$y = w_1x_1 + ... + w_nx_n + b$$

Beispiel 5-1: Lineare Regression über eine kategoriale Variable mit One-Hot- und Dummy-Kodierung

```
>>> import pandas
>>> from sklearn import linear_model

# Definiere einen hypothetischen Datensatz von Wohnungsmietpreisen in
# New York, San Francisco und Seattle.
>>> df = pd.DataFrame({
...     'City': ['SF', 'SF', 'SF', 'NYC', 'NYC', 'NYC',
...              'Seattle', 'Seattle', 'Seattle'],
...     'Rent': [3999, 4000, 4001, 3499, 3500, 3501, 2499, 2500, 2501]
... })
>>> df['Rent'].mean()
3333.3333333333335

# Wandle die kategorialen Variablen im DataFrame in die One-Hot-Kodierung um
# und passe ein lineares Regressionsmodell an.
>>> one_hot_df = pd.get_dummies(df, prefix=['city'])
>>> one_hot_df
   Rent  city_NYC  city_SF  city_Seattle
0  3999     0.0       1.0       0.0
1  4000     0.0       1.0       0.0
2  4001     0.0       1.0       0.0
3  3499     1.0       0.0       0.0
4  3500     1.0       0.0       0.0
5  3501     1.0       0.0       0.0
6  2499     0.0       0.0       1.0
7  2500     0.0       0.0       1.0
8  2501     0.0       0.0       1.0

>>> model = linear_regression.LinearRegression()
>>> model.fit(one_hot_df[['city_NYC', 'city_SF', 'city_Seattle']],
...           one_hot_df['Rent'])
>>> model.coef_
array([ 166.66666667,  666.66666667, -833.33333333])
>>> model.intercept_
3333.3333333333335

# Lerne ein lineares Regressionsmodell auf dem Dummy-Code an.
# Der Schalter 'drop_first' bewirkt die Dummy-Kodierung.
```

```
>>> dummy_df = pd.get_dummies(df, prefix=['city'], drop_first=True)
>>> dummy_df
   Rent  city_SF  city_Seattle
0  3999     1.0           0.0
1  4000     1.0           0.0
2  4001     1.0           0.0
3  3499     0.0           0.0
4  3500     0.0           0.0
5  3501     0.0           0.0
6  2499     0.0           1.0
7  2500     0.0           1.0
8  2501     0.0           1.0

>>> model.fit(dummy_df[['city_SF', 'city_Seattle']], dummy_df['Rent'])
>>> model.coef_
array([  500., -1000.])
>>> model.intercept_
3500.0
```

Bei der One-Hot-Kodierung stellt der Verschiebungsterm den globalen Mittelwert der Zielvariablen `Rent` dar, und die Linearkoeffizienten geben an, um wie viel die mittlere Miete in der jeweiligen Stadt vom globalen Mittelwert abweicht.

Bei der Dummy-Kodierung entspricht der Biaskoeffizient dem Mittelwert der Ergebnisvariablen y für die Referenzkategorie, im Beispiel also New York City. Der Koeffizient für das Merkmal Nummer i ist gleich der Differenz zwischen dem mittleren Ergebniswert für die Kategorie i und dem Mittelwert für die Referenzkategorie.

In Tabelle 5-4 ist recht klar zu erkennen, wie diese Verfahren zu ganz unterschiedlichen Koeffizienten für lineare Modelle führen.

Tabelle 5-4: Erlernte Koeffizienten für die lineare Regression

	x_1	x_2	x_3	b
One-Hot-Kodierung	166.67	666.67	–833.33	3333.33
Dummy-Kodierung	0	500	–1000	3500

Die Wirkungskodierung

Eine weitere Variante der Kodierung kategorialer Variablen ist die *Wirkungskodierung*. Diese ist der Dummy-Kodierung sehr ähnlich, wobei die Referenzkategorie aber durch einen Vektor ausgedrückt wird, der nur aus Werten von –1 besteht.

Tabelle 5-5: Wirkungskodierung einer kategorialen Variablen, die drei Städte beschreibt

	e_1	e_2
San Francisco	1	0
New York	0	1
Seattle	–1	–1

Die Wirkungskodierung ähnelt der Dummy-Kodierung stark, führt aber zu noch einfacher interpretierbaren linearen Regressionsmodellen. Beispiel 5-2 zeigt, was passiert, wenn man die Wirkungskodierung als Eingabe verwendet. Der Verschiebungsterm stellt den globalen Mittelwert der Ergebnisvariablen dar, und die einzelnen Koeffizienten zeigen an, wie sehr die Mittelwerte der Kategorien vom globalen Mittelwert abweichen. (Diese Abweichung wird als *Hauptwirkung* der Kategorie bezeichnet, daher der Name »Wirkungskodierung«.) Bei der One-Hot-Kodierung kamen zwar der gleiche Verschiebungsterm und die gleichen Koeffizienten heraus, aber dort gibt es Linearkoeffizienten für jede Stadt. Die Wirkungskodierung bildet die Referenzkategorie nicht auf ein eigenes Merkmal ab, sodass deren Wirkung nachträglich als das Negative der Summe der Koeffizienten aller anderen Kategorien berechnet werden muss. Weitere Einzelheiten finden Sie auf der Website von UCLA IDRE unter *»FAQ: What is effect coding?«* (*http://www.ats.ucla.edu/stat/mult_pkg/faq/general/effect.htm*).

Beispiel 5-2: Lineare Regression mit Wirkungskodierung

```
>>> effect_df = dummy_df.copy()
>>> effect_df.ix[3:5, ['city_SF', 'city_Seattle']] = -1.0
>>> effect_df
   Rent  city_SF  city_Seattle
0  3999      1.0           0.0
1  4000      1.0           0.0
2  4001      1.0           0.0
3  3499     -1.0          -1.0
4  3500     -1.0          -1.0
5  3501     -1.0          -1.0
6  2499      0.0           1.0
7  2500      0.0           1.0
8  2501      0.0           1.0

>>> model.fit(effect_df[['city_SF', 'city_Seattle']], effect_df['Rent'])
>>> model.coef_
array([ 666.66666667, -833.33333333])
>>> model.intercept_
3333.3333333333335
```

Vor- und Nachteile der Kodierungen kategorialer Variablen

One-Hot-, Dummy- und Wirkungskodierung sind einander sehr ähnlich. Jede von ihnen hat ihre Vor- und Nachteile. Die One-Hot-Kodierung ist redundant, was mehrere gültige Modelle für dieselbe Aufgabe zulässt. Die Uneindeutigkeit erweist sich manchmal als schwierig für die Interpretation, hat aber den Vorteil, dass jedes Merkmal unmittelbar einer Kategorie entspricht. Darüber hinaus können fehlende Daten als Vektor aus lauter Nullen kodiert werden, und die Ausgabe sollte der Gesamtmittelwert der Zielvariablen sein.

Dummy-Kodierung und Wirkungskodierung sind nicht redundant. Sie erzeugen eindeutige und interpretierbare Modelle. Der Nachteil der Dummy-Kodierung ist, dass sie nicht ohne Weiteres mit fehlenden Daten umgehen kann, da der Nullvektor bereits die Referenzkategorie abbildet. Zudem kodiert sie die Wirkung jeder Kategorie in Bezug auf die Referenzkategorie, was seltsam anmuten mag.

Die Wirkungskodierung umgeht dieses Problem, indem sie einen anderen Code für die Referenzkategorie verwendet. Der Vektor aus lauter Werten von –1 ist jedoch ein dicht besetzter Vektor, was sowohl für die Speicherung als auch für die Berechnung teuer ist. Aus diesem Grund haben sich gängige Softwarepakete für maschinelles Lernen wie Pandas und scikit-learn für die Dummy- oder die One-Hot-Kodierung anstelle der Wirkungskodierung entschieden.

Alle drei Kodierungsverfahren stoßen an ihre Grenzen, wenn die Anzahl der Kategorien sehr groß wird. Für extrem große kategoriale Variablen werden andere Strategien benötigt.

Große kategoriale Variablen

Beim automatisierten Sammeln von Daten im Internet können große kategoriale Variablen entstehen. Das geschieht häufig bei Anwendungen wie der gezielten Werbung oder der Betrugserkennung.

Bei der gezielten Werbung lautet die Aufgabe, einen Nutzer mit einem Satz Werbeanzeigen in Verbindung zu bringen. Merkmale sind unter anderem die Nutzer-ID, die Website-Domain für die Anzeige, die Suchanfrage, die aktuelle Seite sowie alle möglichen paarweisen Verknüpfungen dieser Merkmale. (Die Suchanfrage ist eine Zeichenkette mit Text, die zerlegt und in die üblichen Textmerkmale umgewandelt werden kann. Anfragen sind jedoch eher kurz und bestehen meist aus Phrasen, sodass es in diesem Fall das Beste ist, sie intakt zu lassen oder eine Hashfunktion darauf anzuwenden, um sie leichter speichern und vergleichen zu können. Wir werden das Hashing später im Einzelnen besprechen.) Jedes Merkmal ist eine sehr große kategoriale Variable. Die Herausforderung besteht darin, eine gute Merkmalsdarstellung zu finden, die speichereffizient ist, aber dennoch genaue Modelle ermöglicht, die sich schnell anlernen lassen.

Bestehende Lösungen können folgendermaßen kategorisiert (haha) werden:

1. Halte die Kodierung schlicht. Verwende ein einfaches Modell, das billig anzulernen ist, und füttere die One-Hot-Kodierung in ein lineares Modell (eine logistische Regression oder eine lineare Supportvektormaschine), und zwar auf einer Menge Rechnern.
2. Komprimiere die Merkmale. Es gibt zwei Wege:
   a. Merkmals-Hashing, verbreitet bei linearen Modellen
   b. Klassenzählung, verbreitet bei linearen Modellen sowie Bäumen

Die einfache One-Hot-Kodierung ist durchaus ein gangbarer Weg. Für Microsofts Suchanzeigenmaschine berichten Graepel u. a. (2010) von der Nutzung solcher binärwertigen Merkmale in einem bayesschen Probit-Regressionsmodell, das mit einfachen Aktualisierungen zur Laufzeit angelernt werden kann. Zugleich plädieren andere Arbeitsgruppen für den Kompressionsansatz. Forscher von Yahoo! schwören auf Merkmals-Hashing (Weinberger u.a., 2009), obwohl McMahan u.a. (2013) damit auf der Anzeigenmaschine von Google experimentiert haben und keine signifikanten Verbesserungen fanden. Wieder andere Leute bei Microsoft sind von der Idee des Klassenzählens angetan (Bilenko, 2015).

Wie wir sehen werden, haben alle diese Konzepte Vor- und Nachteile. Wir werden zunächst jede der Lösungen beschreiben und dann die Abwägungen diskutieren.

Merkmals-Hashing

Eine *Hashfunktion* ist eine deterministische Funktion, die eine potenziell unbeschränkte ganze Zahl auf ein endliches Intervall ganzer Zahlen $[1, m]$ abbildet. Da der Wertebereich der Eingabe potenziell größer ist als das Ausgabeintervall, kann es vorkommen, dass mehrere Zahlen auf denselben Ausgabewert abgebildet werden. Man spricht dann von einer *Kollision*. Eine *gleichförmige Hashfunktion* stellt sicher, dass etwa die gleiche Anzahl von Zahlen auf jede der m Klassen abgebildet wird.

Anschaulich können wir uns eine Hashfunktion als eine Maschine vorstellen, die nummerierte Kugeln (Schlüssel) entgegennimmt und sie in einen von m Behältern leitet. Kugeln mit der gleichen Nummer landen immer im selben Behälter (siehe Abbildung 5-1). So bleibt der Merkmalsraum erhalten, während Speicherbedarf und Bearbeitungszeit in den Anlern- und Auswertungszyklen beim maschinellen Lernen verringert werden.

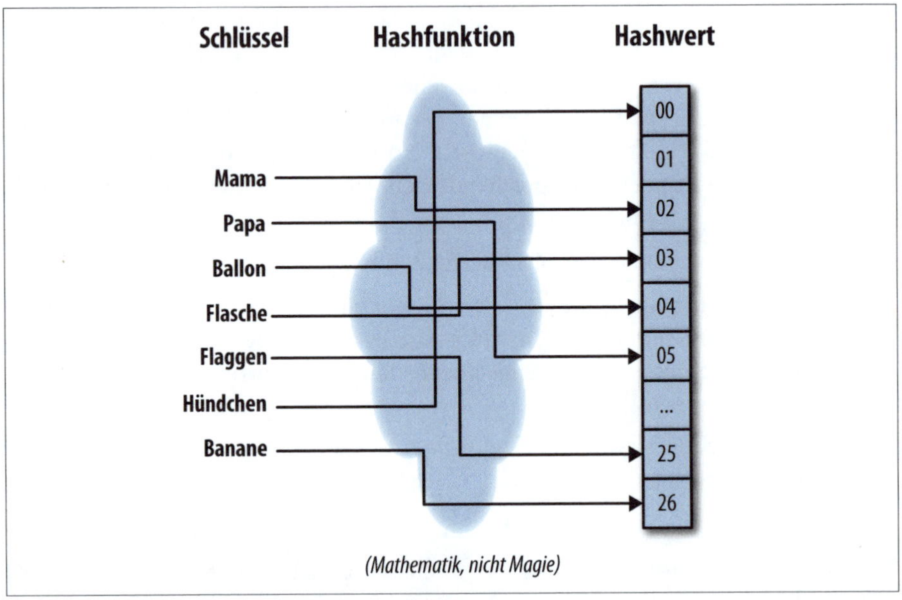

Abbildung 5-1: Hashfunktionen bilden Schlüssel auf Klassen ab.

Hashfunktionen können für jedes Objekt erstellt werden, das sich durch eine Zahl darstellen lässt (was für alle Daten der Fall ist, die in einem Rechner gespeichert werden können): Zahlen, Zeichenketten, komplexe Strukturen usw.

Gibt es sehr viele Merkmale, können die Merkmalsvektoren eine Menge Speicherplatz benötigen. Beim Merkmals-Hashing verdichtet man den ursprünglichen Merkmalsvektor zu einem m-dimensionalen Vektor, indem man eine Hashfunktion auf die Merkmals-ID anwendet, wie in Beispiel 5-3 gezeigt wird. Sind die ursprünglichen Merkmale beispielsweise Wörter in einem Dokument, hat das Vokabular der Hashvariante eine feste Größe m, egal wie viele unterschiedliche Wörter in der Eingabe vorkommen.

Beispiel 5-3: Merkmals-Hashing für Wortmerkmale

```
>>> def hash_features(word_list, m):
...     output = [0] * m
...     for word in word_list:
...         index = hash_fcn(word) % m
...         output[index] += 1
...     return output
```

Eine weitere Abwandlung des Merkmals-Hashings fügt eine Signatur hinzu, wobei für jede Hashklasse ein Zähler erhöht oder erniedrigt wird (siehe Beispiel 5-4). Aus Sicht der Statistik sorgt das dafür, dass die inneren Produkte zwischen Merkmalen nach dem Hashing den gleichen Erwartungswert haben wie vorher.

Beispiel 5-4: Merkmals-Hashing mit Signatur

```
>>> def hash_features(word_list, m):
...     output = [0] * m
...     for word in word_list:
...         index = hash_fcn(word) % m
...         sign_bit = sign_hash(word) % 2
...         if (sign_bit == 0):
...             output[index] -= 1
...         else:
...             output[index] += 1
...     return output
```

Der Wert des inneren Produkts nach dem Hashing weicht um $O\left(\frac{1}{\sqrt{m}}\right)$ vom ursprünglichen inneren Produkt ab, sodass die Größe m der Hashtabelle abhängig von der akzeptablen Abweichung gewählt werden kann. In der Praxis kann es einiges Probieren erfordern, den richtigen Wert m zu bestimmen.

Merkmals-Hashing kann für Modelle verwendet werden, die mit dem inneren Produkt von Merkmalsvektoren und -koeffizienten arbeiten, etwa lineare Modelle und Verfahren mit Kernen. Es wurde erfolgreich beim Filtern von Spam eingesetzt (Weinberger u.a., 2009). Im Fall der gezielten Werbung berichten McMahan u.a. (2013), dass sie die Vorhersagefehler erst für Werte von m in der Größenordnung von Milliarden auf ein annehmbares Maß reduzieren konnten, was aber keine ausreichende Speicherersparnis mehr ergibt.

Ein Nachteil des Merkmals-Hashings besteht darin, dass die Merkmale vermengt werden und dann nicht mehr interpretierbar sind.

In Beispiel 5-5 führen wir am Rezensionsdatensatz von Yelp die Abwägungen hinsichtlich Speicherbedarf und Interpretierbarkeit vor, wobei wir den FeatureHasher aus scikit-learn verwenden.

Beispiel 5-5: Merkmals-Hashing (oder »der Hashing-Trick«)

```
>>> import pandas as pd
>>> import json

# Lade die ersten 10.000 Rezensionen.
>>> f = open('yelp_academic_dataset_review.json')
>>> js = []
>>> for i in range(10000):
...     js.append(json.loads(f.readline()))
>>> f.close()
>>> review_df = pd.DataFrame(js)

# Definiere m als die Anzahl der unterschiedlichen Business-IDs.
>>> m = len(review_df.business_id.unique())
>>> m
528

>>> from sklearn.feature_extraction import FeatureHasher
>>> h = FeatureHasher(n_features=m, input_type='string')
>>> f = h.transform(review_df['business_id'])

# Wie beeinflusst das die Interpretierbarkeit der Merkmale?
>>> review_df['business_id'].unique().tolist()[0:5]
['vcNAWiLM4dR7D2nwwJ7nCA',
 'UsFtqoBl7naz8AVUBZMjQQ',
 'cE27W9VPgO88Qxe4ol6y_g',
 'HZdLhv6COCleJMo7nPl-RA',
 'mVHrayjG3uZ_RLHkLj-AMg']

>>> f.toarray()
array([[ 0.,  0.,  0., ...,  0.,  0.,  0.],
       [ 0.,  0.,  0., ...,  0.,  0.,  0.],
       [ 0.,  0.,  0., ...,  0.,  0.,  0.],
       ...,
       [ 0.,  0.,  0., ...,  0.,  0.,  0.],
       [ 0.,  0.,  0., ...,  0.,  0.,  0.],
       [ 0.,  0.,  0., ...,  0.,  0.,  0.]])

# Nicht so toll. ABER schauen wir uns die Speichergröße unserer Merkmale an.
>>> from sys import getsizeof
>>> print('Our pandas Series, in bytes: ', getsizeof(review_df['business_id']))
>>> print('Our hashed numpy array, in bytes: ', getsizeof(f))
```

```
Our pandas Series, in bytes:  790104
Our hashed numpy array, in bytes:  56
```

Wir können gut sehen, welchen Gewinn uns das Merkmals-Hashing bei der Berechnung bringt – um den Preis der unmittelbaren Interpretierbarkeit durch den Anwender. Dieser Tausch ist leicht zu verschmerzen, sobald man von der Erkundung und Visualisierung der Daten zu einer Machine-Learning-Pipeline für große Datensätze übergeht.

Klassenzählung

Die Klassenzählung ist eine der ewigen Wiederentdeckungen auf dem Gebiet des maschinellen Lernens. Sie ist für eine Vielzahl von Anwendungen neu erfunden und eingesetzt worden – von der Vorhersage der Klickraten auf Anzeigen bis hin zur Sprungvorhersage bei Hardware (Yeh and Patt, 1991; Lee u.a., 1998; Chen u.a., 2009; Li u.a., 2010). Da es sich dabei aber um ein Verfahren der Merkmalskonstruktion und nicht um ein Modellierungs- oder Optimierungsverfahren handelt, gibt es zu dem Thema keine Forschungsartikel. Die detaillierteste Beschreibung der Technik findet man in Misha Bilenkos Blogeintrag »Big Learning Made Easy—with Counts!« (*http://bit.ly/2tnICgH*) von 2015 und in der zugehörigen Präsentation (*http://bit.ly/2FiuRW6*).

Die Idee der Klassenzählung ist verführerisch einfach: Statt die *Ausprägung* einer kategorialen Variablen als Merkmal zu verwenden, verwendet man die *bedingte Wahrscheinlichkeit* der Zielgröße bei der jeweiligen Ausprägung. Mit anderen Worten: Statt die kategoriale Ausprägung selbst zu kodieren, berechnen wir die Zuordnungsstatistik zwischen dieser Ausprägung und der Zielgröße, die wir vorhersagen wollen. Wenn Sie mit naiven Bayes-Klassifikatoren vertraut sind, sollte Sie diese Statistik an etwas erinnern, denn es handelt sich um die bedingte Wahrscheinlichkeit der Klasse unter der Annahme unabhängiger Merkmale. Sie lässt sich am besten anhand eines Beispiels veranschaulichen (siehe Tabelle 5-6).

Tabelle 5-6: Beispiel für die Klassenzählung an Merkmalen (mit freundlicher Genehmigung entnommen aus »Big Learning Made Easy – with Counts!«)

Nutzer	Anzahl von Klicks	Anzahl von Nicht-Klicks	Wahrscheinlichkeit für Klick	QueryHash, AdDomain	Anzahl von Klicks	Anzahl von Nicht-Klicks	Wahrscheinlichkeit für Klick
Alice	5	120	0.0400	**0x598fd4fe, foo.com**	5,000	30,000	0.167
Bob	20	230	0.0800	**0x50fa3cc0, bar.org**	100	900	0.100
...				...			...
Joe	2	3	0.400	**0x437a45e1, qux.net**	6	18	0.250

Die Klassenzählung setzt voraus, dass historische Daten vorliegen, um die Statistik zu berechnen. Tabelle 5-6 enthält zusammengefasste historische Zähler für jede mögliche Ausprägung der kategorialen Variablen. Anhand des Wissens darüber, wie oft die Nutzerin »Alice« auf eine Anzeige geklickt oder nicht geklickt hat, können wir die Wahrscheinlichkeit dafür berechnen, dass sie auf eine Anzeige klickt. In gleicher Weise können wir die Wahrscheinlichkeit eines Klicks für jede Kombination aus Suchanfrage und Anzeigen-Domain bestimmen. Beim Anlernen können wir immer dann, wenn wir »Alice« begegnen, ihre *Klickwahrscheinlichkeit* als Eingangsmerkmal für das Modell verwenden, und dasselbe gilt für Paare aus dem Hash der Suchanfrage und der Anzeigen-Domain, beispielsweise »0x437a45e1, qux.net«.

Angenommen, es gäbe 10.000 Nutzer. Dann würde die One-Hot-Kodierung einen dünn besetzten Vektor der Länge 10.000 erzeugen, der eine einzige 1 in der Spalte enthält, die der Ausprägung des betrachteten Datenpunkts entspricht. Die Klassenzählung dagegen würde alle 10.000 binären Spalten als ein einziges Merkmal mit einem reellen Wert zwischen 0 und 1 kodieren.

Neben der Klickwahrscheinlichkeit in der Vergangenheit können wir weitere Merkmale hinzunehmen: die rohen Zählerwerte (Anzahlen von Klicks und Nicht-Klicks), das logarithmierte Quotenverhältnis oder beliebige andere Wahrscheinlichkeitsmaße. Unser Beispiel dient dazu, Klickraten auf Anzeigen vorherzusagen, aber die Technik kann ohne Weiteres auf eine allgemeine Binärklassifikation angewandt werden. Sie lässt sich ebenfalls unmittelbar auf Mehrfachklassifikationen erweitern. Das gelingt mithilfe der üblichen Verfahren für die Erweiterung von Binärklassifikatoren auf mehrere Klassen, etwa Quotenverhältnisse für Einer-gegen-viele-Situationen oder andere Kodierungen zur Mehrklassenmarkierung.

Quotenverhältnis und logarithmiertes Quotenverhältnis bei der Klassenzählung

Ein Quotenverhältnis wird gewöhnlich zwischen zwei Binärvariablen definiert. Es stellt folgende Frage nach der Stärke ihrer Zusammengehörigkeit: »Um wie viel wahrscheinlicher ist *Y* wahr, falls *X* wahr ist?« Beispielsweise könnten wir fragen: »Um wie viel wahrscheinlicher wird Alice auf eine Anzeige klicken als der Rest der Bevölkerung?« Dabei ist *X* die Binärvariable »Alice ist die betrachtete Nutzerin«, und *Y* ist die Variable »klickt auf die Anzeige«. Die Berechnung beruht auf der sogenannten zweidimensionalen Kreuztabelle (im Wesentlichen vier Zahlen, die den vier möglichen Kombinationen aus *X* und *Y* entsprechen), wie Tabelle 5-7 zeigt.

Tabelle 5-7: Kreuztabelle für Anzeigenklick und Nutzer

	Klick	Nicht-Klick	Summe
Alice	5	120	125
Nicht Alice	995	18,880	19,875
Summe	1,000	19,000	20,000

Sind eine Eingangsvariable *X* und eine Zielvariable *Y* gegeben, ist das Quotenverhältnis folgendermaßen definiert:

$$\text{Quotenverhältnis} = \frac{P(Y = 1 \mid X = 1) / P(Y = 0 \mid X = 1)}{P(Y = 1 \mid X = 0) / P(Y = 0 \mid X = 0)}$$

In unserem Beispiel beschreibt dieser Ausdruck das Verhältnis zwischen »um wie viel wahrscheinlicher ist es, dass Alice auf eine Anzeige klickt, als dass sie nicht darauf klickt« und »um wie viel wahrscheinlicher ist es, dass andere Leute darauf klicken, als dass sie nicht darauf klicken«. Die Zahl beträgt in diesem Fall:

$$\text{Quotenverhältnis (Nutzer, Anzeigenklick)} = \frac{(5 / 125) / (120 / 125)}{(995 / 19{,}875) / (18{,}880 / 19{,}875)} = 0.7906$$

Wir können es uns einfacher machen und nur den Zählerterm betrachten, der angibt, um wie viel wahrscheinlicher es ist, dass eine einzelne Nutzerin (Alice) auf eine Anzeige klickt, als dass sie nicht klickt. Das eignet sich für große kategoriale Variablen mit weit mehr als zwei Ausprägungen:

$$\text{Quotenverhältnis (Alice, Anzeigenklick)} = \frac{5 / 125}{120 / 125} = 0.04166$$

Wahrscheinlichkeitsverhältnisse können schnell sehr klein oder sehr groß werden. (Beispielsweise gibt es immer Nutzer, die fast nie auf Anzeigen klicken, und vielleicht auch solche, die es fast immer tun.) Hier kommt uns wieder die Logarithmustransformation zu Hilfe. Der Logarithmus hat die nützliche Eigenschaft, aus einer Division eine Subtraktion zu machen:

$$\text{logarithmiertes Quotenverhältnis (Alice, Anzeigenklick)} = log\left(\frac{5}{125}\right) - log\left(\frac{120}{125}\right) = -3.178$$

Kurz gesagt, verwandelt die Klassenzählung eine kategoriale Variable in statistische Aussagen über ihre Ausprägungen. Sie überführt eine große, dünn besetzte Binärdarstellung der kategorialen Variablen, wie sie etwa durch die One-Hot-Kodierung erzeugt wird, in eine sehr kleine, dichte, reellwertige numerische Darstellung (siehe Abbildung 5-2).

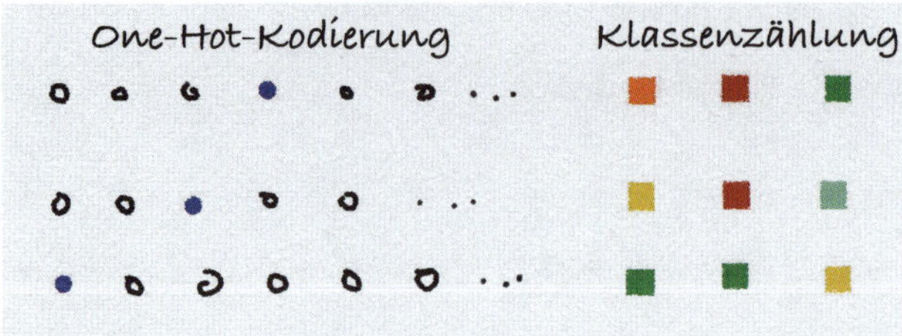

Abbildung 5-2: Gegenüberstellung der One-Hot-Kodierung und der Statistik der Klassenzählung für kategoriale Variablen

Bei der Implementierung der Klassenzählung muss eine Abbildung zwischen jeder Kategorie und ihren zugeordneten Zählern gespeichert werden. (Alle anderen statistischen Aussagen kann man aus den rohen Zählerwerten bei Bedarf ableiten.) Daher ist ihr Speicherbedarf $O(k)$, wobei k die Anzahl unterschiedlicher Ausprägungen der kategorialen Variablen ist.

Wir wollen die Klassenzählung praktisch anhand von Daten eines Kaggle-Wettbewerbs bei Avazu (*https://www.kaggle.com/c/avazu-ctr-prediction*) vorführen, hier einige relevante statistische Angaben über den Datensatz:

- Es gibt 24 Variablen, darunter `click`, einen binären Zähler für Klicks bzw. ausbleibende Klicks, und `device_id`, die Angabe, auf welchem Endgerät eine Anzeige eingeblendet wurde.
- Der volle Datensatz enthält 40.428.967 Beobachtungen auf 2.686.408 unterschiedlichen Geräten.

Ziel des Avazu-Wettbewerbs war es, die Klickrate anhand von Anzeigendaten vorherzusagen. Wir werden den Datensatz jedoch verwenden, um vorzuführen, wie die Klassenzählung den Merkmalsraum für umfangreiche Datenströme bedeutend verkleinern kann (siehe Beispiel 5-6).

Beispiel 5-6: Beispiel für die Klassenzählung

```
>>> import pandas as pd

# train_subset-Daten enthalten die ersten 10K Zeilen des Datensatzes von 6+GB.
>>> df = pd.read_csv('data/train_subset.csv')

# Wie viele unterschiedliche Merkmale sollten wir am Ende bekommen?
>>> len(df['device_id'].unique())
7201

# Wir berechnen für jede Kategorie:
# Theta = [counts, p(click), p(no click), p(click)/p(no click)]

>>> def click_counting(x, bin_column):
...     clicks = pd.Series(x[x['click'] > 0][bin_column].value_counts(),
...                        name='clicks')
...     no_clicks = pd.Series(x[x['click'] < 1][bin_column].value_counts(),
...                           name='no_clicks')
```

```
...     counts = pd.DataFrame([clicks,no_clicks]).T.fillna('0')
...     counts['total_clicks'] = counts['clicks'].astype('int64') +
...                              counts['no_clicks'].astype('int64')
...     return counts

>>> def bin_counting(counts):
...     counts['N+'] = counts['clicks']
...                    .astype('int64')
...                    .divide(counts['total_clicks'].astype('int64'))
...     counts['N-'] = counts['no_clicks']
...                    .astype('int64')
...                    .divide(counts['total_clicks'].astype('int64'))
...     counts['log_N+'] = counts['N+'].divide(counts['N-'])
...     # Wenn wir nur Eigenschaften bezüglich der Klassenzählung zurückgeben
...     # wollten, würden wir an dieser Stelle filtern.
...     bin_counts = counts.filter(items= ['N+', 'N-', 'log_N+'])
...     return counts, bin_counts

# Beispiel für Klassenzählung: device_id.
>>> bin_column = 'device_id'
>>> device_clicks = click_counting(df.filter(items=[bin_column, 'click']),
...                                bin_column)
>>> device_all, device_bin_counts = bin_counting(device_clicks)

# Überprüfe, ob wir wirklich alle Geräte haben.
>>> len(device_bin_counts)
7201

>>> device_all.sort_values(by = 'total_clicks', ascending=False).head(4)

         clicks no_clicks  total  N+        N-        log_N+
a99f214a 15729  71206      86935  0.180928  0.819072  0.220894
c357dbff 33     134        167    0.197605  0.802395  0.246269
31da1bd0 0      62         62     0.000000  1.000000  0.000000
936e92fb 5      54         59     0.084746  0.915254  0.092593
```

Was ist mit seltenen Kategorien?

Ebenso wie seltene Wörter erfordern auch seltene Kategorien eine Sonderbehandlung. Stellen Sie sich einen Nutzer vor, der sich einmal im Jahr anmeldet: In diesem Fall wird es zu wenige Daten geben, um die Klickrate dieses Nutzers verlässlich zu schätzen. Darüber hinaus verschwenden seltene Kategorien Platz in der Zählertabelle.

Eine Möglichkeit dafür ist das *Zurückhalten*, wobei man einfach die Zähler aller seltenen Kategorien in einer speziellen Klasse aufsammelt (siehe Abbildung 5-3). Überschreitet der Zählerwert einer Kategorie eine gewisse Schwelle, erhält sie ihre eigene Zählerstatistik, anderenfalls verwenden wir die Statistik der Sammelklasse. So wird im Grunde die Statistik jeder einzelnen seltenen Kategorie durch die Statistik ersetzt, die für die Gesamtheit aller seltenen Klassen berechnet wurde. Dabei erweist es sich als hilfreich, einen binären Indikator dafür einzuführen, ob die jeweilige Statistik aus der Sammelklasse stammt oder nicht.

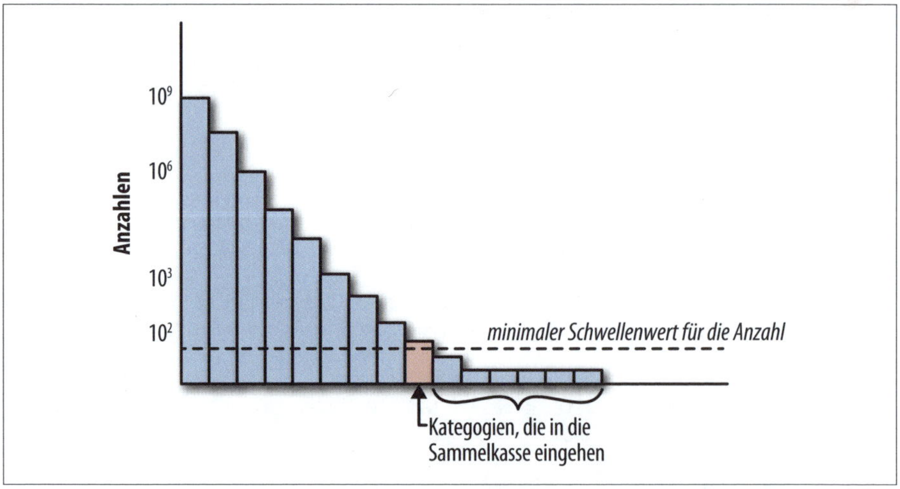

Abbildung 5-3: Wenn sich der Zählerwert einer seltenen Kategorie erhöht, kann sie den Schwellenwert für die Sammelklasse überschreiten und mit ihrer eigenen Statistik zur Modellierung beitragen.

Eine andere Lösung für dieses Problem ist das sogenannte *Count-min-Bild* (Cormode and Muthukrishnan, 2005). Dabei werden für alle Kategorien, seltene wie häufige, mehrere Hashfunktionen mit einem Wertebereich *m* berechnet, der viel kleiner als die Anzahl *k* der Kategorien ist. Zur Abfrage eines Zählers berechnet man alle Hashes der Kategorie erneut und wählt den kleinsten der so zugeordneten Werte. Die Verwendung mehrerer Hashfunktionen ist dabei eine Maßnahme gegen die Kollisionswahrscheinlichkeit bei jeder einzelnen Hashfunktion. Das Prinzip funktioniert, weil man auch dann noch eine kleine resultierende Kollisionswahrscheinlichkeit erhält, wenn man die Größe der Hashtabelle, die dem Produkt aus der Anzahl der Hashfunktionen und *m* entspricht, kleiner als *k* wählt.

Abbildung 5-4 veranschaulicht das. Jedes Element i wird auf eine Zelle in jeder Zeile der Zählermatrix abgebildet. Begegnet man einer Änderung c_t des Eintrags i_t, wird c_t zu jeder dieser Zellen addiert, die durch die Funktionen $h_1 \ldots h_d$ bestimmt werden.

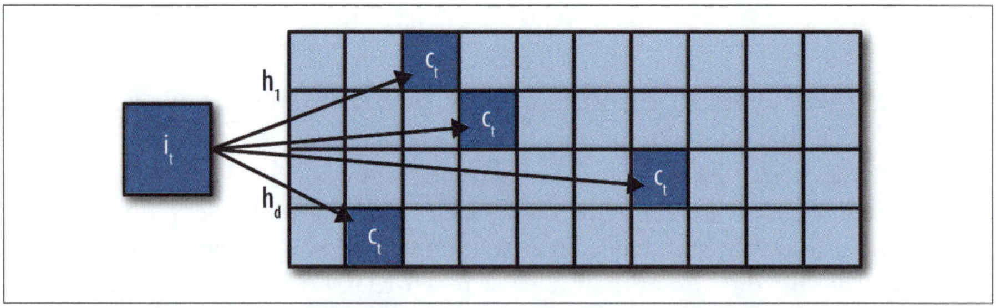

Abbildung 5-4: Das Count-min-Bild

Schutz vor Datenlecks

Da bei der Klassenzählung die benötigten Statistiken anhand historischer Daten erzeugt werden, müssen Daten über einen gewissen Zeitraum gesammelt werden, was eine leichte Verzögerung in der Anlern-Pipeline verursacht. Zudem müssen die Zähler angepasst werden, wenn sich die Datenverteilung ändert. Je schneller sich die Daten ändern, desto öfter müssen die Zähler neu berechnet werden. Das fällt besonders ins Gewicht bei Anwendungen wie der gezielten Werbung, wo sich Vorlieben der Nutzer und häufige Suchanfragen sehr schnell ändern und eine fehlende Anpassung an die aktuelle Verteilung große Verluste für die Werbeplattform bedeuten kann.

Warum also nicht mit ein und demselben Datensatz die relevanten statistischen Eigenschaften berechnen und das Modell anlernen? Der Gedanke wirkt erst einmal ganz unverfänglich. Das große Problem dabei ist jedoch, dass die Zielvariable, die das Modell vorherzusagen versucht, bereits in die Statistik eingeht. Die Ausgaben zur Berechnung der Eingangsmerkmale heranzuziehen, führt zu einem Problem, das als *Datenleck* bezeichnet wird. Kurz gesagt, bedeutet ein Datenleck, dass dem Modell Informationen offenbart werden, die ihm einen unrealistischen Vorteil verschaffen, um bessere Vorhersagen zu treffen. Das könnte geschehen, wenn Testdaten in den Anlerndatensatz gelangen oder wenn Daten aus der Zukunft in die Vergangenheit geraten. Immer wenn ein Modell Informationen erhält, zu denen es bei Echtzeitvorhersagen in Produktion keinen Zugang haben sollte, liegt ein Datenleck vor. Kaggles Wiki (*https://www.kaggle.com/wiki/Leakage*) führt weitere Beispiele für Datenlecks an und erläutert, warum sie bei Machine-Learning-Anwendungen Schaden anrichten.

Wenn bei der Klassenzählung anhand der Markierung des betrachteten Datenpunkts Teile der Eingangsstatistiken berechnet werden, stellt das ein direktes Datenleck dar. Verhindern kann man das beispielsweise durch eine strikte Trennung zwischen dem Sammeln der Zählerwerte (zur Berechnung der Klassenzählungsstatistik) und dem Anlernen, wie in Abbildung 5-5 gezeigt.

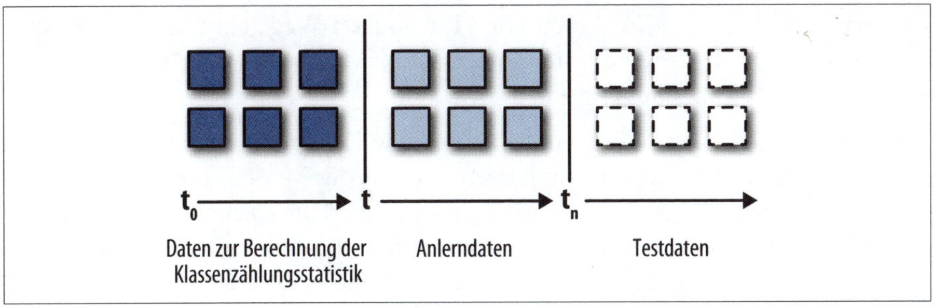

Abbildung 5-5: Zeitfenster können Datenlecks während der Klassenzählung verhindern.

Dazu nutzt man eine frühere Teilmenge von Datenpunkten zum Zählen, die gegenwärtigen Datenpunkte zum Anlernen (zum Abbilden kategorialer Variablen auf die historischen Statistiken, die wir gerade gesammelt haben) und zukünftige Datenpunkte zum Testen. Das behebt das Problem des Datenlecks, führt aber zu der bereits erwähnten Verzögerung (sodass die Eingangsstatistiken und damit das Modell hinter den aktuellen Daten zurückbleiben).

Es gibt jedoch noch eine weitere Lösung, die auf differenzieller Geheimhaltung beruht. Eine statistische Größe ist *annähernd sicher vor Datenlecks*, wenn ihre Verteilung etwa gleich bleibt, wenn einzelne Datenpunkte weggelassen werden. In der Praxis genügt es, ein kleines Zufallsrauschen mit der Verteilung Laplace(0,1) hinzuzufügen, um jedes potenzielle Datenleck an einzelnen Punkten zu schließen. Dieser Ansatz kann mit einer Zählung mit Überspringen kombiniert werden, um Statistiken auf aktuellen Daten zu beschreiben (Zhang, 2015).

Unbeschränkte Zähler

Wenn die Statistiken fortlaufend mit immer mehr historischen Daten aktualisiert werden, wachsen die rohen Zählerwerte über alle Grenzen. Das kann für das Modell zum Problem werden. Ein angelerntes Modell »kennt« Eingangsdaten bis zur beobachteten Größenordnung. Ein angelernter Entscheidungsbaum könnte etwa sagen: »Wenn x größer als 3 ist, sage 1 vorher.« Ein angelerntes lineares Modell könnte sagen: »Multipliziere x mit 0,7 und schau, ob das Ergebnis größer als der globale Mittelwert ist.« Das mögen die richtigen Entscheidungen sein, wenn x zwischen 0 und 5 liegt. Aber was geschieht darüber hinaus? Das weiß niemand.

Wenn die Eingangszähler wachsen, muss das Modell neu angelernt werden, um sich an die jeweilige Skale anzupassen. Laufen die Zähler eher langsam auf, wird sich die effektive Skale nicht allzu schnell ändern, und das Modell muss auch nicht allzu oft neu angelernt werden. Steigen die Zählerwerte aber sehr schnell, wird das häufige erneute Anlernen zum Problem.

Aus diesem Grund ist es oft besser, normierte Zähler zu verwenden, die garantiert auf ein bekanntes Intervall beschränkt sind. Beispielsweise ist die geschätzte Klickwahrscheinlichkeit auf [0, 1] beschränkt. Ein anderer Weg geht über die Logarithmustransformation, die eine feste Grenze setzt, wobei aber die Anstiegsrate bei großen Zählerwerten sehr gering sein wird.

Keine dieser Methoden hilft gegen veränderliche Eingangsverteilungen (weil beispielsweise die Barbiepuppen vom letzten Jahr aus der Mode gekommen sind und die Leute nicht mehr auf diese Anzeigen klicken). Um solche grundlegenderen Änderungen in der Verteilung der Eingangsdaten unterbringen zu können, muss das Modell neu angelernt oder die gesamte Pipeline in eine Online-Anlernumgebung eingebaut werden, die ein ständiges Anlernen und stetige Anpassung an die Eingaben ermöglicht.

Zusammenfassung

Jede der in diesem Kapitel erläuterten Herangehensweisen hat ihre Vor- und Nachteile. Es folgt eine Übersicht der Abwägungen.

Einfache One-Hot-Kodierung	
Speicherbedarf	$O(n)$ bei Verwendung des dünn besetzten Vektorformats, wobei n die Anzahl der Datenpunkte ist
Rechenaufwand	$O(nk)$ in einem linearen Modell, wobei k die Anzahl der Kategorien ist
Vorteile	• am leichtesten zu implementieren • unter Umständen am genauesten • geeignet für das Online-Anlernen
Nachteile	• ineffizient hinsichtlich des Rechenaufwands • passt sich nicht an wachsende Kategorien an • ausschließlich für lineare Modelle geeignet • erfordert bei wirklich großen Datensätzen eine groß angelegte verteilte Optimierung

Merkmals-Hashing	
Speicherbedarf	$O(n)$ bei Verwendung des dünn besetzten Matrixformats, wobei n die Anzahl der Datenpunkte ist
Rechenaufwand	$O(nm)$ für ein lineares oder Kern-Modell, wobei m die Anzahl der Hashklassen ist
Vorteile	• leicht zu implementieren • macht das Anlernen des Modells billiger • leicht an neue Kategorien anzupassen • kann gut mit seltenen Kategorien umgehen • geeignet für das Online-Anlernen
Nachteile	• nur für lineare oder Kern-Modelle geeignet • Merkmale sind nach dem Hashing nicht mehr interpretierbar • gemischte Erfahrungen hinsichtlich der Genauigkeit

Klassenzählung	
Speicherbedarf	$O(n+k)$ für die kleine, dicht besetzte Darstellung jedes Datenpunkts, zuzüglich der Zählerstatistik für jede Kategorie
Rechenaufwand	$O(n)$ für lineare Modelle; auch verwendbar für nichtlineare Modelle wie etwa Bäume
Vorteile	• kleinste Berechnungskosten beim Anlernen • erlaubt Baummodelle • relativ leicht an neue Kategorien anpassbar • kann mittels Zurückhalten oder Count-min-Bild seltene Kategorien handhaben • interpretierbar
Nachteile	• benötigt historische Daten • erfordert verzögerte Aktualisierungen, nicht völlig geeignet für das Online-Anlernen • höhere Gefahr von Datenlecks

Wie wir sehen, ist keines der Verfahren perfekt. Welches man anwenden sollte, hängt vom gewünschten Modell ab. Lineare Modelle können billiger angelernt werden und kommen daher mit unkomprimierten Darstellungen wie der One-Hot-Kodierung zurecht. Baummodelle müssen andererseits mehrfache Suchen über alle Merkmale durchführen, um die richtige Aufteilung zu finden, und sind damit auf kleine Darstellungen wie die Klassenzählung beschränkt. Merkmals-Hashing bewegt sich zwischen diesen zwei Extremen, liefert aber durchwachsene Ergebnisse hinsichtlich der Genauigkeit.

Literatur

Agarwal, Alekh, Oliveier Chapelle, Miroslav Dudík und John Langford. »A Reliable Effective Terascale Linear Learning System.« *Journal of Machine Learning Research* 15 (2015): 1111 1133.

Bilenko, Misha. »Big Learning Made Easy—with Counts!« Cortana Intelligence and Machine Learning Blog, February 17, 2015. *https://blogs.technet.microsoft.com/machinelearning/2015/02/17/big-learning-made-easy-with-counts/*.

Chen, Ye, Dmitry Pavlov und John F. Canny. »Large-Scale Behavioral Targeting.« *Proceedings of the 15th ACM SIGKDD International Conference on Knowledge Discovery and Data Mining* (2009): 209–218.

Cormode, Graham, und S. Muthukrishnan. »An Improved Data Stream Summary: The Count-Min Sketch and Its Applications.« *Algorithms* 55 (2005): 29–38.

Graepel, Thore, Joaquin Quiñonero Candela, Thomas Borchert und Ralf Herbrich. »Web-Scale Bayesian Click-Through Rate Prediction for Sponsored Search Advertising in Microsoft's Bing Search Engine.« *Proceedings of the 27th International Conference on Machine Learning* (2010): 13–20.

He, Xinran, Junfeng Pan, Ou Jin, Tianbing Xu, Bo Liu, Tao Xu, Yanxin Shi, Antoine Atallah, Ralf Herbrich, Stuart Bowers und Joaquin Quiñonero Candela. »Practical Lessons from Predicting Clicks on Ads at Facebook.« *Proceedings of the 8th International Workshop on Data Mining for Online Advertising* (2014): 1–9.

Lee, Wenke, Salvatore J. Stolfo und Kui W. Mok. 1998. »Mining Audit Data to Build Intrusion Detection Models.« *Proceedings of the 4th ACM SIGKDD International Conference on Knowledge Discovery and Data Mining* (1998): 66–72.

Li, Wei, Xuerui Wang, Ruofei Zhang, Ying Cui, Jianchang Mao und Rong Jin. »Exploitation and Exploration in a Performance Based Contextual Advertising System.« *Proceedings of the 16th ACM SIGKDD International Conference on Knowledge Discovery and Data Mining* (2010): 27–36.

McMahan, H. Brendan, Gary Holt, D. Sculley, Michael Young, Dietmar Ebner, Julian Grady, Lan Nie, Todd Phillips, Eugene Davydov, Daniel Golovin, Sharat Chikkerur, Dan Liu, Martin Wattenberg, Arnar Mar Hrafnkelsson, Tom Boulos und Jeremy Kubica. »Ad Click Prediction: A View from the Trenches.« *Proceedings of the 19th ACM SIGKDD International Conference on Knowledge Discovery and Data Mining* (2013): 1222–1230.

Weinberger, Kilian, Anirban Dasgupta, Josh Attenberg, John Langford und Alex Smola. 2009. »Feature Hashing for Large Scale Multitask Learning.« *Proceedings of the 26th International Conference on Machine Learning* (2009): 1113–1120.

Yeh, Tse-Yu, und Yale N. Patt. »Two-Level Adaptive Training Branch Prediction.« *Proceedings of the 24th Annual International Symposium on Microarchitecture* (1991): 51–61.

Zhang, Owen. 2015. »Tips for data science competitions.« Präsentation auf SlideShare. Abgerufen unter *http://bit.ly/2DjuhBD*.

Dimensionsreduktion: Mit dem Hauptkomponentenverfahren die Datenwolke flach drücken

Mithilfe automatischer Verfahren zur Datensammlung und Merkmalserzeugung kann man im Handumdrehen eine große Zahl von Merkmalen bekommen. Aber nicht alle davon sind sinnvoll. In den Kapiteln 3 und 4 besprachen wir das Filtern nach Häufigkeit und die Merkmalsskalierung als Möglichkeiten, um aussagelose Merkmale zu beseitigen. Nun werfen wir einen genauen Blick auf die Reduktion der Merkmalsdimensionen mithilfe des *Hauptkomponentenverfahrens* (PCA, engl. *Principal Component Analysis*).

Dieses Kapitel stellt einen Einstieg in die modellbezogenen Verfahren zur Merkmalskonstruktion dar. Die meisten bisher gezeigten Verfahren funktionieren unabhängig von den Daten. Beispielsweise könnte die Vorschrift beim Filtern nach Häufigkeit lauten: »Verwirf alle Zähler, die kleiner als *n* sind.« Dafür sind keine weiteren Informationen aus den Daten selbst nötig.

Modellbezogene Verfahren benötigen dagegen Informationen aus den Daten. Das Hauptkomponentenverfahren ist beispielsweise über die Hauptachsen der Daten definiert. In den früheren Kapiteln gab es immer eine klare Trennung zwischen Daten, Merkmalen und Modellen. Ab jetzt wird diese Unterscheidung immer mehr verschwimmen. Und genau darin liegt das Spannende in der aktuellen Forschung zum Erlernen von Merkmalen.

Die Grundidee

Dimensionsreduktion bedeutet, »aussagelose Informationen« loszuwerden, dabei aber die entscheidenden Teile zu behalten. Es gibt viele mögliche Definitionen von »aussagelos«. Das Hauptkomponentenverfahren bezieht sich auf das Konzept der linearen Abhängigkeit. Im Abschnitt »Die Anatomie einer Matrix« auf Seite 180 beschreiben wir den Spaltenraum einer Datenmatrix als die lineare Hülle aller Merkmalsvektoren. Ist der Spaltenraum klein gegenüber der Gesamtzahl von Merkmalen, sind die meisten dieser Merkmale Linearkombinationen einiger weniger Schlüsselmerkmale. Linear abhängige Merkmale verschwenden Speicherplatz und Rechenleistung, da ihr Informationsgehalt in viel weniger Merkmalen hätte kodiert werden können. Um das zu vermeiden, versucht man mittels des Hauptkomponentenverfahrens, diese »aufgeblähten« Daten in einem linearen Unterraum mit viel weniger Dimensionen flach zu drücken.

Stellen Sie sich die Menge der Datenpunkte im Merkmalsraum vor. Jeder Datenpunkt ist ein Punkt, und die gesamte Menge von Datenpunkten bildet eine Wolke. In Abbildung 6-1 (a) sind die Datenpunkte gleichmäßig über beide Merkmalsdimensionen verteilt, und die Wolke füllt den Raum aus. In diesem Beispiel hat der Spaltenraum den vollen Rang. Sind jedoch einige dieser Merkmale Linearkombinationen von anderen, sieht die Wolke nicht mehr so prall aus, sondern mehr wie in Abbildung 6-1 (b): eine flache Wolke, wobei Merkmal 1 ein Duplikat (oder ein skalares Vielfaches) von Merkmal 2 ist. In diesem Fall sagen wir, dass die *intrinsische Dimension* der Wolke 1 ist, obwohl sie in einem zweidimensionalen Merkmalsraum liegt.

In der Praxis hat man es selten mit genau gleichen Größen zu tun. Viel eher werden wir Merkmalen begegnen, die einander beinahe gleichen, aber eben nicht ganz. In so einem Fall könnte die Datenwolke aussehen wie in Abbildung 6-1 (c), eine recht magere Wolke. Wenn wir die Anzahl der Merkmale, die in das Modell eingehen, verkleinern wollen, könnten wir Merkmal 1 und Merkmal 2 durch ein neues Merkmal ersetzen, das wir vielleicht Merkmal 1,5 nennen und das auf der Diagonalen zwischen den beiden ursprünglichen Merkmalen liegt. Der Ausgangsdatensatz kann dann gut durch eine Zahl – den Ort entlang der Richtung von Merkmal 1,5 – dargestellt werden anstatt durch zwei Zahlen *f1* und *f2*.

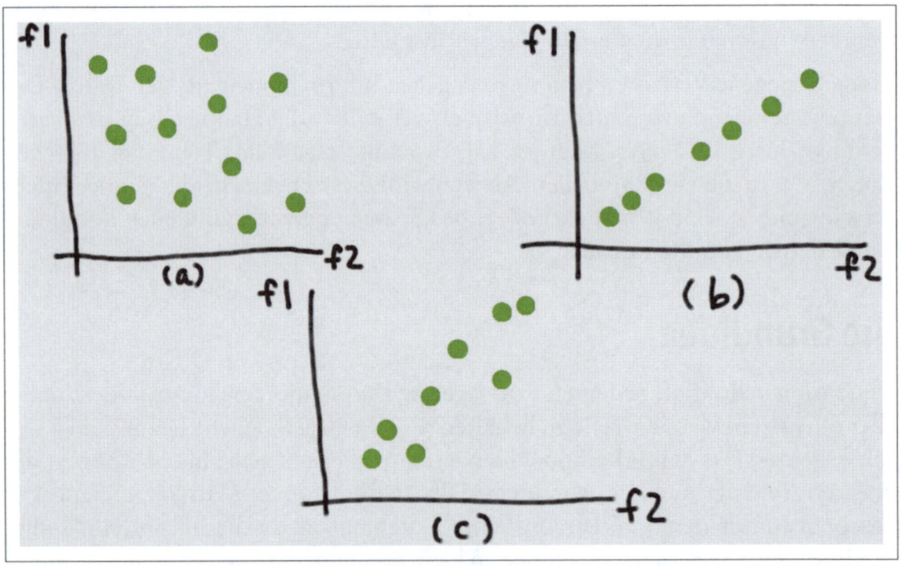

Abbildung 6-1: Datenwolken im Merkmalsraum: Datenwolke mit vollem Rang (a), niedrigdimensionale Datenwolke (b) und annähernd niedrigdimensionale Datenwolke (c)

Der Schlüsselgedanke dabei ist, *redundante Merkmale durch wenige neue Merkmale zu ersetzen, die die im ursprünglichen Merkmalsraum enthaltene Information geeignet zusammenfassen*. Wenn es nur zwei Merkmale gibt, ist es leicht, das neue Merkmal zu formulieren. Viel schwerer ist es, wenn der ursprüngliche Merkmalsraum Hunderte oder Tausende von Dimensionen besitzt. Wir brauchen eine mathematische Beschreibung der gesuchten neuen Merkmale, um sie dann mithilfe von Optimierungsverfahren zu finden.

Eine mögliche mathematische Definition des »geeigneten Zusammenfassens von Informationen« besteht darin, zu fordern, dass die neue Datenwolke möglichst viel ihres ursprünglichen Volumens behalten soll. Wir drücken die Datenwolke zu einem Eierkuchen flach, aber der Eierkuchen soll in den richtigen Richtungen so dick wie möglich sein. Wir brauchen also ein Maß für das Volumen.

Volumen hat mit Abständen zu tun. Der Begriff des Abstands in einer Wolke von Datenpunkten ist aber gar nicht so offensichtlich. Man könnte die größte Entfernung zwischen jeweils zwei beliebigen Punkten messen, aber das erweist sich als eine mathematisch sehr schwer optimierbare Funktion. Eine Alternative besteht in der Messung des mittleren Abstands zwischen Punktepaaren oder, äquivalent dazu, der mittleren Entfernung jedes Punkts vom Mittelwert, also der Varianz. Diese lässt sich viel leichter optimieren. (Das Leben ist schwer. Statistiker haben gelernt, bequeme Abkürzungen zu nehmen.) Mathematisch ausgedrückt, handelt es sich um die Maximierung der Varianz der Datenpunkte im neuen Merkmalsraum.

Wie Sie sich in Formeln der linearen Algebra zurechtfinden

Um in der Welt der linearen Algebra die Orientierung zu behalten, merken Sie sich, welche Größen Skalare bzw. Vektoren sind und ob die Vektoren vertikal oder horizontal ausgerichtet sind. Behalten Sie die Dimensionen Ihrer Matrizen im Blick, da sie oft verraten, ob es um die Zeilen- oder die Spaltenvektoren geht. Zeichnen Sie die Matrizen und Vektoren als Rechtecke auf ein Blatt und stellen Sie sicher, dass die Abmessungen zusammenpassen. Ebenso, wie man in der Algebra schon weit kommt, wenn man auf die Maßeinheiten achtet (Entfernungen in Kilometern, Geschwindigkeiten in Kilometern pro Stunde), braucht man in der linearen Algebra nur die Dimensionen.

Herleitung

$\mathbf{X}$ sei wieder die $n \times d$-Datenmatrix, wobei n die Anzahl der Datenpunkte und d die Anzahl der Merkmale ist. $\mathbf{x}$ sei ein Spaltenvektor, der einen einzelnen Datenpunkt enthält. ($\mathbf{x}$ ist also die Transponierte einer der Zeilen von $\mathbf{X}$.) Weiterhin sei $\mathbf{v}$ einer der neuen Merkmalsvektoren oder auch Hauptkomponenten, die wir bestimmen wollen.

> **Singulärwertzerlegung einer Matrix**
>
> Jede rechteckige Matrix kann in drei Matrizen mit bestimmten Abmessungen und Eigenschaften zerlegt werden:
>
> $$X = U\Sigma V^T$$
>
> Dabei sind U und V orthogonale Matrizen (das heißt, $U^TU = I$ und $V^TV = I$). Σ ist eine Diagonalmatrix, die die Singulärwerte von X enthält, die wiederum positiv, null oder negativ sein können. Angenommen, X hat n Zeilen und d Spalten und es gilt $n \geq d$. Dann hat U die Abmessungen $n \times d$, und Σ und V haben die Abmessungen $d \times d$. (der Abschnitt »Singulärwertzerlegung« auf Seite 183 behandelt die Singulär- und Eigenwertzerlegung einer Matrix ausführlich.)

Lineare Projektion

Schauen wir uns die Herleitung des Hauptkomponentenverfahrens Schritt für Schritt an. Abbildung 6-2 veranschaulicht den gesamten Vorgang.

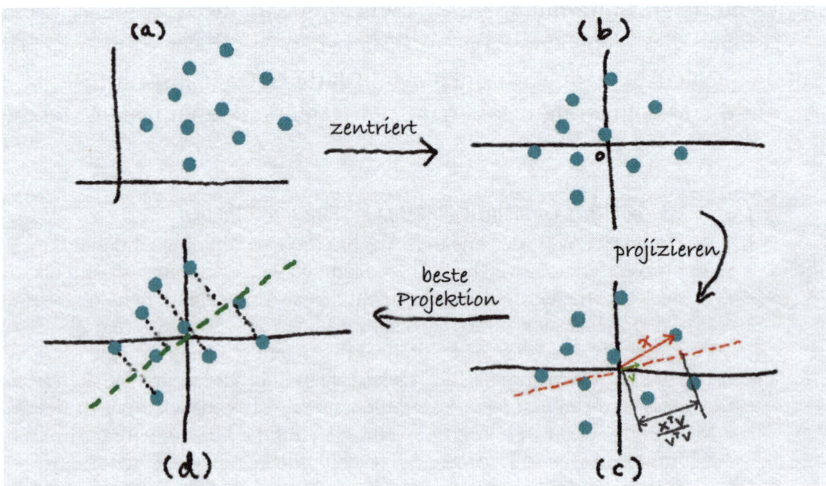

Abbildung 6-2: Veranschaulichung des Hauptkomponentenverfahrens: Ausgangsdaten im Merkmalsraum (a), zentrierte Daten (b), Projektion eines Datenvektors x auf einen anderen Vektor v (c), Richtung der maximalen Varianz der projizierten Koordinaten (d), gleich dem Haupteigenvektor von X^TX

Beim Hauptkomponentenverfahren werden die Daten durch eine lineare Projektion in den neuen Merkmalsraum überführt. Abbildung 6-2 (c) zeigt eine lineare Projektion. Wenn wir **x** auf **v** projizieren, ist die Länge der Projektion proportional zum inneren Produkt der zwei Vektoren, normiert auf die Norm von **v** (sein inneres Produkt mit sich selbst). Später werden wir für **v** die Einheitsnorm verlangen. Der einzige relevante Teil ist also der Zähler – nennen wir ihn **v** (siehe Formel 6-1).

Formel 6-1: Projektionskoordinate

$$z = \mathbf{x}^T\mathbf{v}$$

Die Größe z ist ein Skalar, während $\mathbf{x}$ und $\mathbf{v}$ Spaltenvektoren sind. Da es eine Menge Datenpunkte gibt, können wir den Vektor $\mathbf{z}$ von deren Projektionskoordinaten bezüglich des neuen Merkmals $\mathbf{v}$ bilden (siehe Formel 6-2). Dabei ist $\boldsymbol{X}$ die bekannte Datenmatrix, deren Zeilenvektoren jeweils einen Datenpunkt enthalten. Der so entstandene Vektor $\mathbf{z}$ ist ein Spaltenvektor.

Formel 6-2: Vektor der Projektionskoordinaten

$$\mathbf{z} = \boldsymbol{X}\mathbf{v}$$

Varianz und empirische Varianz

Als Nächstes berechnen wir die Varianz der Projektionen. Die Varianz ist definiert als der Erwartungswert des Quadrats des Abstands vom Mittelwert (siehe Formel 6-3).

Formel 6-3: Varianz einer Zufallsvariablen Z

$$\mathrm{Var}(Z) = E[Z - E(Z)]^2$$

Es gibt dabei ein kleines Problem: Unsere Aufgabenstellung sagt nichts über den Mittelwert $E(Z)$ aus; er ist eine freie Variable. Eine Lösung dafür wäre, ihn von jedem Datenpunkt zu subtrahieren und so aus der Gleichung zu entfernen. Der dadurch entstehende Datensatz hat den Mittelwert null, sodass die Varianz einfach der Erwartungswert von Z^2 ist. Geometrisch ausgedrückt, führt die Subtraktion des Mittelwerts zur Zentrierung der Daten (siehe Abbildung 6-2 (a-b)).

Eine damit nah verwandte Größe ist die Kovarianz zwischen zwei Zufallsvariablen Z^1 und Z^2 (siehe Formel 6-4). Stellen Sie sie sich als die Erweiterung der Varianz (einer einzelnen Zufallsvariablen) auf zwei Zufallsvariablen vor.

Formel 6-4: Kovarianz zwischen zwei Zufallsvariablen Z^1 und Z^2

$$\mathrm{Cov}(Z^1, Z^2) = E[(Z^1 - E(Z^1)(Z^2 - E(Z^2))]$$

Wenn die Zufallsvariablen den Mittelwert null haben, fällt ihre Kovarianz mit ihrer *linearen Korrelation* $E[Z_1Z_2]$ zusammen. Wir werden diesen Begriff an späterer Stelle erläutern.

Statistische Größen wie Varianz und Erwartungswert sind auf einer Datenverteilung definiert. In der Praxis kennen wir die wahre Verteilung nicht, sondern nur eine Menge beobachteter Datenpunkte $z_1, \ldots, z_n$. Wir sprechen von einer *empirischen Verteilung*, die uns eine empirische Abschätzung der Varianz ermöglicht (siehe Formel 6-5).

Formel 6-5: Empirische Varianz von Z anhand der Beobachtungsdaten z

$$\mathrm{Var}_{\mathrm{emp}}(Z) = \frac{1}{n-1}\sum_{i=1}^{n} z_i^2$$

Hauptkomponenten: Erste Schreibweise

Zusammen mit der Definition von z_i in Formel 6-1 können wir die Maximierung der Varianz der projizierten Daten durch Formel 6-6 ausdrücken. (Wir lassen den Nenner n–1 aus der Definition der empirischen Varianz weg, da er eine globale Konstante ist und keinen Einfluss darauf hat, wo das Maximum auftritt.)

Formel 6-6: Zielfunktion der Hauptkomponenten

$$\max_{\mathbf{w}} \sum_{i=1}^{n} (\mathbf{x}_i^T \mathbf{w})^2, \quad \text{wobei } \mathbf{w}^T \mathbf{w} = 1$$

Die Bedingung legt dabei das innere Produkt von **w** mit sich selbst auf 1 fest, was gleichbedeutend damit ist, dass der Vektor die Einheitslänge haben muss. Wir verlangen das, weil wir uns nur für die Richtung, nicht aber den Betrag von **w** interessieren. Der Betrag von **w** ist ein unnötiger Freiheitsgrad, also werden wir ihn los, indem wir ihn auf einen willkürlichen Wert festlegen.

Hauptkomponenten: Matrix-Vektor-Schreibweise

Nun kommt der interessante Schritt. Der Term mit der Summe der Quadrate in Formel 6-6 ist recht umständlich; in einem Matrix-Vektor-Format wäre er viel klarer. Können wir das erreichen? Ja, der Schlüssel liegt in der Quadratsummenidentität: Die Summe einer Menge von Quadraten von Termen ist gleich dem Quadrat der Norm eines Vektors, dessen Elemente gerade diese Terme sind – was wiederum äquivalent zum inneren Produkt des Vektors mit sich selbst ist. Mithilfe dieser Identität können wir Formel 6-6 in Matrix-Vektor-Schreibweise umformen (siehe Formel 6-7).

Formel 6-7: Zielfunktion für Hauptkomponenten, Matrix-Vektor-Schreibweise

$$\max_{\mathbf{w}} \mathbf{w}^T\mathbf{w}, \text{ wobei } \mathbf{w}^T\mathbf{w} = 1$$

Diese Schreibweise der Hauptkomponentenzerlegung macht das Ziel deutlicher erkennbar: Wir suchen eine Ausrichtung der Eingabe, die die Norm der Ausgabe maximiert. Kommt Ihnen das bekannt vor? Die Lösung liegt in der *Singulärwertzerlegung* (SVD, engl. Singular Value Decomposition) von X. Der optimale Vektor **w** ergibt sich als der linksseitige Hauptsingulärvektor von X, der zugleich der Haupteigenvektor von X^TX ist. Die projizierten Daten werden als Hauptkomponente der Ausgangsdaten bezeichnet.

Allgemeine Lösung für die Hauptkomponenten

Dieser Vorgang kann wiederholt werden. Sobald wir die erste Hauptkomponente bestimmt haben, können wir Formel 6-7 erneut anwenden unter der zusätzlichen

Bedingung, dass der neue Vektor orthogonal zu den zuvor gefundenen Vektoren sein soll (siehe Formel 6-8).

Formel 6-8: Zielfunktion für die (k+1)te Hauptkomponente

$$\max_{\mathbf{w}} \mathbf{w}^T\mathbf{w}, \text{ wobei } \mathbf{w}^T\mathbf{w} = 1 \text{ und } \mathbf{w}^T\mathbf{w}_1 = \ldots = \mathbf{w}^T\mathrm{w}_k = 0$$

Die Lösung ist der $(k+1)$te linksseitige Singulärvektor von $\boldsymbol{X}$, geordnet nach absteigenden Singulärwerten. Somit entsprechen die ersten k Hauptkomponenten den ersten k linksseitigen Singulärvektoren von X.

Transformation der Merkmale

Sind die Hauptkomponenten bestimmt, können wir die Merkmale mittels linearer Projektion transformieren. $\boldsymbol{X} = \boldsymbol{U\Sigma V}^T$ sei die Singulärwertzerlegung von $\boldsymbol{X}$ und $\boldsymbol{V}_k$ die Matrix, deren Spalten die ersten k linksseitigen Singulärvektoren enthalten. $\boldsymbol{X}$ hat die Abmessungen $n \times d$, wobei d die Anzahl der ursprünglichen Merkmale ist und $\boldsymbol{V}_k$ die Abmessungen $d \times k$ besitzt. Statt auf einen einzelnen Projektionsvektor wie in Formel 6-2 können wir gleichzeitig auf mehrere Vektoren in einer Projektionsmatrix projizieren (siehe Formel 6-9).

Formel 6-9: Projektionsmatrix für das Hauptkomponentenverfahren

$$\mathbf{W} = V_k$$

Die Matrix der projizierten Koordinaten ist leicht zu berechnen und kann noch weiter vereinfacht werden, da die Singulärvektoren paarweise orthogonal sind (siehe Formel 6-10).

Formel 6-10: Einfache Hauptkomponententransformation

$$Z = \boldsymbol{XW} = \boldsymbol{XV}_k = \boldsymbol{U\Sigma V}^T\boldsymbol{V}_k = \boldsymbol{U}_k\boldsymbol{\Sigma}_k$$

Die projizierten Werte sind einfach die ersten k rechtsseitigen Singulärvektoren, skaliert um die ersten k Singulärwerte. Somit können wir die gesamte Lösung nach dem Hauptkomponentenverfahren, Komponenten wie auch Projektionen, einfach durch die Singulärwertzerlegung von $\boldsymbol{X}$ erhalten.

Implementierung des Hauptkomponentenverfahrens

Bei vielen Herleitungen des Hauptkomponentenverfahrens werden zuerst die Daten zentriert, und dann wird die Eigenwertzerlegung der Kovarianzmatrix durchgeführt. Der einfachste Weg, das Hauptkomponentenverfahren zu implementieren, führt jedoch über die Singulärwertzerlegung der zentrierten Datenmatrix.

Implementierungsschritte für das Hauptkomponentenverfahren

1. Zentriere die Datenmatrix:

   $$C = X - \mathbf{1}\boldsymbol{\mu}^T$$

   wobei **1** ein Spaltenvektor aus lauter Einsen und **μ** ein Spaltenvektor aus den Mittelwerten der Zeilen von $\boldsymbol{X}$ ist.
2. Berechne die Singulärwertzerlegung:

   $$C = \boldsymbol{U\Sigma V}^T$$

3. Bestimme die Hauptkomponenten. Die ersten k Hauptkomponenten sind die ersten k Spalten von $\boldsymbol{V}$, das heißt die rechtsseitigen Singulärvektoren, die zu den k größten Singulärwerten gehören.
4. Transformiere die Daten. Die transformierten Daten sind einfach die ersten k Spalten von $\boldsymbol{U}$. (Wenn das Ergebnis geweißt werden soll, skaliere die Vektoren um die inversen Singulärwerte. Dazu dürfen die ausgewählten Singulärwerte nicht null sein; siehe den Abschnitt »Weißen und Nullphasenverfahren« auf Seite 108.)

Das Hauptkomponentenverfahren am Werk

Wir wollen ein besseres Gespür dafür bekommen, wie das Hauptkomponentenverfahren funktioniert, indem wir es auf Bilddaten anwenden. Der MNIST-Datensatz (*http://yann.lecun.com/exdb/mnist/*) enthält Bilder handschriftlicher Ziffern von 0 bis 9. Die Originalbilder sind 28 × 28 Pixel groß. Eine Untermenge der Bilder in niedrigerer Auflösung wird mit scikit-learn (*http://bit.ly/2G3A3dA*) ausgeliefert, wozu jedes Bild auf 8 × 8 Pixel verkleinert wurde. Die Ausgangsdaten in scikit-learn haben 64 Dimensionen. In Beispiel 6-1 wenden wir das Hauptkomponentenverfahren an und visualisieren den Datensatz anhand der ersten drei Hauptkomponenten.

Beispiel 6-1: Hauptkomponentenverfahren anhand des Zifferndatensatzes von scikit-learn (einer Untermenge des MNIST-Datensatzes)

```
>>> from sklearn import datasets
>>> from sklearn.decomposition import PCA

# Lade die Daten.
>>> digits_data = datasets.load_digits()
>>> n = len(digits_data.images)

# Jedes Bild wird als 8-mal-8-Feld dargestellt.
# Linearisiere das Feld zur Eingabe ins Hauptkomponentenverfahren.
>>> image_data = digits_data.images.reshape((n, -1))
```

```
>>> image_data.shape
(1797, 64)

# Wahre Markierungen der Ziffern in den Bildern.
>>> labels = digits_data.target
>>> labels
array([0, 1, 2, ..., 8, 9, 8])

# Passe einen Hauptkomponententransformator an den Datensatz an.
# Die Anzahl der Komponenten wird automatisch so gewählt, dass mindestens
# 80 % der Gesamtvarianz erreicht werden.
>>> pca_transformer = PCA(n_components=0.8)
>>> pca_images = pca_transformer.fit_transform(image_data)
>>> pca_transformer.explained_variance_ratio_
array([ 0.14890594,  0.13618771,  0.11794594,  0.08409979,  0.05782415,
        0.0491691 ,  0.04315987,  0.03661373,  0.03353248,  0.03078806,
        0.02372341,  0.02272697,  0.01821863])
>>> pca_transformer.explained_variance_ratio_[:3].sum()
0.40303958587675121

# Visualisiere die Ergebnisse.
>>> import matplotlib.pyplot as plt
>>> from mpl_toolkits.mplot3d import Axes3D
>>> %matplotlib notebook
>>> fig = plt.figure()
>>> ax = fig.add_subplot(111, projection='3d')
>>> for i in range(100):
...     ax.scatter(pca_images[i,0], pca_images[i,1], pca_images[i,2],
...                marker=r'${}$'.format(labels[i]), s=64)

>>> ax.set_xlabel('Principal component 1')
>>> ax.set_ylabel('Principal component 2')
>>> ax.set_zlabel('Principal component 3')
```

Die ersten 100 projizierten Bilder sind in einem 3-D-Diagramm in Abbildung 6-3 zu sehen, wo sie durch ihre jeweiligen Markierungen dargestellt werden. Die ersten drei Hauptkomponenten sind für etwa 40 % der gesamten Varianz des Datensatzes verantwortlich. Das ist bei Weitem nicht perfekt, aber es erlaubt eine griffige niedrigdimensionale grafische Darstellung. Wir können sehen, dass das Hauptkomponentenverfahren ähnliche Zahlen nahe beieinander anordnet. Die Zahlen 0 und 6 liegen in derselben Gegend, ebenso 1 und 7 sowie 3 und 9. Der Raum wird grob unterteilt in 0, 4 und 6 auf der einen Seite und alle übrigen Zahlen auf der anderen.

Da die Zahlen einander zu einem guten Teil überlappen, könnte sie ein linearer Klassifikator im projizierten Raum schwer auseinanderhalten. Sollen also die handschriftlichen Ziffern klassifiziert werden und wurde als Modell ein linearer Klassifikator gewählt, reichen die ersten drei Hauptkomponenten nicht als Merkmale aus. Dennoch ist es aufschlussreich, zu sehen, wie gut ein 64-dimensionaler Datensatz in nur drei Dimensionen abgebildet werden kann.

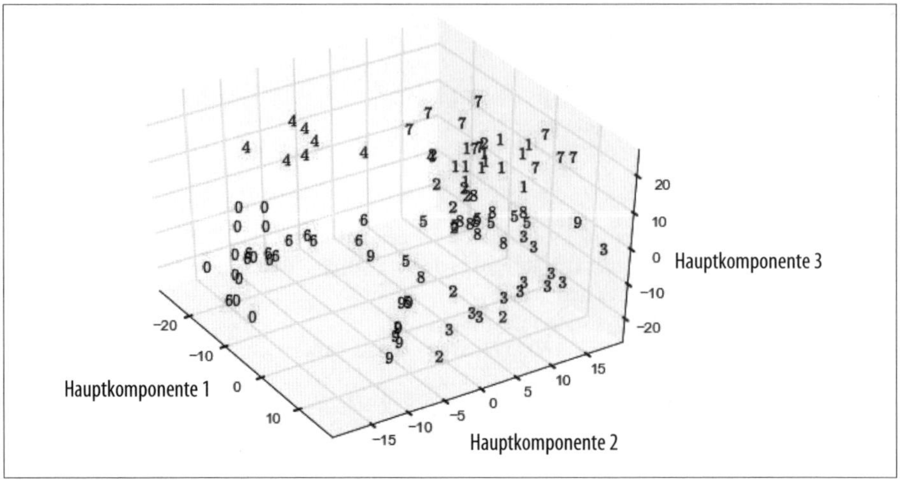

Abbildung 6-3: Hauptkomponentenprojektionen einer Untermenge der MNIST-Daten – dargestellt anhand der Bildmarkierungen

Weißen und Nullphasenverfahren

Infolge der Orthogonalitätsbedingung an die Zielfunktion hat die Hauptkomponententransformation eine hübsche Nebenwirkung: Die transformierten Merkmale korrelieren nicht mehr miteinander; die inneren Produkte zwischen Paaren von Merkmalsvektoren sind null. Das kann man leicht anhand der Orthogonalität der Singulärvektoren zeigen:

$$Z^T Z = \Sigma_k U_k{}^T U_k \Sigma_k = \Sigma_k{}^2$$

Das Ergebnis ist eine Diagonalmatrix, die die Quadrate der Singulärwerte enthält, die wiederum die Korrelation jedes Merkmalsvektors mit sich selbst darstellen, auch bekannt als seine ℓ^2-Norm.

Manchmal ist es hilfreich, auch die Größe der Merkmale auf 1 zu normieren. In der Sprache der Signalverarbeitung wird das als *Weißen* bezeichnet. Das Ergebnis ist ein Satz von Merkmalen mit einer Eigenkorrelation von 1 und völlig ohne Korrelation untereinander. Mathematisch ausgedrückt, bedeutet Weißen, die Hauptkomponententransformation mit den inversen Singulärwerten zu multiplizieren (siehe Formel 6-11).

Formel 6-11: Hauptkomponentenverfahren und Weißen

$$\mathbf{W}_{white} = \mathbf{V}_k \Sigma_k{}^{-1}$$

$$Z_{white} = \mathbf{X}\mathbf{V}_k \Sigma_k{}^{-1} = U\Sigma \mathbf{V}^T \mathbf{V}_k \Sigma_k{}^{-1} = U_k$$

Das Weißen ist unabhängig von der Dimensionsreduktion; jedes der beiden kann ohne das andere vorgenommen werden. Beispielsweise ist das *Nullphasenverfahren*

(ZCA, engl. Zero-phase Component Analysis, Bell and Sejnowski, 1996) eine Weißtransformation, die zwar eng mit dem Hauptkomponentenverfahren verwandt ist, aber die Anzahl der Merkmale nicht verringert. Das Nullphasen-Weißen verwendet den vollständigen Satz von Hauptkomponenten V ohne Reduktion und führt eine zusätzliche Multiplikation mit V^T durch (siehe Formel 6-12).

Formel 6-12: Nullphasen-Weißen

$$W_{ZCA} = V\Sigma^{-1}V^T$$

$$Z_{zca} = XV\Sigma^{-1}V^T = U\Sigma V^T V\Sigma^{-1} = U$$

Eine einfache Hauptkomponentenprojektion (siehe Formel 6-10) erzeugt Koordinaten im neuen Merkmalsraum, wobei die Hauptkomponenten als Basis dienen. Diese Koordinaten bilden nur die Länge des projizierten Vektors ab, nicht aber seine Richtung. Die Multiplikation mit den Hauptkomponenten liefert uns sowohl die Länge als auch die Richtung. Eine andere zutreffende Interpretation lautet, dass die zusätzliche Multiplikation die Koordinaten zurück in den ursprünglichen Merkmalsraum rotiert. (V ist eine Orthogonalmatrix, und Orthogonalmatrizen rotieren einen Vektor, ohne ihn zu strecken oder zu stauchen.) Das Nullphasenverfahren erzeugt also geweißte Daten, die (gemessen im euklidischen Abstand) so nah wie möglich bei den ursprünglichen Daten liegen.

Bedingungen und Grenzen des Hauptkomponentenverfahrens

Setzt man das Hauptkomponentenverfahren zur Dimensionsreduktion ein, muss man sich die Frage stellen, wie viele Hauptkomponenten (k) verwendet werden sollen. Wie alle Hyperparameter kann diese Zahl anhand der Qualität des zu erzeugenden Modells gewählt werden. Es gibt aber auch Heuristiken, die ohne großen Rechenaufwand auskommen.

Eine Möglichkeit besteht darin, k so zu wählen, dass der gewünschte Anteil der Gesamtvarianz erreicht wird. (Diese Option ist im Paket `PCA` von scikit-learn verfügbar.) Die Varianz der Projektion auf die k-te Komponente beträgt:

$$\|Xv_k\|^2 = \|u_k \sigma_k\|^2 = \sigma_k^2$$

was gleich dem Quadrat des k-größten Singulärwerts von X ist. Die geordnete Liste der Singulärwerte einer Matrix wird als ihr *Spektrum* bezeichnet. Um festzulegen, wie viele Komponenten verwendet werden sollen, kann man also eine Spektralanalyse der Datenmatrix vornehmen und einen Schwellenwert wählen, der genügend Varianz bewahrt.

Wahl von k anhand der erreichten Varianz

Um genügend Komponenten zu behalten, sodass wir 80% der Gesamtvarianz der Daten erreichen, wählen wir *k* so, dass gilt:

$$\frac{\sum_{i=1}^{k} \sigma_i^2}{\sum_{i=1}^{d} \sigma_i^2} \geq 0.8$$

Eine weitere Möglichkeit der Wahl von *k* verwendet die intrinsische Dimension des Datensatzes. Diese ist konzeptionell etwas undurchsichtiger, kann aber auch aus dem Spektrum abgeleitet werden. Die Grundidee ist, dass man bei einem Spektrum mit ein paar großen und vielen kleinen Singulärwerten wahrscheinlich einfach die größten verwenden und den Rest verwerfen kann. Es kann vorkommen, dass der Rest des Spektrums gar nicht so klein ist, dass aber eine große Lücke zwischen den großen und den kleinen Werten klafft. Dort könnte man auch sinnvoll abschneiden. Diese Methode erfordert, dass man das Spektrum anschaut und beurteilt, und kann daher nicht als Teil einer automatisierten Pipeline ausgeführt werden.

Ein wesentlicher Kritikpunkt am Hauptkomponentenverfahren lautet, dass die Transformation ziemlich komplex ist und die Ergebnisse daher schwer zu interpretieren sind. Die Hauptkomponenten und die projizierten Vektoren sind reellwertig und können positiv oder negativ sein. Die Hauptkomponenten sind im Wesentlichen Linearkombinationen der (zentrierten) Zeilen, und die Projektionen sind Linearkombinationen der Spalten. Hat man es beispielsweise mit Aktienerträgen zu tun, ist jeder Faktor eine Linearkombination von Momentaufnahmen der Aktienerträge. Was bedeutet das aber? Die erlernten Faktoren lassen sich kaum für einen Menschen verständlich begründen. Deshalb tun sich Analysten schwer damit, den Ergebnissen zu trauen. Aber wenn Sie nicht erklären können, warum man anderer Leute Milliarden in diese oder jene Aktien investieren soll, werden Sie so ein Modell wahrscheinlich nicht verwenden.

Das Hauptkomponentenverfahren ist rechenaufwendig, da es sich auf die teure Singulärwertzerlegung stützt. Die vollständige Singulärwertzerlegung einer Matrix benötigt $O(nd^2 + d^3)$ Rechenoperationen (Golub and Van Loan, 2012), wenn $n \geq d$ ist – wenn es also mehr Datenpunkte als Merkmale gibt. Selbst wenn wir nur *k* Hauptkomponenten brauchen, erfordert die abgebrochene Singulärwertzerlegung (die *k* größten Singulärwerte und zugehörigen Vektoren) immer noch $O((n+d)^2 k) = O(n^2 k)$ Schritte. Für eine große Zahl von Datenpunkten oder Merkmalen verbietet sich der Ansatz also.

Es ist schwierig, das Hauptkomponentenverfahren auf Datenströme, aufeinanderfolgende Teildatensätze oder Stichproben aus den vollständigen Daten anzuwenden. Die Berechnung der Singulärwertzerlegung im Datenstrom, ihre Aktualisierung mit neuen Daten und ihre Berechnung anhand einer Stichprobe sind jeweils eigene Forschungsthemen. Es gibt Algorithmen dafür, aber sie führen zu verminderter Genauigkeit. Man muss also mit einer geringeren Abbildungsgenauigkeit rechnen, wenn man Testdaten auf Hauptkomponenten projiziert, die aus den Anlerndaten herrühren. Wenn sich die Verteilung der Daten ändert, müsste man stattdessen die Hauptkomponenten aus dem jeweils neuen Datensatz neu bestimmen.

Schließlich sollte das Hauptkomponentenverfahren nicht auf rohe Zählerwerte (Wortzahlen, Abspielzähler für Musik oder Filme usw.) angewandt werden. Der Grund liegt in den großen Ausreißern, die bei solchen Zählern häufig vorkommen. (Es ist ziemlich wahrscheinlich, dass es einen Fan gibt, der den *Herrn der Ringe* 314.582 Mal angesehen hat, wogegen alle übrigen Zählerwerte kümmerlich dastehen.) Wie wir wissen, sucht das Hauptkomponentenverfahren nach linearen Korrelationen zwischen den Merkmalen. Korrelationen und Varianzen sind sehr empfindlich für große Ausreißer; eine einzige große Zahl könnte die Statistik stark beeinflussen. Es empfiehlt sich also, zunächst die Daten um große Werte zu bereinigen (siehe den Abschnitt »Filtern nach Häufigkeit« auf Seite 46) oder eine Skalierung wie TF-IDF (siehe Kapitel 4) oder die Logarithmustransformation (siehe den Abschnitt »Die Logarithmustransformation« auf Seite 15) anzuwenden.

Anwendungsfälle

Das Hauptkomponentenverfahren reduziert die Dimension des Merkmalsraums, indem es nach linearen Korrelationsmustern zwischen Merkmalen sucht. Da es eine Singulärwertzerlegung vornimmt, ist es für mehr als ein paar Tausend Merkmale teuer zu berechnen. Für wenige reellwertige Merkmale ist es jedoch gewiss einen Versuch wert.

Die Hauptkomponententransformation verwirft einen Teil der Informationen in den Daten. Das so entstehende Modell mag also billiger anzulernen sein, ist aber weniger genau. Am MNIST-Datensatz wurde beobachtet, dass dimensionsreduzierte Daten aus dem Hauptkomponentenverfahren zu ungenaueren Klassifikationsmodellen führen. In solchen Fällen hat das Hauptkomponentenverfahren also Vor- und Nachteile.

Eine der geschicktesten Anwendungen des Hauptkomponentenverfahrens ist die Anomalieerkennung bei Zeitreihen. Lakhina u. a. (2004) haben damit Anomalien des Datenverkehrs im Internet aufgespürt und untersucht. Dabei haben sie sich auf Anomalien im Verkehrsaufkommen konzentriert, also auf Spitzen oder Flauten in der Menge an Datenverkehr zwischen verschiedenen Netzbereichen. Solche plötzlichen Änderungen können auf ein fehlkonfiguriertes Netz oder koordinierte Denial-of-Service-Angriffe hinweisen. In jedem Fall ist das Wissen darum, wann und wo solche Änderungen auftreten, von großem Wert für die Betreiber der Netze.

Da das Gesamtaufkommen an Datenverkehr im Internet so hoch ist, sind einzelne Spitzen in kleinen Netzbereichen schwer zu erkennen. Ein großer Teil des Datenverkehrs läuft über eine relativ kleine Zahl von Backbone-Knoten. Die wesentliche Erkenntnis der Forscher besteht darin, dass Anomalien im Verkehrsaufkommen immer mehrere Knoten gleichzeitig betreffen (da Datenpakete auf dem Weg zu ihrem Ziel mehrere Knoten passieren müssen). Wir fassen nun jeden der Knoten als ein Merkmal auf und die Menge an Datenverkehr in jedem Zeitschritt als den Messwert. Ein Datenpunkt ist eine Momentaufnahme der Messungen des Verkehrsaufkommens an allen Knoten des Netzes. Die Hauptkomponenten dieser Matrix zeigen allgemeine Entwicklungen des Verkehrsaufkommens im Netz an, während die übrigen Komponenten das restliche Signal darstellen, in dem die Anomalien stecken.

Das Hauptkomponentenverfahren wird auch häufig zur Modellierung im Finanzwesen herangezogen. In diesen Anwendungsfällen stellt es eine Art der *Faktoranalyse* dar – einer Familie statistischer Verfahren, um in Daten beobachtete Strukturen durch einige wenige unbeobachtete Faktoren zu beschreiben. Bei der Faktoranalyse geht es also darum, anstelle der transformierten Daten erklärungstaugliche Komponenten zu finden.

Finanzwirtschaftliche Größen wie Aktienerträge korrelieren oft miteinander. Aktien können zur selben Zeit steigen und fallen (eine positive Korrelation) oder sich in entgegengesetzte Richtungen bewegen (eine negative Korrelation). Um die Volatilität auszugleichen und das Risiko zu verringern, muss ein Investment-Portfolio eine Auswahl von verschiedenen Aktien enthalten, die nicht miteinander korrelieren. (Man sollte nicht alles auf eine Karte setzen, wenn diese Karte verlieren kann.) Korrelationsmuster zwischen Aktien zu erkennen, hilft bei der Entscheidung für eine Investitionsstrategie.

Korrelationsmuster von Aktien können sich auf ganze Branchen beziehen. Technikaktien können beispielsweise gemeinsam steigen und fallen, während Aktien von Fluglinien meist sinken, wenn Öl teuer ist. Die Branche ist aber möglicherweise nicht die beste Erklärung für ein solches Verhalten. Analysten suchen auch nach unerwarteten Korrelationen in den beobachteten statistischen Daten. So wendet das *statistische Faktormodell* (Connor, 1995) das Hauptkomponentenverfahren auf die Matrix der Zeitreihen einzelner Aktienerträge an, um Aktien zu finden, die gewöhnlich eine gewisse Kovarianz aufweisen. In diesem Anwendungsfall werden die Hauptkomponenten selbst gesucht, nicht die transformierten Daten.

Das Nullphasenverfahren kann ein nützlicher Vorverarbeitungsschritt beim Lernen aus Bildern sein. Bei natürlichen Bildern haben benachbarte Pixel oft ähnliche Farben. Beim Nullphasen-Weißen kann man diese Korrelation beseitigen, um sich beim nachfolgenden Modellieren auf interessantere Bildstrukturen zu konzentrieren. Krizhevskys Dissertation (2009) »Learning Multiple Layers of Features from Images« (*http://bit.ly/2ts42tc*) enthält schöne Beispiele, die die Auswirkung des Nullphasen-Weißens auf natürliche Bilder zeigen.

Viele Deep-Learning-Modelle verwenden das Hauptkomponenten- oder das Nullphasenverfahren als Vorverarbeitungsschritt, obwohl das nicht immer nötig ist. In »Factored 3-Way Restricted Boltzmann Machines for Modeling Natural Images« (*http://bit.ly/2D7hKkK*) bemerken Ranzato u. a. (2010), dass das Weißen zwar nicht notwendig ist, aber die Konvergenz des Algorithmus beschleunigt. Coates u. a. (2011) stellen in »An Analysis of Single-Layer Networks in Unsupervised Feature Learning« (*http://stanford.io/2oVhBvu*) fest, dass das Nullphasen-Weißen bei einigen Modellen nützlich ist, jedoch nicht bei allen. (Die Modelle in diesem Aufsatz verwenden unüberwachtes Erlernen von Merkmalen, das Nullphasenverfahren wird also zur Merkmalskonstruktion im Dienst anderer Verfahren der Merkmalskonstruktion eingesetzt. Mehrere Verfahren zu stapeln und nacheinander anzuwenden, ist gang und gäbe bei Machine-Learning-Pipelines.)

Zusammenfassung

Hier endet unsere Besprechung des Hauptkomponentenverfahrens. Wenn Sie sich zwei Dinge davon merken, dann den Mechanismus (die lineare Projektion) und das Ziel (die Varianz der projizierten Daten zu maximieren). Das Verfahren stützt sich auf die Eigenwertzerlegung der Kovarianzmatrix, die eng mit der Singulärwertzerlegung der Datenmatrix verwandt ist. Man kann sich das Hauptkomponentenverfahren auch anhand der Vorstellung einprägen, die Daten zu einem Eierkuchen flach zu drücken, der jedoch so ausgedehnt wie möglich ist.

Das Hauptkomponentenverfahren ist ein Beispiel für modellgetriebene Merkmalskonstruktion. (Man sollte immer sofort ein Modell im Hintergrund vermuten, wenn eine Zielfunktion auftaucht.) Die Modellannahme lautet dabei, dass die Varianz eine geeignete Darstellung der in den Daten enthaltenen Information ist oder – gleichbedeutend damit – dass das Modell lineare Korrelationen zwischen Merkmalen aufspürt. Dieser Umstand wird in verschiedenen Anwendungen genutzt, um die Korrelation zu verringern oder gemeinsame Faktoren in den Eingangsdaten zu finden.

Beim Hauptkomponentenverfahren handelt es sich um eine verbreitete Methode der Dimensionsreduktion. Es hat aber seine Beschränkungen, etwa der hohe Rechenaufwand und das nicht interpretierbare Ergebnis. Als Vorverarbeitungsschritt ist es jedoch nützlich, insbesondere dann, wenn lineare Korrelationen zwischen Merkmalen bestehen.

Als Technik zur Beseitigung linearer Korrelationen steht das Hauptkomponentenverfahren in Beziehung mit dem Weißen. Seine Verwandte, die Singulärwertzerlegung, weißt die Daten auf interpretierbare Weise, reduziert dabei aber nicht ihre Dimension.

Literatur

Bell, Anthony J., und Terrence J. Sejnowski. »Edges Are the ›Independent Components‹ of Natural Scenes.« *Advances in Neural Information Processing Systems* 9 (1996): 831–837.

Coates, Adam, Andrew Y. Ng und Honglak Lee. »An Analysis of Single-Layer Networks in Unsupervised Feature Learning.« *Proceedings of the 14th International conference on Artificial Intelligence and Statistics* (2011): 215–223.

Connor, Gregory. »The Three Types of Factor Models: A Comparison of Their Explanatory Power.« *Financial Analysts Journal* 51:3 (1995) 42–46.

Golub, Gene H., und Charles F. Van Loan. *Matrix Computations*. 4th ed. Baltimore, MD: Johns Hopkins University Press, 2012.

Krizhevsky, Alex. »Learning Multiple Layers of Features from Tiny Images.« MSc thesis, University of Toronto, 2009.

Lakhina, Anukool, Mark Crovella und Christophe Diot. »Diagnosing Network-wide Traffic Anomalies.« *Proceedings of the 2004 Conference on Applications, Technologies, Architectures, and Protocols for Computer Communications* (2004): 219–230.

Ranzato, Marc'Aurelio, Alex Krizhevsky und Geoffrey E. Hinton. »Factored 3-Way Restricted Boltzmann Machines for Modeling Natural Images.« *Proceedings of the 13th International Conference on Artificial Intelligence and Statistics* (2010): 621–628.

KAPITEL 7

Nichtlineare Merkmalsgewinnung mittels k-Means-Modellstapelung

Das Hauptkomponentenverfahren funktioniert sehr gut, wenn die Daten wie ein flacher Eierkuchen in einem linearen Unterraum liegen. Was ist aber, wenn sie eine kompliziertere Form bilden?[1] Eine Ebene (ein linearer Unterraum) kann zu einer *Mannigfaltigkeit* (einem nichtlinearen Unterraum) verallgemeinert werden, den man sich wiederum als eine Fläche vorstellen kann, die auf verschiedene Weise gestreckt und eingerollt wird.[2]

Wenn ein linearer Unterraum ein ebenes Blatt Papier ist, dann ist ein eingerolltes Blatt Papier ein einfaches Beispiel einer nichtlinearen Mannigfaltigkeit. Umgangssprachlich wird so etwas eine *Schweizer Rolle* genannt (siehe Abbildung 7-1). Eine eingerollte 2-D-Ebene nimmt einen dreidimensionalen Raum ein. Dennoch ist sie im Wesentlichen immer noch ein 2-D-Objekt. Mit anderen Worten: Sie hat eine niedrige intrinsische Dimension. Diesem Begriff sind wir bereits im Abschnitt »Die Grundidee« auf Seite 99 begegnet. Könnten wir die Schweizer Rolle irgendwie abwickeln, würden wir wieder die 2-D-Ebene bekommen. Das ist das Ziel der *nichtlinearen Dimensionsreduktion*, bei der man annimmt, dass die Mannigfaltigkeit einfacher ist als die von ihr beanspruchte Dimension, und versucht, sie glatt zu streichen.

1 Dieses Kapitel geht auf ein Gespräch mit Ted Dunning (*http://www.oreilly.com/pub/au/5873*) zurück, einem aktiven Apache-Entwickler und renommierten Autor. Das Beispiel für die Stapelung kam direkt von Ted, und er hat während des Schreibens viele hilfreiche Kommentare beigesteuert. Gäbe es Koautoren für einzelne Kapitel, dann wäre Ted der Koautor für dieses.

2 Wir verwenden in diesem Kapitel die Wörter »Fläche« und »Mannigfaltigkeit« als gleichbedeutend. Die Analogie funktioniert gut für zweidimensionale Mannigfaltigkeiten in einem dreidimensionalen Raum, scheitert aber jenseits von drei Dimensionen. Eine hochdimensionale Mannigfaltigkeit genügt unserer üblichen Vorstellung von einer »Fläche« nicht mehr. Einige der ausgefalleneren Mannigfaltigkeiten haben Löcher, und einige sind auf eine Weise in sich verwunden, die in der echten, physischen Welt nicht möglich wäre (beispielsweise M.C. Eschers unendlicher Wasserfall). Die meisten Datenmodelle eignen sich für eher angenehme Mannigfaltigkeiten, nicht für die verrückten.

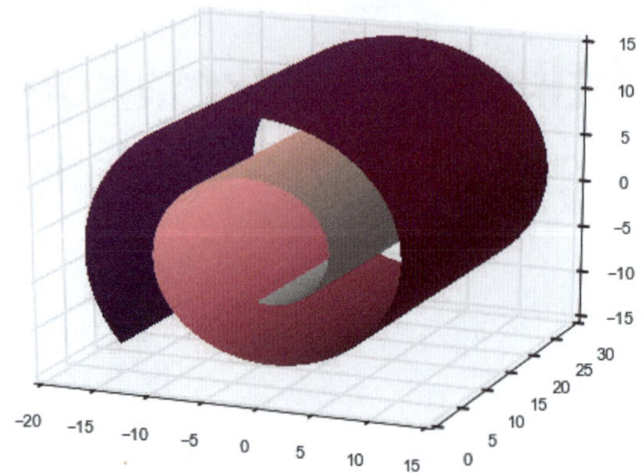

Abbildung 7-1: Die Schweizer Rolle, eine nichtlineare Mannigfaltigkeit

Die wichtigste Feststellung dabei ist folgende: Selbst wenn eine große Mannigfaltigkeit sehr kompliziert erscheint, kann die lokale Nachbarschaft jedes Punkts oft sehr gut durch ein Stück ebener Fläche angenähert werden. Anders ausgedrückt, kodieren die Flächenstücke die globale Struktur anhand der lokalen Struktur.[3] Die nichtlineare Dimensionsreduktion wird auch als *nichtlineare Einbettung* oder als *Mannigfaltigkeitslernen* bezeichnet. Nichtlineare Einbettungen sind hilfreich, um hochdimensionale Daten aggressiv zu niedrigdimensionalen Daten zu komprimieren. Sie werden gern zur Visualisierung in zwei oder drei Dimensionen verwendet.

Das Ziel der Merkmalskonstruktion besteht jedoch weniger darin, die Merkmalsdimension so klein wie möglich zu machen, als zu den *richtigen* Merkmalen für die jeweilige Aufgabe zu gelangen. In diesem Kapitel sind die richtigen Merkmale diejenigen, die die räumlichen Eigenschaften der Daten wiedergeben.

Clusteralgorithmen werden gewöhnlich nicht als Lernverfahren auf lokalen Strukturen dargestellt. Aber tatsächlich eignen sie sich genau dafür. Nahe beieinanderliegende Punkte (wobei »Nähe« durch eine zu wählende Metrik definiert wird) gehören zum selben Cluster. Für eine gegebene Clusteraufteilung kann ein Datenpunkt durch seinen Clusterzugehörigkeitsvektor dargestellt werden. Ist die Anzahl der Cluster kleiner als die ursprüngliche Anzahl von Merkmalen, besitzt die neue Darstellung weniger Dimensionen als das Original; die Ursprungsdaten werden in weniger Dimensionen komprimiert. Wir werden diesen Gedanken im vorliegenden Kapitel entwickeln.

3 Das ist eine bewährte Herangehensweise in der Mathematik. Die Ableitung einer Funktion misst beispielsweise die Änderungsgeschwindigkeit an jedem Punkt. Global mag die Funktion allerlei merkwürdige Sachen machen, aber lokal kann sie durch eine lineare Funktion der Ableitung angenähert werden. Kennen wir die Ableitung an jedem Punkt, können wir mittels Integralrechnung die gesamte ursprüngliche Funktion mehr oder weniger wiederherstellen.

Der Clusteransatz mag mehr Merkmale hervorbringen als nichtlineare Einbettungsverfahren, aber wenn wir Merkmalskonstruktion und nicht Visualisierung zum Ziel haben, ist das nicht schlimm.

Wir werden das Prinzip des Lernens an lokalen Strukturen mit einem verbreiteten Clusteralgorithmus veranschaulichen, der als *k*-Means bekannt ist. Er ist einfach zu verstehen und zu implementieren. Statt von nichtlinearer Reduktion von Mannigfaltigkeiten spricht man treffender davon, dass *k*-Means eine *Merkmalsgewinnung auf nichtlinearen Mannigfaltigkeiten* vornimmt. Richtig angewandt, kann es unser Repertoire von Verfahren zur Merkmalskonstruktion um ein mächtiges Werkzeug ergänzen.

Clustern mit k-Means

k-Means ist ein Clusteralgorithmus. Clusteralgorithmen gruppieren Daten anhand ihrer Anordnung im Raum. Sie sind insofern *unüberwacht*, als sie keinerlei Markierung benötigen – es ist die Aufgabe des Algorithmus, Clustermarkierungen allein anhand der Geometrie der Daten zu finden.

Ein Clusteralgorithmus benötigt eine *Metrik* – ein Maß für die Nähe zwischen Datenpunkten. Die gängigste Metrik ist der euklidische Abstand oder die euklidische Metrik. Sie stammt aus der euklidischen Geometrie und misst den geradlinigen Abstand zwischen zwei Punkten. Sie fühlt sich für uns sehr vertraut an, da sie genau den Abstandsbegriff beschreibt, den wir aus unserem alltäglichen Leben kennen.

Der euklidische Abstand zwischen zwei Vektoren x und y ist die ℓ^2-Norm von $x - y$ (siehe den Abschnitt »ℓ^2-Normierung« auf Seite 30 für eine weitere Besprechung der ℓ^2-Norm). In der Sprache der Mathematik wird sie gewöhnlich als $\|x - y\|_2$ oder einfach $\|x - y\|$ geschrieben.

Der *k*-Means-Algorithmus erzeugt eine feste Clusteraufteilung, jeder Datenpunkt ist also genau einem Cluster zugeordnet. Der Algorithmus lernt, die Clustermittelpunkte so anzuordnen, dass die Gesamtsumme der euklidischen Abstände zwischen jedem Datenpunkt und seinem Clustermittelpunkt minimal wird. Wenn Sie lieber Formeln statt Wörter lesen, sehen Sie hier die Zielfunktion:

$$\min_{C_1,\ldots,C_k,\mu_1,\ldots,\mu_k} \sum_{i=1}^{k} \sum_{x \in C_i} \| x - \mu_i \|_2$$

Jeder Cluster C_i enthält eine Untermenge von Datenpunkten. Der Mittelpunkt von Cluster i ist gleich dem Mittelwert aller Datenpunkte in diesem Cluster:

$$\mu_i = \sum_{x \in C_i} x / n_i$$

Dabei bezeichnet n_i die Anzahl der Datenpunkte in Cluster i.

Abbildung 7-2 zeigt den *k*-Means-Algorithmus anhand zweier unterschiedlicher, zufällig erzeugter Datensätze bei der Arbeit. Die Daten in (a) wurden aus gaußschen Zufallsverteilungen mit derselben Varianz, aber verschiedenen Mittelwerten erzeugt. Die Daten in (c) wurden gleichverteilt erzeugt. Diese künstlichen Aufgaben sind sehr einfach zu lösen, und *k*-Means leistet gute Arbeit. (Die Ergebnisse können dabei von der Clusteranzahl abhängen, die dem Algorithmus vorgegeben werden muss.)

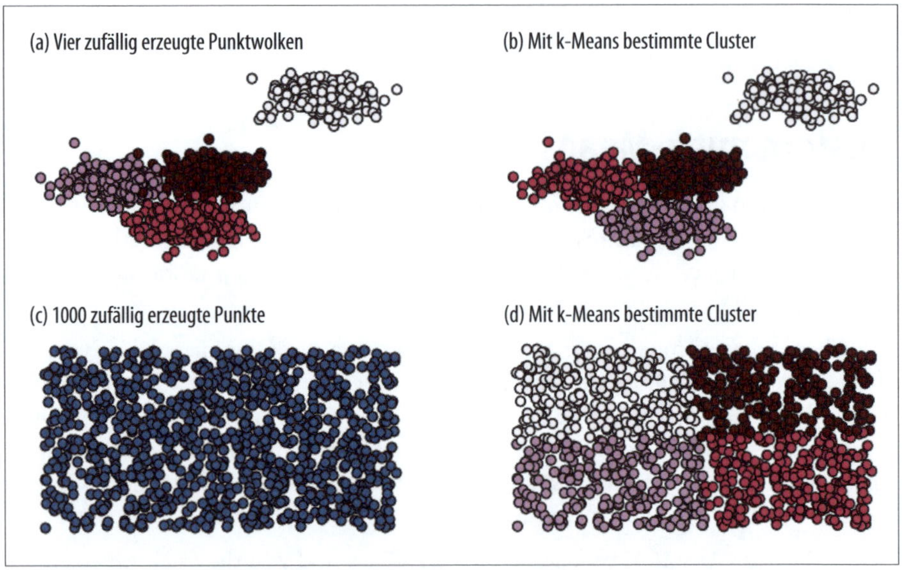

Abbildung 7-2: Beispiele für k-Means, die zeigen, wie der Clusteralgorithmus den Raum aufteilt

Den Code für dieses Beispiel finden Sie in Beispiel 7-1.

Beispiel 7-1: Code für die Beispiele für k-Means

```
>>> import numpy as np
>>> from sklearn.cluster import KMeans
>>> from sklearn.datasets import make_blobs

>>> import matplotlib.pyplot as plt

>>> n_data = 1000
>>> seed = 1
>>> n_clusters = 4

# Erzeuge zufällige gaußsche Datenwolken und wende k-Means an.
>>> blobs, blob_labels = make_blobs(n_samples=n_data, n_features=2,
...                                 centers=n_centers, random_state=seed)
>>> clusters_blob = KMeans(n_clusters=n_centers, random_state=seed).fit_predict(blobs)
```

```
# Erzeuge gleichverteilte Zufallsdaten und wende k-Means an.
>>> uniform = np.random.rand(n_data, 2)
>>> clusters_uniform = KMeans(n_clusters=n_clusters,
...                           random_state=seed).fit_predict(uniform)

# Aufrufe von Matplotlib zur Visualisierung der Ergebnisse.
>>> figure = plt.figure()
>>> plt.subplot(221)
>>> plt.scatter(blobs[:, 0], blobs[:, 1], c=blob_labels, cmap='gist_rainbow')
>>> plt.title("(a) Four randomly generated blobs", fontsize=14)
>>> plt.axis('off')

>>> plt.subplot(222)
>>> plt.scatter(blobs[:, 0], blobs[:, 1], c=clusters_blob, cmap='gist_rainbow')
>>> plt.title("(b) Clusters found via k-Means", fontsize=14)
>>> plt.axis('off')

>>> plt.subplot(223)
>>> plt.scatter(uniform[:, 0], uniform[:, 1])
>>> plt.title("(c) 1000 randomly generated points", fontsize=14)
>>> plt.axis('off')

>>> plt.subplot(224)
>>> plt.scatter(uniform[:, 0], uniform[:, 1], c=clusters_uniform, cmap='gist_rainbow')
>>> plt.title("(d) Clusters found via k-Means", fontsize=14)
>>> plt.axis('off')
```

Clustern als Flächenzerlegung

Übliche Clusteranwendungen setzen voraus, dass es natürliche Cluster gibt, die es zu finden gilt; das heißt, es gibt Gebiete, in denen die Daten dicht beieinanderliegen, die aber selbst über einen ansonsten leeren Raum verstreut sind. In solchen Fällen existiert eine korrekte Anzahl von Clustern, und es wurden Clusterindizes entwickelt, die die Qualität der Datengruppierung messen, um auf dieser Grundlage *k* zu wählen.

Sind die Daten jedoch eher gleichmäßig verteilt wie in Abbildung 7-2 (c), gibt es keine korrekte Clusteranzahl. In diesem Fall dient der Clusteralgorithmus der *Vektorquantisierung*, also der Aufteilung der Daten in eine endliche Anzahl von Teilmengen. Die Clusteranzahl kann so gewählt werden, dass die Abweichung bei Verwendung der quantisierten Vektoren anstelle der ursprünglichen noch hinnehmbar ist.

Visuell kann man sich diesen Einsatz des *k*-Means-Algorithmus so vorstellen, dass man die Datenfläche mit Kacheln abdeckt, wie in Abbildung 7-3 zu sehen. Dieses Ergebnis erhalten wir tatsächlich, wenn wir *k*-Means auf einen Datensatz in Form einer Schweizer Rolle anwenden.

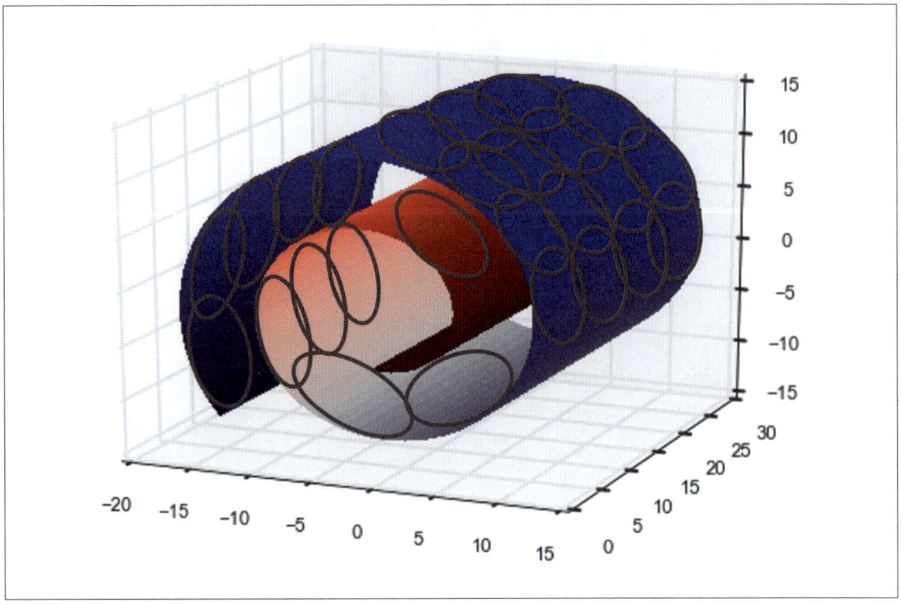

Abbildung 7-3: Konzeptionelle lokale Kacheln auf der Schweizer Rolle, wie sie ein Clusteralgorithmus erzeugt

Beispiel 7-2 verwendet scikit-learn, um einen verrauschten Datensatz auf der Schweizer Rolle zu erzeugen, mit *k*-Means zu clustern und das Ergebnis mit Matplotlib zu visualisieren. Die Datenpunkte werden entsprechend ihrer Cluster-IDs eingefärbt.

Beispiel 7-2: k-Means auf der Schweizer Rolle

```
>>> from mpl_toolkits.mplot3d import Axes3D
>>> from sklearn import manifold, datasets

# Erzeuge einen verrauschten Datensatz auf der Schweizer Rolle.
>>> X, color = datasets.samples_generator.make_swiss_roll(n_samples=1500)

# Nähere die Daten durch 100 k-Means-Cluster an.
>>> clusters_swiss_roll = KMeans(n_clusters=100, random_state=1).fit_predict(X)

# Stelle den Datensatz mit den IDs der k-Means-Cluster als Farbe dar.
>>> fig2 = plt.figure()
>>> ax = fig2.add_subplot(111, projection='3d')
>>> ax.scatter(X[:, 0], X[:, 1], X[:, 2], c=clusters_swiss_roll, cmap='Spectral')
```

In diesem Beispiel haben wir 1.500 Punkte zufällig auf der Fläche der Schweizer Rolle erzeugt und mit dem *k*-Means-Algorithmus durch 100 Cluster annähern lassen. Die Zahl 100 haben wir aus dem Hut gezaubert, da sie als eine ziemlich große Zahl erscheint, um einen ziemlich kleinen Raum abzudecken. Das Ergebnis (siehe Abbildung 7-4) sieht hübsch aus: Die Cluster sind tatsächlich sehr lokal, und verschiedene Abschnitte der Mannigfaltigkeit werden auf verschiedene Cluster abgebildet. Großartig! Aber sind wir schon fertig?

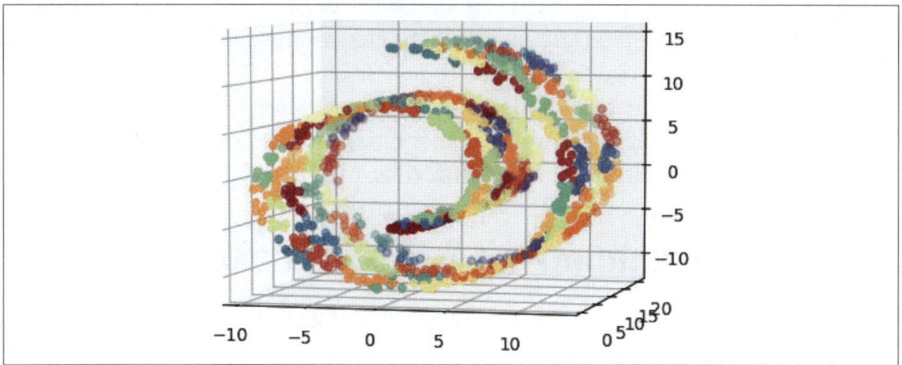

Abbildung 7-4: Annäherung eines Datensatzes auf der Schweizer Rolle durch k-Means mit 100 Clustern

Das Problem ist, dass die Ergebnisse für ein zu klein gewähltes *k* aus dem Blickwinkel des Mannigfaltigkeitslernens gar nicht so hübsch sind. Abbildung 7-5 zeigt die Ausgabe des *k*-Means-Algorithmus auf der Schweizer Rolle mit 10 Clustern. Offensichtlich werden Daten aus völlig unterschiedlichen Abschnitten der Mannigfaltigkeit auf dieselben Cluster abgebildet (beispielsweise die gelben, violetten, grünen und purpurnen Cluster – sehen Sie, wir haben Ihnen doch gesagt, dass Sie die Abbildungen am besten in Farbe anschauen sollten!).

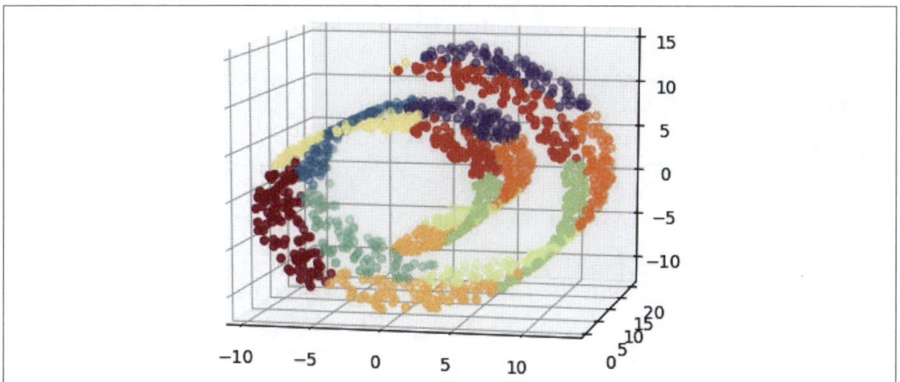

Abbildung 7-5: k-Means auf der Schweizer Rolle mit 10 Clustern

Wenn die Daten gleichförmig über den ganzen Raum verteilt sind, lässt sich die Wahl des richtigen *k* auf ein Kugelpackungsproblem zurückführen. In *d* Dimensionen kann man annähernd $1/r^d$ Kugeln vom Radius *r* unterbringen. Jeder *k*-Means-Cluster ist eine Kugel, und der Radius ist die maximale Abweichung, die sich ergibt, wenn man die Punkte in der Kugel durch den jeweiligen Schwerpunkt ersetzt. Sind wir also bereit, einen maximalen Näherungsfehler *r* pro Datenpunkt hinzunehmen, beträgt die Clusteranzahl $O(1/r^d)$, wobei d die Dimension des ursprünglichen Merkmalsraums der Daten ist.

Die gleichförmige Verteilung ist das schlimmste denkbare Szenario für den *k*-Means-Algorithmus. Ist die Datendichte nicht gleichförmig, schaffen wir es, mehr Daten durch weniger Cluster darzustellen. Im Allgemeinen ist es schwer zu sagen, wie Daten in einem hochdimensionalen Raum verteilt sind. Man kann konservativ herangehen und ein größeres *k* wählen, aber es darf auch nicht zu groß sein, da *k* die Anzahl der Merkmale im nächsten Modellierungsschritt werden wird.

Merkmalsgewinnung mit k-Means zur Klassifikation

Wird *k*-Means als Verfahren zur Merkmalsgewinnung verwendet, kann ein Datenpunkt durch seine Clusterzugehörigkeit dargestellt werden (eine dünn besetzte One-Hot-Kodierung der Clusterzugehörigkeit als kategorialer Variablen; siehe den Abschnitt »Die One-Hot-Kodierung« auf Seite 78), was wir nun vorführen wollen.

Ist zudem eine Zielvariable vorhanden, haben wir die Wahl, diese Information als Hinweis für das Clustern zu verwenden. Eine Möglichkeit besteht darin, die Zielvariable einfach als zusätzliches Eingabemerkmal für den *k*-Means-Algorithmus hinzuzunehmen. Da das Ziel lautet, die Summe der euklidischen Abstände über alle Eingabedimensionen zu minimieren, wird der Clustervorgang versuchen, die Ähnlichkeit im Zielwert und im ursprünglichen Merkmalsraum auszubalancieren. Die Zielwerte können skaliert werden, sodass sie den Clusteralgorithmus mehr oder weniger stark beeinflussen. Größere Unterschiede im Zielwert führen zu Clustern, die mehr Wert auf die Klassifikationsgrenzen legen.

Merkmalsgewinnung mit k-Means

Clusteralgorithmen analysieren die räumliche Verteilung von Daten. Dazu wird bei der Merkmalsgewinnung mit *k*-Means ein komprimierter räumlicher Index der Daten angelegt, der im nächsten Schritt in das Modell eingegeben werden kann. Wir haben es dabei mit einem Beispiel der *Stapelung von Modellen* zu tun.

Beispiel 7-3 zeigt einen einfachen *k*-Means-Merkmalserzeuger. Er ist als Klassenobjekt definiert, das an Anlerndaten angepasst werden und dann beliebige neue Daten transformieren kann.

Beispiel 7-3: k-Means-Merkmalserzeuger

```
>>> import numpy as np
>>> from sklearn.cluster import KMeans

>>> class KMeansFeaturizer:
...     """Transformiert numerische Daten in Zugehörigkeiten zu k-Means-Clustern.
...
...     Dieser Transformator wendet k-Means auf die Eingangsdaten an und wandelt
...     jeden Datenpunkt in die ID des nächstgelegenen Clusters um. Ist eine
```

```
...     Zielvariable vorhanden, wird sie skaliert und als Eingabe für k-Means
...     verwendet, um Cluster zu bestimmen, die sowohl die Klassifikationsgrenze
...     beachten als auch ähnliche Punkte zusammengruppieren.
...     """
...
...     def __init__(self, k=100, target_scale=5.0, random_state=None):
...         self.k = k
...         self.target_scale = target_scale
...         self.random_state = random_state
...
...     def fit(self, X, y=None):
...         """Wendet k-Means auf die Eingangsdaten and und bestimmt Schwerpunkte.
...         """
...         if y is None:
...             # No target variable, just do plain k-Means
...             km_model = KMeans(n_clusters=self.k,
...                               n_init=20,
...                               random_state=self.random_state)
...             km_model.fit(X)
...
...             self.km_model_ = km_model
...             self.cluster_centers_ = km_model.cluster_centers_
...             return self
...
...         # Wir haben Zielinformation. Skaliere passend und verwende sie als
...         # Eingabedaten für k-Means.
...         data_with_target = np.hstack((X, y[:,np.newaxis]*self.target_scale))
...
...         # Erstelle ein Vorab-k-Means-Modell auf Daten und Zielwert.
...         km_model_pretrain = KMeans(n_clusters=self.k,
...                                    n_init=20,
...                                    random_state=self.random_state)
...         km_model_pretrain.fit(data_with_target)
...
...         # Wende k-Means ein zweites Mal an, um die Cluster im ursprünglichen
...         # Raum ohne Zielinformation zu erhalten. Initialisiere mit den
...         # Schwerpunkten aus dem Vorabmodell. Führe eine einzelne Iteration der
...         # Clusterzuordnung und eine Neuberechnung der Schwerpunkte aus.
...         km_model = KMeans(n_clusters=self.k,
...                           init=km_model_pretrain.cluster_centers_[:,:2],
...                           n_init=1,
...                           max_iter=1)
...         km_model.fit(X)
...
...         self.km_model = km_model
...         self.cluster_centers_ = km_model.cluster_centers_
...         return self
...
...     def transform(self, X, y=None):
...         """Gibt die nächstgelegene Cluster-Id für jeden Eingabedatenpunkt aus.
...         """
...
```

```
...         clusters = self.km_model.predict(X)
...         return clusters[:,np.newaxis]
...
...     def fit_transform(self, X, y=None):
...         self.fit(X, y)
...         return self.transform(X, y)
```

Um zu verdeutlichen, welchen Unterschied die Verwendung von Zielinformationen beim Clustern in Beispiel 7-4 ausmacht, wenden wir den Merkmalserzeuger auf einen künstlichen Datensatz an, den wir mit der Funktion `make_moons` aus scikit-learn (*http://scikit-learn.org/stable/modules/generated/sklearn.datasets.make_moons.html*) erstellt haben, und zeichnen das Voronoi-Diagramm der Clustergrenzen.

Beispiel 7-4: Merkmalsgewinnung mit k-Means mit und ohne Zielhinweise

```
>>> from scipy.spatial import Voronoi, voronoi_plot_2d
>>> from sklearn.datasets import make_moons

>>> training_data, training_labels = make_moons(n_samples=2000, noise=0.2)
>>> kmf_hint = KMeansFeaturizer(k=100, target_scale=10).fit(training_data,
...                                                         training_labels)
>>> kmf_no_hint = KMeansFeaturizer(k=100, target_scale=0).fit(training_data,
...                                                           training_labels)

>>> def kmeans_voronoi_plot(X, y, cluster_centers, ax):
...     """Zeichnet das Voronoi-Diagramm der k-Means-Cluster
...     einschließlich der Daten"""
...     ax.scatter(X[:, 0], X[:, 1], c=y, cmap='Set1', alpha=0.2)
...     vor = Voronoi(cluster_centers)
...     voronoi_plot_2d(vor, ax=ax, show_vertices=False, alpha=0.5)
```

Abbildung 7-6 zeigt die Ergebnisse im Vergleich. Die zwei Mondsicheln des Datensatzes wurden anhand ihrer Klassenmarkierungen eingefärbt. Das untere Bild zeigt die Cluster, die ohne Zielinformation angelernt wurden; einige Cluster überbrücken den Leerraum zwischen den zwei Klassen. Das obere Bild zeigt, dass sich die Clustergrenzen viel eher an den Klassengrenzen orientieren, wenn der Clusteralgorithmus Zielinformationen übergeben bekommt.

Prüfen wir nun die Wirksamkeit von *k*-Means-Merkmalen bei der Klassifikation. Beispiel 7-5 wendet eine logistische Regression auf eine Kombination aus Eingangsdaten und *k*-Means-Clustermerkmalen an. Es vergleicht die Ergebnisse mit denen anderer Klassifikatoren: einer Supportvektormaschine mit einem radialen Basisfunktionskern (RBF SVM), eines *k*-nächste-Nachbarn-Algorithmus (*k*NN), eines *Random Forest* (RF) und eines gradientenverstärkten Baums (GBT, engl. *Gradient Boosting Tree*). RF und GBT sind verbreitete nichtlineare Klassifikatoren auf der Höhe der aktuellen Forschung. RBF SVM ist ein brauchbarer nichtlinearer Klassifikator für den euklidischen Raum. *k*NN klassifiziert Daten nach dem Mittelwert ihrer *k* nächsten Nachbarn.

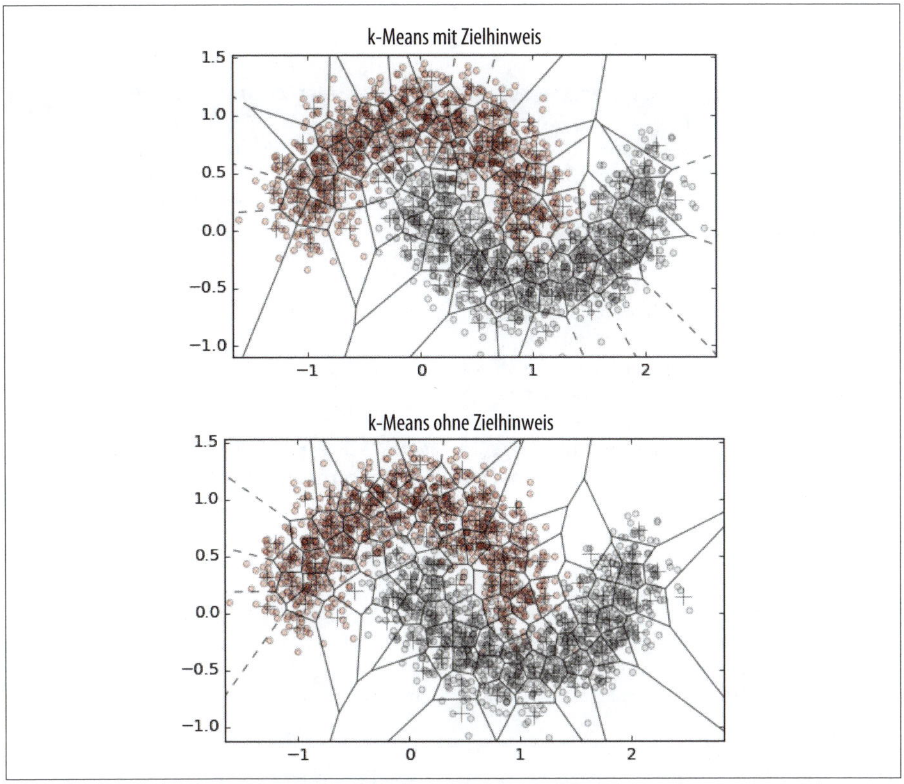

Abbildung 7-6: k-Means-Cluster mit (oben) und ohne (unten) Verwendung von Informationen über die Zielklasse

Die Eingabedaten für die Klassifikatoren bestehen im Standardfall aus den 2-D-Koordinaten jedes Datenpunkts. Der logistischen Regression werden ebenfalls die Clusterzugehörigkeiten (in Abbildung 7-7 mit »LR mit *k*-Means« bezeichnet) als Merkmale übergeben. Zum Vergleich probieren wir auch die logistische Regression auf den 2-D-Koordinaten allein (mit »LR« bezeichnet).

Beispiel 7-5: Klassifikation mit k-Means-Clustermerkmalen

```
>>> from sklearn.linear_model import LogisticRegression
>>> from sklearn.svm import SVC
>>> from sklearn.neighbors import KNeighborsClassifier
>>> from sklearn.ensemble import RandomForestClassifier, GradientBoostingClassifier

### Erzeuge einige Testdaten aus derselben Verteilung wie die Anlerndaten.
>>> test_data, test_labels = make_moons(n_samples=2000, noise=0.3)

### Verwende den k-Means-Merkmalserzeuger, um Clustermerkmale zu erstellen.
>>> training_cluster_features = kmf_hint.transform(training_data)
>>> test_cluster_features = kmf_hint.transform(test_data)
```

```
### Bilde neue Eingangsmerkmale aus den Clustermerkmalen.
>>> training_with_cluster = scipy.sparse.hstack((training_data,
...                                              training_cluster_features))
>>> test_with_cluster = scipy.sparse.hstack((test_data, test_cluster_features))

### Erstelle die Klassifikatoren.
>>> lr_cluster = LogisticRegression(random_state=seed).fit(training_with_cluster,
...                                                        training_labels)
>>> classifier_names = ['LR',
...                     'kNN',
...                     'RBF SVM',
...                     'Random Forest',
...                     'Boosted Trees']
>>> classifiers = [LogisticRegression(random_state=seed),
...                KNeighborsClassifier(5),
...                SVC(gamma=2, C=1),
...                RandomForestClassifier(max_depth=5, n_estimators=10, max_features=1),
...                GradientBoostingClassifier(n_estimators=10, learning_rate=1.0,
...                                           max_depth=5)]
>>> for model in classifiers:
...     model.fit(training_data, training_labels)

### Hilfsfunktion, um die Leistung der Klassifikatoren mittels ROC zu bewerten.
>>> def test_roc(model, data, labels):
...     if hasattr(model, "decision_function"):
...         predictions = model.decision_function(data)
...     else:
...         predictions = model.predict_proba(data)[:,1]
...     fpr, tpr, _ = sklearn.metrics.roc_curve(labels, predictions)
...     return fpr, tpr

### Zeichne die Ergebnisse.
>>> import matplotlib.pyplot as plt
>>> plt.figure()
>>> fpr_cluster, tpr_cluster = test_roc(lr_cluster, test_with_cluster, test_labels)
>>> plt.plot(fpr_cluster, tpr_cluster, 'r-', label='LR with k-Means')

>>> for i, model in enumerate(classifiers):
...     fpr, tpr = test_roc(model, test_data, test_labels)
...     plt.plot(fpr, tpr, label=classifier_names[i])

>>> plt.plot([0, 1], [0, 1], 'k--')
>>> plt.legend()
```

Abbildung 7-7 zeigt die Grenzwertoptimierungskurve (ROC, engl. *Receiver Operating Characteristic*) für jeden der Klassifikatoren auf dem Testdatensatz. Eine Grenzwertoptimierungskurve stellt das Verhältnis zwischen echten und falschen Treffern dar, wenn wir die Entscheidungsgrenze der Klassifikation verändern (siehe Zheng [2015] für weitere Einzelheiten). Ein guter Klassifikator sollte schnell eine hohe Rate von echten Treffern und eine geringe Rate von falschen erreichen; es sind also solche Kurven gut, die steil zur linken oberen Ecke hin ansteigen.

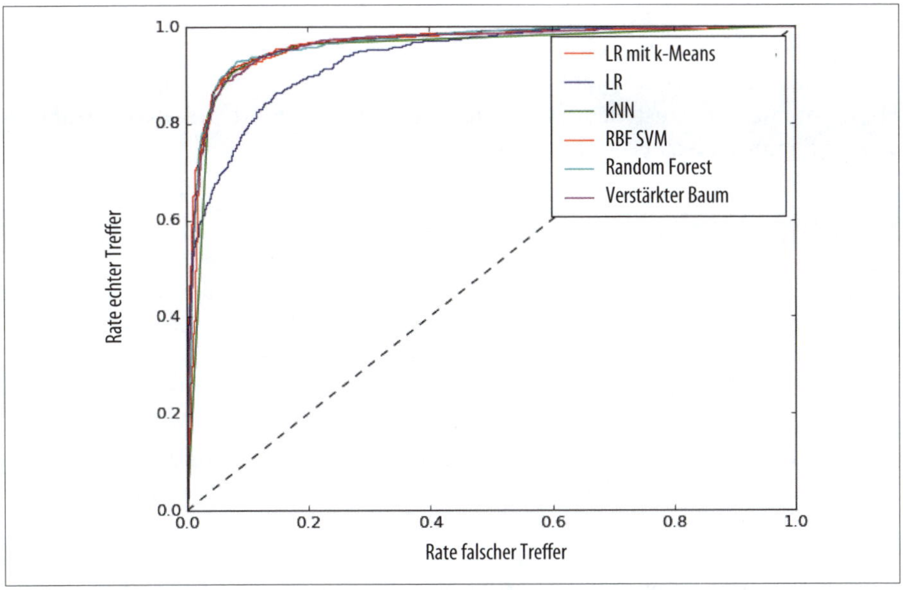

Abbildung 7-7: Grenzwertoptimierungskurven für k-Means mit logistischer Regression im Vergleich mit nichtlinearen Klassifikatoren und einfacher logistischer Regression auf dem künstlichen Datensatz mit zwei Mondsicheln

Unser Diagramm zeigt, dass die logistische Regression mit Clustermerkmalen viel bessere Ergebnisse liefert als ohne. In der Tat funktioniert der lineare Klassifikator unter Verwendung von Clustermerkmalen genauso gut wie nichtlineare Klassifikatoren. Eine kleine Einschränkung besteht darin, dass wir in diesem einfachen Beispiel bei keinem der Modelle die Hyperparameter eingestellt haben. Vollständig abgestimmte Modelle mögen noch einmal bessere Ergebnisse erreichen, aber auch so sehen wir, dass die logistische Regression mit *k*-Means an nichtlineare Klassifikatoren heranreichen kann. Das ist ein schönes Ergebnis, weil lineare Klassifikatoren viel billiger anzulernen sind als nichtlineare. Ein geringerer Rechenaufwand erlaubt es uns, innerhalb derselben Zeit mehr Modelle mit unterschiedlichen Merkmalen auszuprobieren, was die Chance erhöht, ein viel besseres Modell zu finden.

Die Alternative: Merkmalsgewinnung aus dicht besetzten Daten

Anstelle der One-Hot-Clusterzugehörigkeit kann ein Datenpunkt auch durch einen dicht besetzten Vektor seiner inversen Abstände zu jedem der Clustermittelpunkte dargestellt werden. So bleibt mehr Information als nur eine einfache binäre Clusterzuordnung erhalten, aber die Darstellung ist nun dicht besetzt. Wir müssen also abwägen: Die One-Hot-Clusterzugehörigkeit führt zu einer sehr leichtgewichtigen, dünn besetzten Darstellung, aber man benötigt möglicherweise ein größeres *k*, um Daten mit komplexer Gestalt darzustellen. Die Darstellung durch die inversen Abstände ist dicht besetzt, was den Modellierungsschritt teurer machen kann, aber man kommt vielleicht mit einem kleineren k aus. Ein Kompromiss zwischen dünner und dichter Besetzung besteht darin, die inversen Abstände nur für die p nächstgelegenen Cluster vorzuhalten. Dann hat man mit p aber einen zusätzlichen Hyperparameter einzustellen. (Verstehen Sie nun, warum Merkmalskonstruktion so eine Fummelei ist?) Es gibt eben nichts umsonst.

Vorteile, Nachteile und Stolperfallen

Mit dem k-Means-Algorithmus aus räumlichen Daten Merkmale zu erzeugen, ist ein Beispiel für das *Stapeln von Modellen*, wobei die Ausgabe eines Modells als Eingabe eines anderen verwendet wird. Ein anderes Beispiel dafür ist die Verwendung der Ausgabe eines Entscheidungsbaummodells (Random Forest oder gradientenverstärkter Baum) als Eingabe für einen linearen Klassifikator. Die Technik der Stapelung hat sich in den letzten Jahren zunehmend verbreitet. Nichtlineare Klassifikatoren sind aufwendig anzulernen und zu pflegen. Die Grundidee des Stapelns lautet, die Nichtlinearitäten in die Merkmale zu verschieben und ein sehr einfaches, üblicherweise lineares Modell als letzte Schicht zu verwenden. Der Merkmalserzeuger kann vorab angelernt werden, sodass man teure Modelle verwenden kann, die zwar mehr Rechenleistung oder Speicher brauchen, aber nützliche Merkmale erzeugen. Das einfache Modell als oberste Schicht lässt sich zur Laufzeit schnell an veränderliche Datenverteilungen anpassen. Das ist ein großartiger Kompromiss zwischen Genauigkeit und Schnelligkeit, und diese Strategie wird oft bei Anwendungen wie der gezielten Werbung eingesetzt, die eine schnelle Anpassung an veränderliche Datenverteilungen erfordern.

Die Grundidee der Modellstapelung

Man verwende ausgefeilte Schichten (häufig mit teuren Modellen) als Grundlage, um gute (oft nichtlineare) Merkmale zu erzeugen, und kombiniere sie mit einem einfachen und schnellen Modell als oberster Schicht. So trifft man oftmals die richtige Abwägung zwischen Modellgenauigkeit und Geschwindigkeit.

Im Vergleich mit einem nichtlinearen Klassifikator ist ein Stapel aus dem k-Means-Algorithmus und der logistischen Regression billiger anzulernen und zu speichern. Tabelle 7-1 stellt für eine Reihe von Machine-Learning-Modellen die Komplexität von Anlernen und Vorhersage hinsichtlich Rechenaufwand und Speicherbedarf gegenüber. n bezeichnet die Anzahl der Datenpunkte, d die Anzahl der (ursprünglichen) Merkmale.

Tabelle 7-1: Komplexität von Machine-Learning-Modellen

Modell	Zeitaufwand	Speicherbedarf
k-Means, anlernen	$O(nkd)$[1]	$O(kd)$
k-Means, vorhersagen	$O(kd)$	$O(kd)$

Tabelle 7-1: Komplexität von Machine-Learning-Modellen (Fortsetzung)

Modell	Zeitaufwand	Speicherbedarf
LR + Clustermerkmale, anlernen	$O(n(d+k))$	$O(d+k)$
LR + Clustermerkmale, vorhersagen	$O(d+k)$	$O(d+k)$
RBF SVM, anlernen	$O(n^2d)$	$O(n^2)$
RBF SVM, vorhersagen	$O(sd)$	$O(sd)$
GBT, anlernen	$O(nd2^mt)$	$O(nd + 2^mt)$
GBT, vorhersagen	$O(2^mt)$	$O(2^mt)$
*k*NN, anlernen	$O(1)$	$O(nd)$
*k*NN, vorhersagen	$O(nd + k \log n)$	$O(nd)$

1 *k*-Means mit Datenströmen benötigt eine Zeit von $O(nd\,(\log k + \log \log n))$, was für große *k* viel schneller ist als $O(nkd)$.

Für den *k*-Means-Algorithmus ist die Anlerndauer $O(nkd)$, da jede Iteration die Berechnung des *d*-dimensionalen Abstands zwischen jedem Datenpunkt und jedem Schwerpunkt (*k*) umfasst. Wir nehmen optimistisch an, dass die Anzahl der Iterationen keine Funktion von *n* ist, obwohl das nicht in allen Fällen zutreffen mag. Für die Vorhersage muss der Abstand zwischen dem neuen Datenpunkt und jedem der *k* Schwerpunkte berechnet werden, was mit $O(kd)$ geht. Der Bedarf an Speicherplatz geht mit $O(kd)$, er rührt von den Koordinaten der *k* Schwerpunkte her.

Anlernen und Vorhersage mit logistischer Regression sind in Bezug auf die Anzahl sowohl der Datenpunkte als auch der Merkmalsdimensionen linear. Bei RBF SVM ist das Anlernen teuer, weil dazu die Kernmatrix für jedes Paar von Eingangsdaten berechnet werden muss. Die Vorhersage mit RBF SVM ist billiger als das Anlernen; sie ist linear in der Anzahl *s* der Supportvektoren und der Merkmalsdimension *d*. Anlernen und Vorhersage bei GBT sind linear in der Größe der Daten und des Modells (*t* Bäume, jeder mit höchstens 2^m Blättern, wobei *m* die maximale Baumtiefe ist). Eine naive Implementierung von *k*NN braucht überhaupt keine Anlernzeit, da die Anlerndaten im Wesentlichen bereits das Modell darstellen. Der Preis muss zur Vorhersagezeit gezahlt werden, wenn die Eingabe mit jedem der ursprünglichen Anlernpunkte verrechnet und teilweise sortiert werden muss, um die *k* nächsten Nachbarn zu bestimmen.

Alles in allem ist *k*-Means mit logistischer Regression die einzige Kombination, die beim Anlernen und der Vorhersage linear (bezüglich der Größe der Anlerndaten, $O(nd)$, und der Modellgröße, $O(kd)$) ist. Die Komplexität ähnelt am ehesten der von GBT, dessen Kosten linear in der Anzahl der Datenpunkte, der Merkmalsdimension und der Modellgröße ($O(2^mt)$) sind. Es ist schwer zu sagen, ob *k*-Means mit logistischer Regression oder GBT zu einem kleineren Modell führen würde – das hängt von den räumlichen Eigenschaften der Daten ab.

Die Gefahr von Datenlecks

Wer sich an unsere Warnung vor Datenlecks erinnert (siehe den Abschnitt »Schutz vor Datenlecks« auf Seite 93), wird sich sicher fragen, ob die Verwendung der Zielvariablen bei der Merkmalsgewinnung mit *k*-Means zu einem solchen Problem führen mag. Die Antwort lautet Ja, aber nicht so sehr wie im Fall der Klassenzählung. Wenn wir ein und denselben Datensatz zum Erlernen der Cluster und zur Erstellung des Klassifikationsmodells verwenden, wird Information über die Zielvariable in die Eingangsvariablen gelangen. Dadurch werden Bewertungen der Genauigkeit *auf den Anlerndaten* wahrscheinlich übermäßig optimistisch ausfallen, aber diese Fehleinschätzung wird nicht auftreten, wenn man bisher unverbrauchte Validierungsdaten oder einen Testdatensatz zugrunde legt. Darüber hinaus ist das Leck auch nicht so schlimm wie im Fall der Klassenzählung (siehe den Abschnitt »Klassenzählung« auf Seite 87), da die verlustbehaftete Kompression des Clusteralgorithmus einen Teil der betreffenden Information bereits wegabstrahiert hat. Um einem Leck besonders gründlich vorzubeugen, sollte man ähnlich wie bei der Klassenzählung einen getrennten Datensatz für die Bestimmung der Cluster vorhalten.

Merkmalsgewinnung mit dem *k*-Means-Algorithmus ist nützlich für reellwertige beschränkte numerische Merkmale, die Klumpen von dicht besetzten Gebieten im Raum bilden. Die Klumpen können jede beliebige Form besitzen, da wir einfach die Clusteranzahl erhöhen können, um sie anzunähern. (Anders als beim klassischen Clustern geht es uns nicht darum, die »wahre« Anzahl von Clustern zu finden; wir müssen sie lediglich alle abdecken.)

Der *k*-Means-Algorithmus kann nicht mit solchen Merkmalsräumen umgehen, in denen der euklidische Abstand keinen Sinn ergibt – etwa merkwürdig verteilte numerische Variablen oder kategoriale Variablen. Befinden sich solche Variablen unter den Merkmalen, kann man auf verschiedene Weise vorgehen:

1. Die *k*-Means-Merkmalsgewinnung nur auf die reellwertigen beschränkten numerischen Merkmale anwenden.
2. Eine eigene Metrik definieren, die mehrere Datentypen handhaben kann, und die *k*-Medoids-Algorithmen anwenden. (*k*-Medoids arbeitet analog zu *k*-Means, erlaubt aber beliebige Abstandsmetriken.)
3. Kategoriale Variablen in eine Klassenstatistik umwandeln (siehe den Abschnitt »Klassenzählung« auf Seite 87) und dann daraus mit *k*-Means Merkmale erzeugen.

In Kombination mit Techniken für den Umgang mit kategorialen Variablen und Zeitreihen kann die Merkmalsgewinnung mit *k*-Means an solche reichhaltigen Daten angepasst werden, wie sie häufig beim Kundenmarketing und der Umsatzanalyse vorkommen. Die entstehenden Cluster kann man als Nutzersegmente verstehen, die wiederum sehr nützliche Merkmale im nächsten Modellierungsschritt sind.

Zusammenfassung

Dieses Kapitel veranschaulicht das Konzept der Stapelung von Modellen anhand eines etwas unkonventionellen Ansatzes: der Kombination aus einem überwachten *k*-Means-Algorithmus mit einem einfachen linearen Klassifikator. *k*-Means wird gewöhnlich als unüberwachtes Modellierungsverfahren verwendet, um dichte Cluster von Datenpunkten im Merkmalsraum zu finden. Hier wird jedoch optional die Klassenmarkierung an *k*-Means übergeben. Das hilft dabei, Cluster zu finden, die sich mehr an den Grenzen zwischen Klassen ausrichten.

Deep-Learning-Verfahren, die wir im nächsten Kapitel besprechen werden, treiben die Modellstapelung noch weiter, indem sie neuronale Netze aufeinanderschichten. Zwei Gewinner des Wettbewerbs »ImageNet Large Scale Visual Recognition Challenge« verwendeten 13 bzw. 22 Schichten neuronaler Netze. Sie nutzten die große Menge leicht verfügbarer unmarkierter Bilder zum Anlernen und suchten Kombinationen von Pixeln, die zu guten Bildmerkmalen führten. Während das Verfahren aus diesem Kapitel den *k*-Means-Merkmalserzeuger getrennt vom linearen Klassifikator anlernt, ist es aber auch möglich, beide zugleich zu optimieren. Wir werden sehen, dass Letzteres beim Deep Learning der Fall ist.

Literatur

Dunning, Ted. Der Mann ist eine wandelnde Enzyklopädie der Datenanalyse. Er spricht häufig auf Branchenveranstaltungen und mag Bier und nette Menschen. Geben Sie ihm ein Bier aus und sprechen Sie mit ihm. Sie werden es nicht bereuen.

Zheng, Alice. *Evaluating Machine Learning Models* (*http://www.oreilly.com/data/free/evaluating-machine-learning-models.csp*). Sebastopol, CA: O'Reilly Media, 2015.

KAPITEL 8

Automatisierte Merkmalsgewinnung: Bildmerkmale und Deep Learning

Sehen und Hören sind dem Menschen angeborene Sinneswahrnehmungen. Unsere Gehirne entwickeln sehr früh die Fähigkeit, visuelle und akustische Signale zu verarbeiten, wobei manche Systeme sogar schon vor der Geburt auf Reize reagieren können (Eliot, 2000). Sprachfähigkeiten müssen dagegen erlernt werden. Sie brauchen Monate, um sich zu entwickeln, und Jahre, bis wir sie beherrschen. Vielen Menschen erscheint die Entwicklung ihrer Seh- und Hörfähigkeiten selbstverständlich, aber wir alle mussten unsere Gehirne gezielt darauf trainieren, Sprache zu verstehen und zu benutzen.

Interessanterweise ist es beim maschinellen Lernen gerade umgekehrt. Wir sind mit Anwendungen der Textanalyse viel weiter vorangekommen als mit Bild oder Ton. Nehmen wir zum Beispiel das Problem der Suche. Wir können schon seit Jahren relativ erfolgreich Informationen auffinden und nach Text suchen, wohingegen an der Bild- und Tonsuche noch gearbeitet wird (obwohl der Durchbruch bei Deep-Learning-Modellen der letzten fünf Jahre vielleicht endlich die lang ersehnte Revolution bei der Bild- und Sprachanalyse einläutet.)

Dass wir damit nur behäbig vorankommen, hat unmittelbar damit zu tun, wie schwer die Gewinnung sinnvoller Merkmale aus diesen Arten von Daten ist. Machine-Learning-Modelle brauchen semantisch sinnvolle Merkmale, um semantisch sinnvolle Vorhersagen zu treffen. Bei der Textanalyse, insbesondere für Sprachen wie Englisch, in denen eine Grundeinheit der semantischen Bedeutung (ein Wort) leicht bestimmt werden kann, kommt man damit schnell vorwärts. Bild- und Tonaufzeichnungen werden dagegen als digitale Pixel oder Wellenformen aufgezeichnet. Ein einzelnes »Atom« eines Bilds ist ein Pixel, bei Audiodaten ein einzelner Intensitätsmesswert der Wellenform. Diese enthalten viel weniger semantische Informationen als ein Atom – ein Wort – eines Texts. Deshalb ist die Merkmalsgewinnung und -konstruktion aus Bild und Ton eine viel größere Herausforderung als bei Text.

In den letzten 20 Jahren hat sich die Forschung zum computergesteuerten Sehen auf manuell erstellte Pipelines zur Gewinnung guter Bildmerkmale konzentriert. Eine

Weile lang waren Algorithmen zur Bildmerkmalsgewinnung wie SIFT und HOG (die in den folgenden Abschnitten beschrieben werden) der Standard. Neuere Forschung zum Deep Learning hat das Anwendungsgebiet traditioneller Machine-Learning-Modelle erweitert, indem nun eine automatische Merkmalsgewinnung in die grundlegenden Schichten eingebaut werden kann. Im Wesentlichen werden manuell definierte Algorithmen zur Bildmerkmalsgewinnung durch manuell definierte Modelle ersetzt, die Merkmale automatisch erlernen und auslesen. Handarbeit kommt immer noch vor, aber tiefer in den abstrakten Innereien der Modellierung.

In diesem Kapitel werden wir mit den am weitesten verbreiteten Algorithmen zur Merkmalsgewinnung beginnen und dann in die komplizierteste Modellierungsmaschinerie eintauchen, der wir in diesem Buch begegnen werden: das Erlernen von Merkmalen durch Deep Learning.

Die einfachsten Bildmerkmale (und der Grund, warum sie nicht funktionieren)

Welches sind die *richtigen* Merkmale, die man aus einem Bild gewinnen kann? Die Antwort hängt natürlich davon ab, was wir mit diesen Merkmalen vorhaben. Sagen wir, unsere Aufgabe sei die Bildersuche: Wir bekommen ein Bild vorgegeben und sollen in einer Bilddatenbank ähnliche Bilder finden. Wir müssen uns überlegen, wie wir Bilder speichern und Unterschiede zwischen ihnen messen wollen. Können wir uns einfach die Anteile unterschiedlicher Farben in einem Bild ansehen? Abbildung 8-1 zeigt zwei Bilder, die etwa das gleiche Farbprofil besitzen, aber sehr unterschiedlichen Inhalt haben: Eines sieht aus wie eine weiße Wolke an einem blauen Himmel, und das andere ist die griechische Flagge. Die Farbinformation reicht also eher nicht aus, um ein Bild zu beschreiben.

Abbildung 8-1: Bilder mit Blau und Weiß – gleiches Farbprofil, sehr unterschiedlicher Inhalt

Eine weitere einfache Idee wäre es, die Unterschiede mithilfe der Pixelwerte der Bilder zu messen. Zunächst bringen wir die Bilder auf gleiche Breite und Höhe. Jedes Bild wird als Matrix von Pixelwerten dargestellt. Die Matrix kann als ein langer

Vektor aneinandergereiht werden, entweder zeilen- oder spaltenweise. Die Farbe jedes Pixels (beispielsweise die RGB-Kodierung der Farbe) ist nun ein Merkmal des Bilds. Schließlich messen wir den euklidischen Abstand zwischen den langen Pixelvektoren. Durch ihn könnten wir ganz sicher die griechische Flagge und die weißen Wolken auseinanderhalten, aber als Ähnlichkeitsmaß ist er zu streng. Eine Wolke könnte 1.000 verschiedene Formen annehmen und wäre doch noch immer eine Wolke. Sie könnte sich auf eine Seite des Bilds schieben oder halb im Schatten liegen. Alle diese Veränderungen würden den euklidischen Abstand vergrößern, aber sie sollten nichts daran ändern, dass das Bild eine Wolke zeigt.

Das Problem ist, dass einzelne Pixel nicht genügend semantische Information über das Bild enthalten. Daher sind sie für den Zweck der Bildanalyse schlechte atomare Einheiten.

Manuelle Merkmalsgewinnung: SIFT und HOG

Im Jahr 1999 wurde bei der Forschung zum computergesteuerten Sehen eine bessere Darstellung von Bildern anhand der Statistik von Bildausschnitten gefunden: die *skaleninvariante Merkmalstransformation* (SIFT, engl. *Scale Invariant Feature Transform*) [Lowe, 1999].

SIFT wurde ursprünglich für die Objekterkennung entwickelt. Dazu muss nicht nur richtig erkannt werden, dass das Bild ein Objekt enthält, auch dessen Lage im Bild muss genau bestimmt werden. Zu diesem Zweck wird das Bild auf einer Pyramide möglicher Skalen analysiert; es wird nach markanten Punkten gesucht, die auf die Anwesenheit des Objekts hindeuten könnten, es werden Merkmale bezüglich der markanten Punkte ausgelesen (die beim computergesteuerten Sehen gewöhnlich als *Bilddeskriptoren* bezeichnet werden), und es wird die Stellung des Objekts bestimmt.

Mit den Jahren hat sich das Anwendungsgebiet von SIFT von Merkmalen für markante Punkte auf solche für das gesamte Bild ausgedehnt. Dem Merkmalsgewinnungsverfahren SIFT ähnelt eine andere Technik, das sogenannte *Histogramm gerichteter Gradienten* (HOG, engl. *Histogram of Oriented Gradients*) [Dalal und Triggs, 2005]. Beide berechnen im Wesentlichen Histogramme von Gradientenrichtungen. Wir wollen das nun im Einzelnen beschreiben.

Bildgradienten

Um etwas Besseres als rohe Pixelwerte zu bekommen, müssen wir die Pixel irgendwie in aussagekräftigeren Einheiten »organisieren«. Unterschiede zwischen benachbarten Pixeln sind dazu oft sehr nützlich. Pixelwerte unterscheiden sich gewöhnlich an Objektgrenzen, an Schatten, in Mustern oder auf einer strukturierten Oberfläche. Die Differenz der Pixelwerte zwischen Nachbarpixeln heißt *Bildgradient*.

Am einfachsten berechnet man den Bildgradienten, indem man die Differenzen entlang der horizontalen (x-) und der vertikalen (y-)Achse des Bilds getrennt ermittelt und sie dann zu einem 2-D-Vektor zusammensetzt. Die beiden 1-D-Subtraktionen können bequem durch eine Vektormaske bzw. einen Filter dargestellt werden. Die Maske [1, 0, –1] bildet die Differenz zwischen dem linken und dem rechten oder zwischen dem oberen und dem unteren Nachbarn, je nachdem, in welcher Richtung wir sie anwenden. Es gibt auch 2-D-Gradientenfilter, aber für dieses Beispiel ist der 1-D-Filter ausreichend.

Um einen Filter auf ein Bild anzuwenden, führen wir eine *Faltung* aus. Dazu wird der Filter umgedreht und das innere Produkt mit einem kleinen Bildausschnitt nach dem anderen gebildet. Faltungen sind in der Signalverarbeitung sehr verbreitet. Wir schreiben die Operation mit dem Symbol $*$:

$$[a\ b\ c] * [1\ 2\ 3] = c^*1 + b^*2 + a^*3$$

Die x- und y-Gradienten bei Pixel (i,j) lauten:

$$g_x(i,j) = [1\ 0\ {-1}] * [I(i-1,j)\ I(i,j)\ I(i+1,j)] = -1 * I(i-1,j) + 1 * I(i+1,j)$$

$$g_y(i,j) = [1\ 0\ {-1}] * [I(i,j-1)\ I(i,j)\ I(i,j+1)] = -1 * I(i,j-1) + 1 * I(i,j+1)$$

Zusammen bilden sie den Gradienten:

$$\nabla I(i,\ j) = \begin{bmatrix} g_x(i,\ j) \\ g_y(i,\ j) \end{bmatrix}$$

Ein Vektor kann vollständig durch seine Richtung und seinen Betrag beschrieben werden. Der Betrag des Gradienten ist gleich seiner euklidischen Norm $\sqrt{g_x^2 + g_y^2}$ und gibt an, um wie viel sich die Pixelwerte um das betrachtete Pixel herum ändern. Die Richtung oder Orientierung des Gradienten hängt vom Verhältnis der Änderungen in horizontaler und vertikaler Richtung ab; sie ergibt sich zu $\frac{g_y}{g_x}$. Abbildung 8-2 veranschaulicht diese mathematischen Konzepte.

Abbildung 8-3 zeigt Beispiele für den einfachen Bildgradienten, der sich aus den vertikalen und horizontalen Gradienten zusammengesetzt. Jedes Beispiel ist ein Bild aus neun Pixeln, und jedes Pixel wurde mit einem Grauwert markiert. (Kleinere Zahlen entsprechen einer dunkleren Farbe.) Unter jedem Bild ist der Gradient für das jeweils mittlere Pixel zu sehen. Das linke Bild enthält horizontale Streifen, sodass sich die Farbe nur vertikal ändert. Daher ist der horizontale Gradient dort null und der vertikale von null verschieden. Das mittlere Bild enthält vertikale Streifen; daher ist dort der vertikale Gradient null. Das Bild rechts enthält diagonale Streifen, und der Gradient verläuft dort auch diagonal.

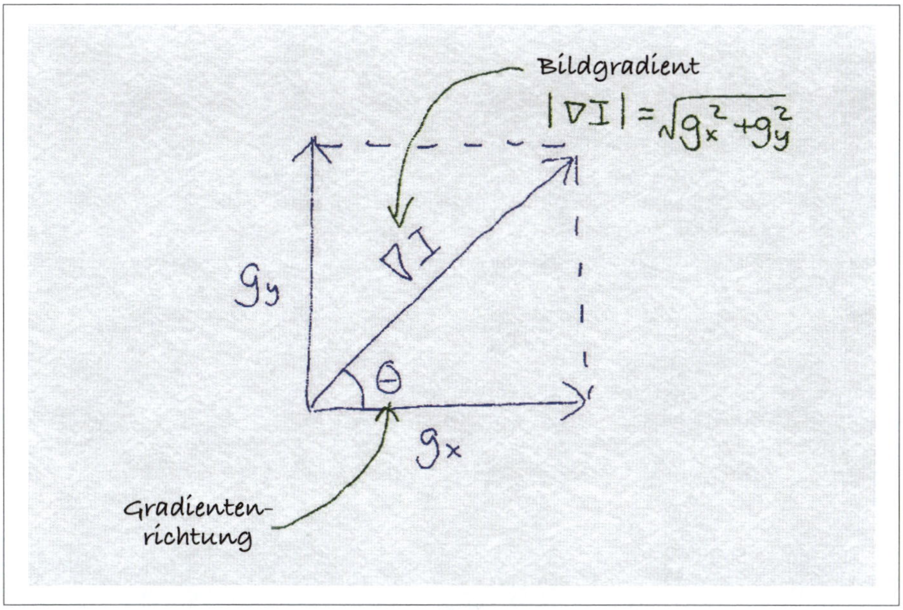

Abbildung 8-2: Veranschaulichung der Definition eines Bildgradienten

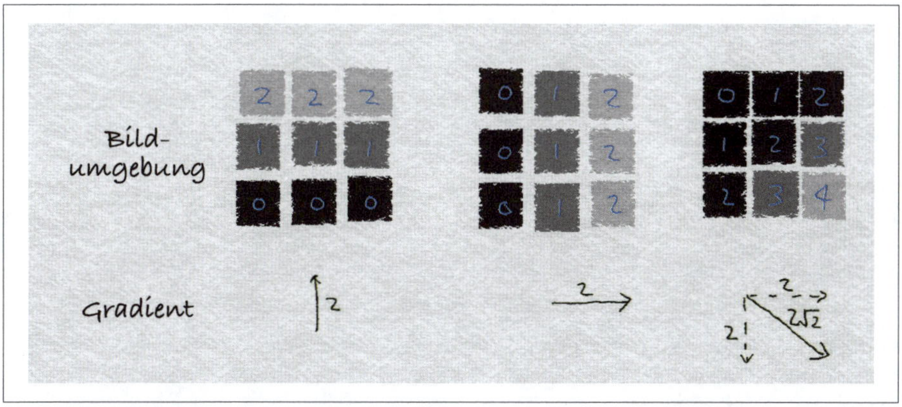

Abbildung 8-3: Einfache Beispiele für den Bildgradienten

Die Definition funktioniert für künstliche Beispiele. Aber ließe sie sich auch gut auf ein echtes Bild anwenden? In Beispiel 8-1 untersuchen wir das anhand des Bilds einer Katze aus `scikit-image` (*http://scikit-image.org/*), das in Abbildung 8-4 zusammen mit seinen horizontalen und vertikalen Gradienten zu sehen ist. Da die Gradienten am Ort jedes Pixels des Originalbilds berechnet werden, erhalten wir zwei neue Matrizen, die jeweils wieder als Bild dargestellt werden können.

Beispiel 8-1: Einfache Bildgradienten mit Python berechnen

```
>>> import matplotlib.pyplot as plt
>>> import numpy as np
```

```
>>> from skimage import data, color

### Lade das Beispielbild und wandle es in Grautöne um.
>>> image = color.rgb2gray(data.chelsea())

### Berechne den horizontalen Gradienten mit dem zentrierten 1-D-Filter.
### Das ist äquivalent dazu, jedes Pixel im Innern durch die Differenz
### aus  seinem rechten und linken Nachbarn zu ersetzen. Die Ränder links und
### rechts haben den Gradienten 0.
>>> gx = np.empty(image.shape, dtype=np.double)
>>> gx[:, 0] = 0
>>> gx[:, -1] = 0
>>> gx[:, 1:-1] = image[:, :-2] - image[:, 2:]

### Dasselbe für den vertikalen Gradienten.
>>> gy = np.empty(image.shape, dtype=np.double)
>>> gy[0, :] = 0
>>> gy[-1, :] = 0
>>> gy[1:-1, :] = image[:-2, :] - image[2:, :]

### Aufrufe an Matplotlib.
>>> fig, (ax1, ax2, ax3) = plt.subplots(3, 1,
...                                      figsize=(5, 9),
...                                      sharex=True,
...                                      sharey=True)

>>> ax1.axis('off')
>>> ax1.imshow(image, cmap=plt.cm.gray)
>>> ax1.set_title('Original image')
>>> ax1.set_adjustable('box-forced')

>>> ax2.axis('off')
>>> ax2.imshow(gx, cmap=plt.cm.gray)
>>> ax2.set_title('Horizontal gradients')
>>> ax2.set_adjustable('box-forced')

>>> ax3.axis('off')
>>> ax3.imshow(gy, cmap=plt.cm.gray)
>>> ax3.set_title('Vertical gradients')
>>> ax3.set_adjustable('box-forced')
```

Beachten Sie, dass der horizontale Gradient deutliche *vertikale* Muster wie die inneren Kanten in den Augen der Katze sichtbar macht, während der vertikale Gradient deutliche *horizontale* Muster wie die Schnurrbarthaare und die oberen und unteren Augenlider erkennt. Das mag zunächst paradox anmuten, aber wenn man ein wenig darüber nachdenkt, ergibt es durchaus Sinn. Der horizontale (x-)Gradient stellt Änderungen in der horizontalen Richtung fest. Ein starkes vertikales Muster erstreckt sich über mehrere y-Pixel an etwa derselben x-Position. Somit führen vertikale Muster zu Differenzen der Pixelwerte. Das ist es auch, was unsere Augen wahrnehmen.

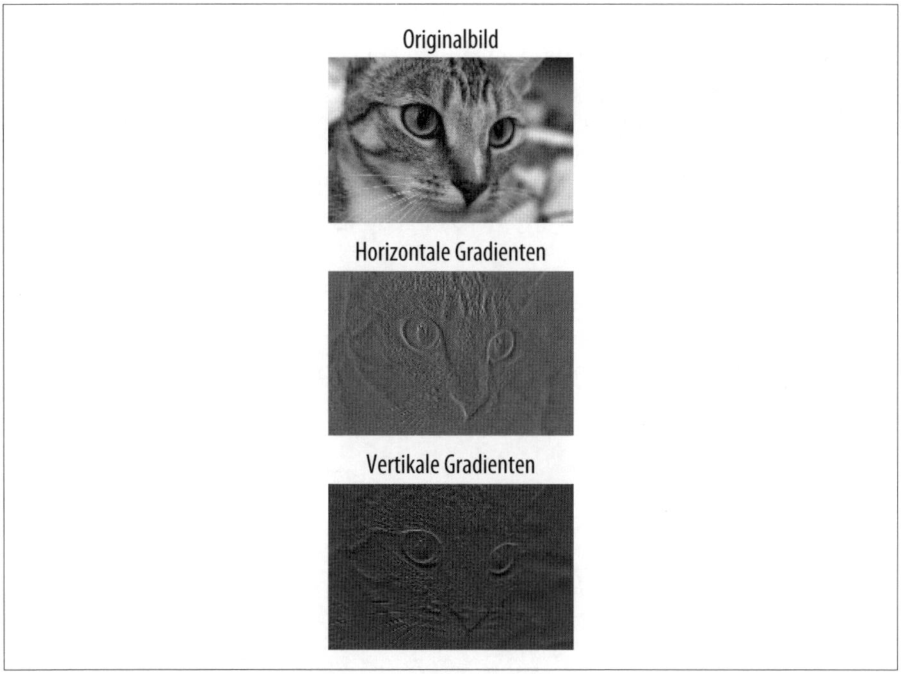

Abbildung 8-4: Gradienten im Bild einer Katze

Histogramme von Gradientenrichtungen

Einzelne Bildgradienten können winzige Unterschiede in einer kleinen Umgebung innerhalb eines Bilds erkennen. Unsere Augen sehen aber auch größere Strukturen. Beispielsweise sehen wir die Schnurrbarthaare der Katze als Ganzes, nicht nur einen kleinen Ausschnitt. Der menschliche Sehapparat erkennt zusammenhängende Muster in einem Bildbereich; wir müssen also noch daran arbeiten, die Bildgradienten in einer Umgebung zusammenzufassen.

Wie können wir Vektoren aber zusammenfassen? Ein Statistiker würden antworten: »Schau dir ihre Verteilung an!« SIFT und HOG schlagen beide diesen Weg ein. Insbesondere berechnen sie (normierte) Histogramme der Gradientenvektoren als Bildmerkmale. Ein Histogramm teilt Daten in Klassen auf und zählt, wie viele Datenpunkte in jede der Klassen fallen; so ergibt sich eine (nicht normierte) empirische Verteilung. Die Normierung sorgt dafür, dass die Summe aller Zähler 1 ergibt. In der Sprache der Mathematik beträgt ihre ℓ^1-Norm 1.

Ein Bildgradient ist ein Vektor, und Vektoren können durch zwei Komponenten dargestellt werden: Richtung und Betrag. Wir müssen also immer noch entscheiden, wie wir das Histogramm gestalten wollen, um beide Komponenten zu berücksichtigen. SIFT und HOG haben ein Schema gewählt, bei dem die Bildgradienten anhand ihres Richtungswinkels θ klassifiziert werden, wobei der Betrag jedes Gradienten als Gewicht dient. Das geschieht folgendermaßen:

1. Teile das Intervall 0°–360° in gleich große Klassen.
2. Addiere für jedes Pixel in der Umgebung ein Gewicht w zu der Klasse, die der Richtung θ seines Bildgradienten entspricht. w ist eine Funktion des Betrags des Gradienten und weiterer relevanter Informationen, beispielsweise des inversen Abstands des Pixels zur Mitte der betrachteten Bildumgebung. Die Idee dabei ist, dass das Gewicht groß werden soll, wenn der Gradient groß ist, und dass Pixel nahe der Mitte der Umgebung wichtiger sind als weiter entfernte Pixel.
3. Normiere das Histogramm.

Abbildung 8-5 zeigt ein Histogramm von Gradientenrichtungen mit acht Klassen, das anhand eines Bildausschnitts von 4 × 4 Pixeln zusammengesetzt wurde.

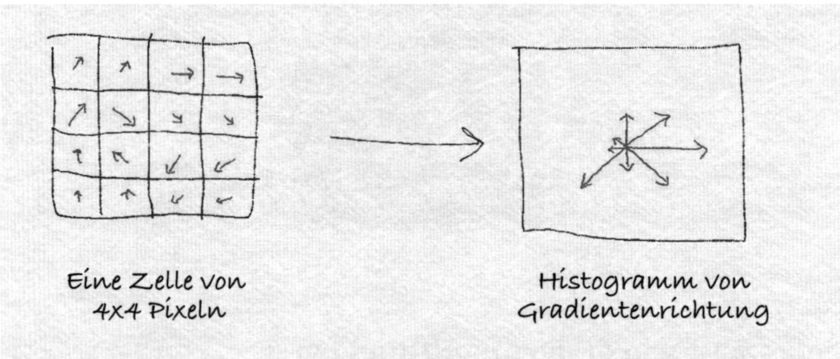

Abbildung 8-5: Darstellung eines Histogramms von Gradientenrichtungen mit acht Klassen anhand von Gradienten aus einer quadratischen Zelle von 4 × 4 Pixeln

Der Grundalgorithmus, um das Histogramm von Gradientenrichtungen zu erzeugen, besitzt natürlich noch einige Einstellknöpfe und ein paar optionale Spielereien. Wie gewöhnlich ist davon auszugehen, dass die richtigen Einstellungen stark von den konkreten Bildern abhängen, die man untersuchen möchte.

Schauen wir also als Nächstes einige dieser Entscheidungen und ihre Auswirkungen auf das Modell an.

Wie viele Klassen sollten wir verwenden? Sollten sie den Bereich 0°–360° (vorzeichenbehaftete Gradienten) oder 0°–180° (vorzeichenlose Gradienten) abdecken?

Mehr Klassen führen zu einer feineren Quantisierung der Gradientenrichtungen und bewahren damit mehr Informationen über die ursprünglichen Gradienten. Zu viele Klassen zu verwenden, ist aber unnötig und kann zu Überanpassungen an die Anlerndaten führen. Beispielsweise wird man eine Katze in einem Bild eher nicht daran erkennen, dass ihr Schnurrbarthaar exakt in 3°-Richtung zeigt.

Es stellt sich auch die Frage, ob die Klassen den Bereich 0°–360° abdecken sollen, was das Vorzeichen des Gradienten in y-Richtung beibehalten würde, oder den Bereich 0°–180°, wodurch das Vorzeichen des vertikalen Gradienten verloren ginge. Die Autoren der Ursprungsarbeit zu HOG (Dalal und Triggs, 2005) haben experimentell herausgefunden, dass neun Klassen für den Bereich 0°–180° am besten funktionieren, während die SIFT-Arbeit (Lowe, 2004) acht Klassen über 0°–360° empfiehlt.

Welche Gewichtsfunktionen sollten verwendet werden?

Die HOG-Arbeit vergleicht verschiedene Gewichtungen für den Betrag der Gradienten: den unveränderten Betrag, sein Quadrat oder seine Quadratwurzel, binarisiert oder am oberen und unteren Ende abgeschnitten. Bei den Experimenten der Autoren hat es am besten funktioniert, den Betrag selbst und ohne weitere Verzierungen zu verwenden.

SIFT benutzt ebenfalls einfach den Betrag des Gradienten. Zusätzlich sollen dabei aber plötzliche Änderungen des Merkmalsdeskriptors vermieden werden, die bei kleinen Änderungen der Lage des Bildfensters auftreten. Dafür gewichtet das Verfahren Gradienten von den Rändern der Umgebung niedriger, indem es eine gaußsche Abstandsfunktion bezüglich der Fenstermitte anwendet.

Mit anderen Worten: Der Gradientenbetrag wird mit $\frac{1}{2\pi\sigma^2} e^{-\| p - p_0 \|^2 / 2\sigma^2}$ multipliziert. Dabei ist p der Ort des Pixels, für den der Gradient berechnet wurde, p_0 ist die Mitte der Bildumgebung, und σ (die Breite der Gauß-Kurve) wird auf die Hälfte des Umgebungsradius gesetzt.

Außerdem versucht der SIFT-Algorithmus, große Änderungen an den Richtungshistogrammen zu vermeiden, die durch kleine Änderungen an der Richtung einzelner Bildgradienten entstehen. Dazu verwendet er einen Interpolationstrick, durch den das Gewicht von einem einzelnen Gradienten auf benachbarte Richtungsklassen verteilt wird. Die Ausgangsklasse (der der Gradient zugeordnet wird) erhält einen Zuschlag von 1 mal dem gewichteten Betrag. Jede der Nachbarklassen erhält $1 - d$, wobei d die Entfernung von der Ausgangsklasse in Einheiten einer Histogrammklasse ist.

Insgesamt lautet der Beitrag eines einzelnen Bildgradienten bei SIFT:

$$w_{(\nabla p, b)} = w_b \sigma \parallel \nabla_p \parallel$$

Dabei ist ∇_p der Gradient des Pixels p in der Klasse b, σ ist das Interpolationsgewicht von b und σ der gaußsche Abstand zur Mitte von p.

Wie sind Umgebungen definiert? Wie sollten sie das Bild bedecken?

Sowohl bei HOG als auch bei SIFT hat man sich für eine zweistufige Bildung von Bildnachbarschaften entschieden: Zuerst werden benachbarte Pixel in Zellen organisiert und dann benachbarte Zellen in Blöcken. Für jede Zelle wird ein Richtungshistogramm berechnet, die Vektoren der Zellenhistogramme werden aneinandergefügt und bilden schließlich den Merkmalsdeskriptor für den gesamten Block.

SIFT nutzt Zellen von 16 × 16 Pixeln mit 8 Richtungsklassen und gruppiert sie in Blöcke von 4 × 4 Zellen, was 4 × 4 × 8 = 128 Merkmale für die Bildumgebung ergibt.

Die HOG-Arbeit experimentiert mit rechteckigen und kreisförmigen Zellen und Blöcken. Rechteckige Zellen werden R-HOG-Blöcke genannt. Als beste R-HOG-Werte wurden 8 × 8 Pixel mit jeweils 9 Richtungsklassen und einer Blockgröße von 2 × 2 Zellen bestimmt. Kreisförmige Zellen heißen C-HOG-Blöcke und unterscheiden sich nach dem Radius der mittleren Zelle, danach, ob die Zellen in Radialrichtung geteilt sind, nach der Breite der äußeren Zellen und so fort.

Wie auch immer die Umgebungen aufgebaut sind, die gemeinsam den Merkmalsvektor für das gesamte Bild ergeben, überlappen sie einander in der Regel. Zellen und Blöcke wandern um jeweils wenige Pixel horizontal und vertikal über das Bild und überdecken es auf diese Weise vollständig.

Die Hauptzutaten für diese Umgebungsarchitektur sind eine mehrstufige Organisation und überlappende Fenster, die über das Bild wandern. Das sind die gleichen Zutaten, die auch für Deep-Learning-Netze verwendet werden.

Wie sollte die Normierung geschehen?

Durch Normierung werden die Merkmalsdeskriptoren gleichmäßiger, ihre Beträge werden vergleichbar. Es handelt sich nur um einen anderen Ausdruck für die in Kapitel 4 besprochene Skalierung. Wir haben festgestellt, dass die Skalierung von Textmerkmalen (durch TF-IDF) keine große Auswirkung auf die Klassifikationsgenauigkeit hatte. Für Bildmerkmale sieht das ganz anders aus, da sie ziemlich empfindlich für Änderungen von Beleuchtung und Kontrast sein können, wie sie in natürlichen Bildern vorkommen. Betrachten wir beispielsweise Bilder eines Apfels einmal unter einem starken Scheinwerfer und dann im weichen, diffusen Licht eines Fensters. Hier haben die Bildgradienten sehr unterschiedliche Beträge, obwohl es sich um ein und dasselbe Objekt handelt. Aus diesem Grund beginnt die Gewinnung von Bildmerkmalen beim computergesteuerten Sehen gewöhnlich mit einer globalen Farbnormierung, um die Unterschiede in Beleuchtung und Kontrast zu beseitigen. Bei den SIFT- und HOG-Verfahren erweist sich eine solche Vorverarbeitung als überflüssig, solange wir die Merkmale normieren.

SIFT folgt dem Schema »Normierung – Schwellenwert – Normierung«. Zuerst wird der Vektor der Blockmerkmale auf Einheitslänge normiert (ℓ^2-Normierung). Danach werden die Merkmale bei einem Maximalwert abgeschnitten, um extreme Lichteffekte wie etwa die Farbsättigung der Kamera loszuwerden. Schließlich werden die abgeschnittenen Merkmale wieder auf Einheitslänge normiert.

In der HOG-Arbeit wird mit verschiedenen Normierungsschemata unter Verwendung der ℓ^2- und ℓ^1-Normen experimentiert, darunter mit dem Schema »Normierung – Schwellenwert – Normierung«, das auch in der Arbeit zu SIFT verwendet wurde. Die Autoren stellen fest, dass eine reine ℓ^1-Normierung etwas weniger zuverlässig ist als die anderen Methoden (die untereinander vergleichbar waren).

Die Architektur des SIFT-Verfahrens

Die SIFT-Pipeline besteht aus ziemlich vielen Schritten. HOG ist etwas einfacher, umfasst aber ebenfalls diverse grundlegende Schritte, etwa die Erstellung eines Gradientenhistogramms und die Normierung. Abbildung 8-6 veranschaulicht die SIFT-Architektur. Wir wählen einen Bereich aus dem Originalbild und unterteilen ihn zunächst in einzelne Zellen mithilfe eines Gitters. Jede Gitterzelle wird dann erneut in ein feineres Gitter aufgeteilt, in dem jedes Element wiederum eine Anzahl von Pixeln enthält, von denen jedes einen Gradienten erzeugt. Jedes Element eines Feingitters erzeugt damit eine Schätzung für einen gewichteten Gradienten, wobei die Gewichte so gewählt werden, dass auch Gradienten außerhalb des Feingitterelements dazu beitragen können. Diese Gradientenschätzungen werden dann in ein Richtungshistogramm für das Feingitter zusammengetragen, wobei die Gradienten – wie zuvor beschrieben – gewichtet werden können. Die Richtungshistogramme für jedes Feingitter fügt man schließlich zu einem langen Histogramm von Gradientenrichtungen für das gesamte Gitter aneinander. (Wenn das Gitter in 2 × 2 feinere Gitter unterteilt ist, müssen also 4 Histogramme von Gradientenrichtungen zu einem zusammengefügt werden.) Das ist der Merkmalsvektor für das Gitter, der dann einen Normierung-Schwellenwert-Normierung-Prozess durchläuft. Zuerst wird der Vektor auf Einheitsnorm normiert, dann werden einzelne Werte bei einem maximalen Schwellenwert abgeschnitten, und schließlich wird der beschnittene Vektor nochmals normiert. Das ergibt dann den fertigen SIFT-Merkmalsdeskriptor für den Bildbereich.

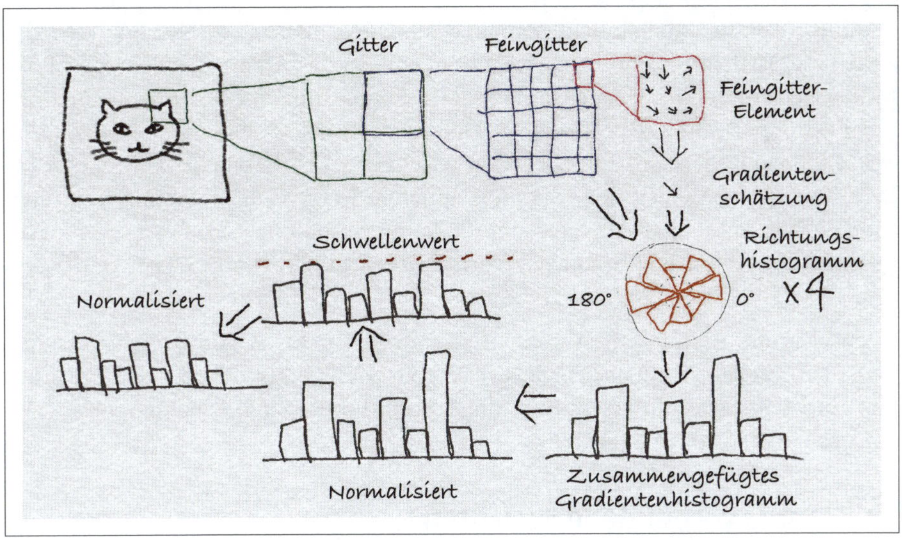

Abbildung 8-6: SIFT-Architektur – Schritte zur Erstellung eines Merkmalsvektors für einen betrachteten Bereich im Originalbild

Erlernen von Bildmerkmalen mit tiefen neuronalen Netzen

Die Verfahren SIFT und HOG stellen große Schritte auf dem Weg zu einer Definition guter Bildmerkmale dar. Die neuesten Fortschritte beim computergesteuerten Sehen kommen aber aus einer ganz anderen Richtung: Modelle auf der Grundlage tiefer neuronaler Netze. Der Durchbruch hat beim Wettbewerb »ImageNet Large Scale Visual Recognition Challenge« (ILSVRC) im Jahr 2012 stattgefunden, als eine Forschungsgruppe von der Universität Toronto die Fehlerrate des Vorjahressiegers nahezu halbierte. Sie nannte ihre Methode »Deep Learning«, um zu betonen, dass Modelle dieser neuesten Generation im Gegensatz zu früheren Architekturen aus vielen aufeinandergestapelten Schichten von neuronalen Netzen und Transformationen bestehen. Das Siegermodell der ILSVRC 2012 – in der Folge nach dem Namen des Hauptautors als AlexNet bezeichnet – besitzt 13 Schichten (Krizhevsky u. a., 2012). Der Gewinner von ILSVRC 2014, GoogLeNet, hat 22 Schichten (Szegedy u. a., 2014).

Oberflächlich scheint sich der Mechanismus aufeinandergestapelter neuronaler Netze deutlich von den Bildgradientenhistogrammen von SIFT und HOG zu unterscheiden. Aber eine Visualisierung von AlexNet lässt erkennen, dass die ersten paar Schichten im Wesentlichen ganz ähnlich wie SIFT und HOG Kantengradienten und andere einfache Muster berechnen. Darauffolgende Schichten verknüpfen lokale Muster zu immer globaleren Mustern. Das Endergebnis ist ein Algorithmus zur Merkmalsgewinnung, der viel mächtiger ist als alles bis dahin Gekannte.

Die Infrastruktur aufeinandergestapelter Schichten neuronaler Netze (oder jedes anderen Klassifikationsmodells) ist nicht neu. Aber das Anlernen solch komplexer Modelle erfordert eine Menge Daten und Rechenleistung, die bis vor Kurzem noch nicht verfügbar waren. Der ImageNet-Datensatz enthält eine markierte Menge von 1,2 Millionen Bildern aus 1.000 Klassen. Moderne GPUs haben die Matrix-Vektor-Berechnungen beschleunigt, die den inneren Kern vieler Machine-Learning-Modelle bilden; neuronale Netze sind da keine Ausnahme. Der Erfolg von Deep-Learning-Verfahren beruht auf der Verfügbarkeit großer Mengen von Daten und sehr vieler GPU-Betriebsstunden.

Deep-Learning-Architekturen können aus mehreren Arten von Schichten aufgebaut sein. AlexNet enthält beispielsweise vollständig verbundene und Konvolutionsschichten sowie Antwortnormierungs- und Max-Pooling-Schichten. Das sehen wir uns nun Schritt für Schritt an.

Vollständig verbundene Schichten

Im Kern aller neuronalen Netze befinden sich lineare Funktionen der Eingangsdaten. Die logistische Regression, der wir in Kapitel 4 begegnet sind, ist ein Beispiel eines neuronalen Netzes. Ein vollständig verbundenes neuronales Netz ist einfach eine Menge linearer Funktionen aller Eingangsmerkmale. Wir erinnern uns daran, dass eine lineare Funktion als inneres Produkt zwischen dem eingehenden Merkmalsvektor und einem Gewichtsvektor, möglicherweise zuzüglich eines konstanten Terms, geschrieben werden kann. Eine Sammlung linearer Funktionen kann als Matrix-Vektor-Produkt dargestellt werden, wobei aus dem Gewichtsvektor eine Gewichtsmatrix (**W**) wird.

Die mathematische Definition einer vollständig verbundenen Schicht lautet:

$$z = \mathbf{W}\mathbf{x} + \mathbf{b}$$

Dabei ist jede Zeile von **W** ein Gewichtsvektor, der den gesamten Eingangsvektor x auf einen einzigen Ergebniswert z abbildet. b ist ein Vektor von Skalaren, die die konstante Verschiebung (oder den Bias) für jedes Neuron darstellen.

Die vollständig verbundene Schicht hat ihren Namen daher, dass jede Eingabe in jede Ausgabe einfließen kann. Mathematisch bedeutet dies, dass die Werte in der Matrix **W** keinerlei Einschränkungen unterliegen. (Wie wir bald sehen werden, nutzt eine Konvolutionsschicht nur einen kleinen Teil der Eingabewerte für jeden Ausgabewert.) Ein vollständig verbundenes neuronales Netz kann bildlich als vollständiger zweiteiliger Graph dargestellt werden, in dem jeder Knoten der Eingabe mit jedem Knoten der Ausgabe verbunden ist (siehe Abbildung 8-7).

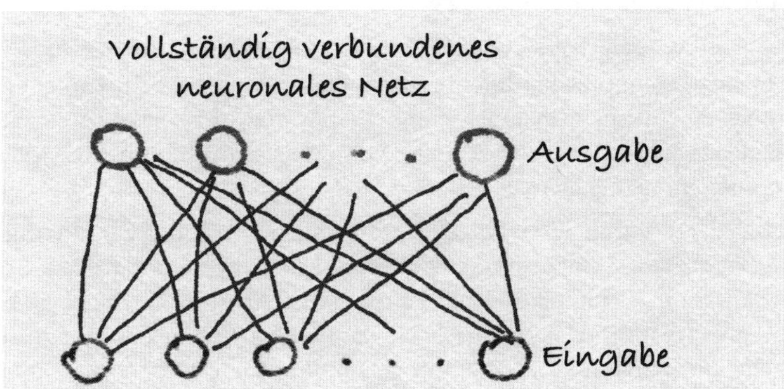

Abbildung 8-7: Ein vollständig verbundenes neuronales Netz, dargestellt als Graph

Vollständig verbundene Schichten enthalten die maximal mögliche Anzahl von Parametern (Anzahl der Eingaben × Anzahl der Ausgaben) – daher gelten sie als teuer. Eine so hohe Verbindungsdichte ermöglicht dem Netz, globale Muster zu finden, die sich über alle Eingabedaten erstrecken können. Die letzten zwei Schichten von AlexNet sind aus diesem Grund vollständig verbunden. Die Ausgaben sind dennoch nur von den Eingaben, nicht aber voneinander abhängig.

Konvolutionsschichten

Im Gegensatz zu vollständig verbundenen Schichten verwendet eine Konvolutionsschicht nur eine Teilmenge der Eingabedaten für jeden Ausgabewert. Die Transformation »schiebt« sich über die Eingabedaten und erzeugt Ausgaben aus jeweils nur einigen Merkmalen. Der Einfachheit halber kann man dieselben Gewichte für verschiedene Mengen von Eingabedaten benutzen, statt jeweils neue zu erlernen.

Aus mathematischer Sicht nimmt der Konvolutions- oder auch Faltungsoperator zwei Funktionen als Eingabe und erzeugt eine Funktion als Ausgabe. Er spiegelt eine der Eingabefunktionen, legt sie über die andere und gibt die Gesamtfläche unter dem punktweisen Produkt der beiden Kurven aus:

$$(f * g)(t) = \int_{-\infty}^{\infty} f(\tau)g(t-\tau)d\tau = \int_{-\infty}^{\infty} g(\tau)f(t-\tau)d\tau$$

Die Gesamtfläche unter einer Kurve berechnet man, indem man die Kurve integriert. Der Operator ist symmetrisch bezüglich seiner Eingaben; wir erhalten dieselbe Ausgabe, egal ob wir die erste oder die zweite Eingangsfunktion spiegeln.

Wir haben bereits ein Beispiel für eine einfache Faltung gesehen: die Bildgradienten (siehe den Abschnitt »Bildgradienten« auf Seite 135). Die mathematische Definition der Faltung mag dennoch etwas verwickelt wirken, wenn auch aus gutem Grund. Die Idee hinter der Faltung ist am besten anhand eines Beispiels aus der Signalverarbeitung zu erklären.

Stellen wir uns vor, wir haben eine Black Box. Um zu sehen, was sie tut, schicken wir einen einzigen Impuls hindurch und zeichnen auf einem Blatt Papier auf, was auch immer am Ausgang herauskommt. Wir warten, bis die Antwort auf den ursprünglichen Impuls abgeklungen ist. Die so erhaltene Funktion der Zeit ist die *Antwortfunktion*; nennen wir sie $g(t)$.

Stellen wir uns weiterhin ein wild geformtes Signal $f(t)$ vor, das wir nun durch die Black Box schicken. Zum Zeitpunkt $t = 0$ interagiert $f(0)$ mit der Black Box, das ergibt $f(0)$ multipliziert mit $g(0)$. Zum Zeitpunkt $t = 1$ tritt $f(1)$ in die Black Box ein und wird mit $g(0)$ multipliziert. Gleichzeitig antwortet die Black Box weiter auf das vorhergehende Signal $f(0)$, das jetzt mit $g(1)$ multipliziert wird. Das gesamte Ausgangssignal zum Zeitpunkt $t = 1$ beträgt also $(f(0) * g(1)) + (f(1) * g(0))$. Zum Zeitpunkt $t = 2$ wird die Lage noch komplizierter; dann tritt $f(2)$ auf den Plan, und $f(0)$ und $f(1)$ erzeugen weiterhin Antworten. Das gesamte Ausgangssignal zum Zeitpunkt $t = 2$ beträgt $(f(0) * g(2)) + (f(1) * g(1)) + (f(2) * g(0))$. Auf diese Weise wird die Antwortfunktion effektiv in Richtung der Zeitachse gespiegelt, wobei $\tau = 0$ immer mit dem jeweils gerade in die Black Box eintretenden Signal interagiert und der Ausläufer der Antwortfunktion mit allen vorhergehenden.

Abbildung 8-8 veranschaulicht die Größen, die bei jedem Zeitschritt im Spiel sind. (Wir haben zur einfacheren Beschreibung die Zeit diskret gemacht – in Wahrheit ist sie kontinuierlich, und aus der Summe wird dann ein Integral.) Zur Berechnung der Faltung für einen bestimmten Zeitschritt multiplizieren wir alle dann überlappenden Signale und bilden die Summe darüber.

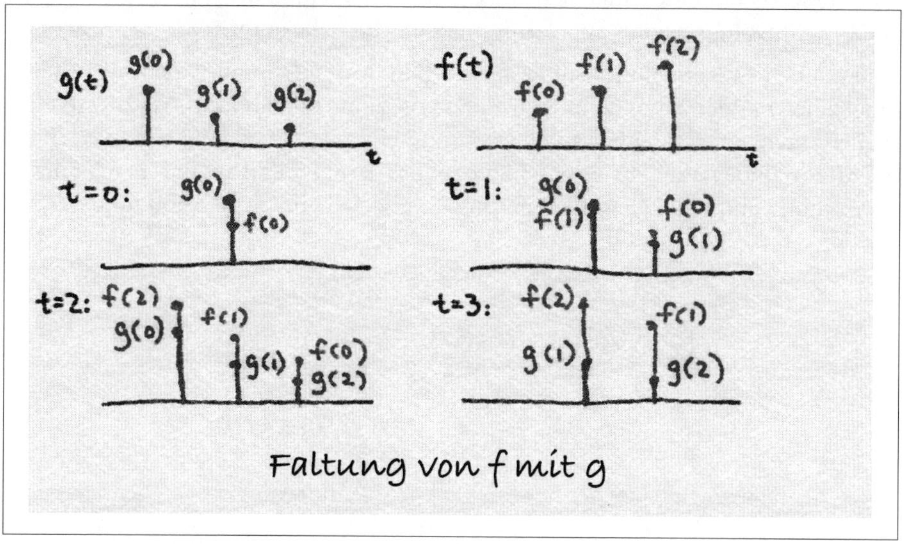

Abbildung 8-8: Faltung zweier diskreter Signale f und g

Diese Black Box wird als lineares System bezeichnet, da sie nichts Verrückteres tut als skalare Multiplikation und Addition. Der Faltungsoperator beschreibt genau die Wirkung eines linearen Systems.

Die Idee hinter der Faltung

Der Faltungsoperator beschreibt die Wirkung eines linearen Systems, das das eingehende Signal mit seiner Antwortfunktion multipliziert und dabei jeweils alle gegenwärtigen Antworten auf alle vergangenen Eingangssignale addiert.

In unserem Beispiel wird mit *g(t)* die Antwortfunktion bezeichnet und mit *f(t)* das Eingangssignal. Da die Faltung aber symmetrisch ist, kommt es nicht darauf an, was die Antwortfunktion ist und was das Eingangssignal. Das Ausgangssignal ist einfach eine Verknüpfung der beiden. Man nennt *g(t)* auch einen *Filter*.[1]

Bilder sind zweidimensionale Signale, also brauchen wir einen 2-D-Filter. Ein 2-D-*Konvolutionsfilter* erweitert den eindimensionalen Fall, indem er über zwei Variablen integriert:

$$(f * g)[i, j] = \sum_{u=0}^{m} \sum_{v=0}^{n} f[u, v] g[i - u, j - v]$$

1 Technisch betrachtet, ist ein Filter eine Transformation, die gewisse Teile des Fourier-Spektrums auslöscht. Es wird aber immer üblicher, »Filter« als generischen Begriff zu verwenden.

Weil digitale Bilder aus diskreten Pixeln bestehen, werden aus den Faltungsintegralen diskrete Summen. Da weiterhin die Anzahl der Pixel endlich ist, benötigt die Filterfunktion nur eine endliche Anzahl von Elementen. In der Bildverarbeitung ist ein 2-D-Konvolutionsfilter auch als *Kern* oder *Maske* bekannt.

Will man einen Konvolutionsfilter auf ein Bild anwenden, muss man nicht unbedingt einen riesigen Filter definieren, der das gesamte Bild abdeckt. Stattdessen formuliert man einen kleinen Filter, der nur ein paar Pixel mal ein paar Pixel überdeckt, und wendet denselben Filter auf das gesamte Bild an, indem man ihn in horizontaler und vertikaler Pixelrichtung darüberschiebt (siehe Abbildung 8-9).

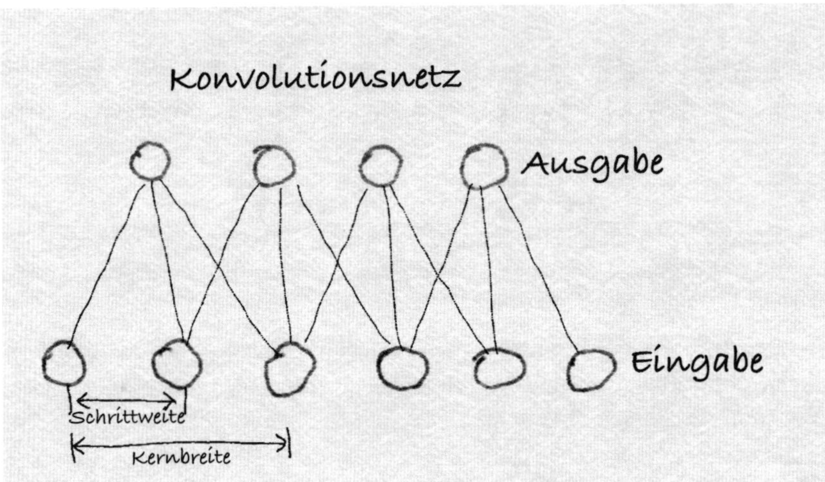

Abbildung 8-9: Struktur eines eindimensionalen Konvolutionsnetzes

Da derselbe Filter auf das ganze Bild angewandt wird, muss man nur einen kleinen Satz von Parametern definieren. Der Preis dafür ist, dass der Filter zu jeder Zeit nur Informationen aus einer kleinen Pixelumgebung aufnehmen kann. Mit anderen Worten: Ein Konvolutionsnetz findet lokale Muster, keine globalen.

Beispiel eines Konvolutionsfilters

In diesem Beispiel wenden wir einen gaußschen Filter auf ein Bild an. Die Gauß-Funktion bildet eine glatte und symmetrische Glockenform um null herum. Der Filter erzeugt ein gewichtetes Mittel nahe beieinandergelegener Funktionswerte. Wird er auf ein Bild angewandt, lässt er nahe beieinanderliegende Pixel miteinander verschwimmen. Der 2-D-Gauß-Filter ist definiert als:

$$G(x, y) = \frac{1}{2\pi\sigma} e^{-\frac{x^2+y^2}{2\sigma^2}}$$

wobei σ die Standardabweichung der Gauß-Funktion ist, die die Breite der »Glocke« bestimmt.

In Beispiel 8-2 erstellen wir als Erstes einen 2-D-Gauß-Filter, falten ihn mit unserem Lieblingskatzenbild und erhalten dann eine verschwommene Katze (siehe Abbildung 8-10). Unsere Art, einen Gauß-Filter zu berechnen, ist nicht die genaueste, aber sie ist am einfachsten zu verstehen. Eine bessere Implementierung würde den gewichteten Mittelwert an jedem diskreten Punkt bilden und nicht die einfache Punktschätzung verwenden.

Beispiel 8-2: Anwendung eines einfachen Gauß-Filters auf ein Bild

```
>>> import numpy as np

# Erstelle zuerst X- und Y-Gitter der Größe 5x5, auf denen wir die
# Gauß-Funktion berechnen.
>>> ind = [-1., -0.5, 0., 0.5, 1.]
>>> X,Y = np.meshgrid(ind, ind)
>>> X
array([[-1. , -0.5,  0. ,  0.5,  1. ],
       [-1. , -0.5,  0. ,  0.5,  1. ],
       [-1. , -0.5,  0. ,  0.5,  1. ],
       [-1. , -0.5,  0. ,  0.5,  1. ],
       [-1. , -0.5,  0. ,  0.5,  1. ]])

# G ist ein einfacher, nicht normierter Gauß-Kern mit dem Wert 1.0 bei (0,0).
>>> G = np.exp(-(np.multiply(X,X) + np.multiply(Y,Y))/2)
>>> G
array([[ 0.36787944,  0.53526143,  0.60653066,  0.53526143,  0.36787944],
       [ 0.53526143,  0.77880078,  0.8824969 ,  0.77880078,  0.53526143],
       [ 0.60653066,  0.8824969 ,  1.        ,  0.8824969 ,  0.60653066],
       [ 0.53526143,  0.77880078,  0.8824969 ,  0.77880078,  0.53526143],
       [ 0.36787944,  0.53526143,  0.60653066,  0.53526143,  0.36787944]])

>>> from skimage import data, color
>>> cat = color.rgb2gray(data.chelsea())

>>> from scipy import signal
>>> blurred_cat = signal.convolve2d(cat, G, mode='valid')

>>> import matplotlib.pyplot as plt
>>> fig, (ax1, ax2) = plt.subplots(1, 2, figsize=(10,4),
...                                sharex=True, sharey=True)

>>> ax1.axis('off')
>>> ax1.imshow(cat, cmap=plt.cm.gray)
>>> ax1.set_title('Input image')
>>> ax1.set_adjustable('box-forced')

>>> ax2.axis('off')
>>> ax2.imshow(blurred_cat, cmap=plt.cm.gray)
>>> ax2.set_title('After convolving with a Gaussian filter')
>>> ax2.set_adjustable('box-forced')
```

Abbildung 8-10: Ein Bild einer Katze vor und nach Anwendung eines 2-D-Gauß-Filters

Die Konvolutionsschichten in AlexNet sind dreidimensional. Mit anderen Worten: Sie arbeiten mit Voxeln (Werten in der Matrix, die den 3-D-Bildraum darstellt) aus der jeweils vorhergehenden Schicht. Das erste Konvolutionsnetz nimmt rohe RGB-Bilder entgegen und erlernt Konvolutionsfilter für eine lokale Bildumgebung über alle drei Farbkanäle hinweg. Nachfolgende Schichten nehmen als Eingangsdaten Voxel über Raum- und Kerndimensionen hinweg (siehe Abbildung 8-14 für weitere Einzelheiten).

Der lineare Gleichrichter (ReLU)

Die Ausgabe eines neuronalen Netzes wird häufig einer weiteren nichtlinearen Transformation unterzogen, die man als *Aktivierungsfunktion* bezeichnet. Verbreitete Beispiele sind die *tanh*-Funktion (eine stetige nichtlineare, zwischen –1 und 1 beschränkte Funktion), die *Sigmoid*-Funktion (eine stetige nichtlineare, zwischen 0 und 1 beschränkte Funktion, die im Abschnitt »Klassifikation mittels logistischer Regression« auf Seite 66 eingeführt wurde), oder der sogenannte *lineare Gleichrichter* (ReLU, engl. *Rectified Nonlinear Unit*). Ein linearer Gleichrichter ist eine einfache Abwandlung einer linearen Funktion, wobei der negative Teil zu null gesetzt wird. Er schneidet also die negativen Werte weg, lässt aber den positiven Teil unbeschränkt. Der Wertebereich des linearen Gleichrichters erstreckt sich von 0 bis unendlich.

Der lineare Gleichrichter hat auf nicht negative Funktionen wie das Rohbild oder den Gauß-Filter keine Auswirkung. Ein vollständig verbundenes neuronales Netz oder ein Konvolutionsnetz wird aber sehr wahrscheinlich auch negative Werte ausgeben. AlexNet verwendet den linearen Gleichrichter statt anderer Transformationen, da er den Anlernvorgang schneller konvergieren lässt (Krizhevsky u.a., 2012). Es wendet ihn auf jede Konvolutions- und vollständig verbundene Schicht an.

Verbreitete Aktivierungsfunktionen

Ein linearer Gleichrichter (ReLU) ist eine lineare Funktion, deren negativer Teil zu null gesetzt wurde:

$$\mathrm{ReLU}(x) = \max(0, x)$$

Die tanh-Funktion ist eine trigonometrische Funktion, die stetig von –1 auf 1 ansteigt:

$$\tanh(x) = \frac{\sinh(x)}{\cosh(x)} = \frac{e^{x} - e^{-x}}{e^{x} + e^{-x}}$$

Die Sigmoid-Funktion steigt stetig von 0 auf 1:

$$\mathrm{sigmoid}(x) = \frac{1}{1 + e^{-x}}$$

Diese drei Funktionen sind in Abbildung 8-11 dargestellt.

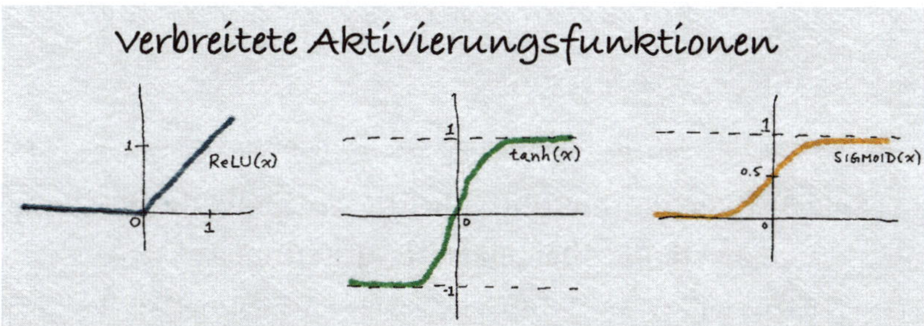

Abbildung 8-11: Darstellung dreier verbreiteter Aktivierungsfunktionen: ReLU, tanh und Sigmoid

Antwortnormierungsschichten

Nach der Diskussion in Kapitel 4 und weiter oben im vorliegenden Kapitel sollte die Normierung ein vertrautes Konzept sein. Bei der Normierung wird jeder Ausgabewert durch eine Funktion der gesamten Ausgabe geteilt. Man kann die Normierung also auch so verstehen, dass sie einen Wettbewerb zwischen Nachbarn auslöst, da die Signalstärke jeder Ausgabe jetzt im Verhältnis zu ihren Nachbarn gemessen wird (siehe Abbildung 8-12). AlexNet normiert die Ausgabe an jedem Ort über verschiedene Faltungskerne hinweg.

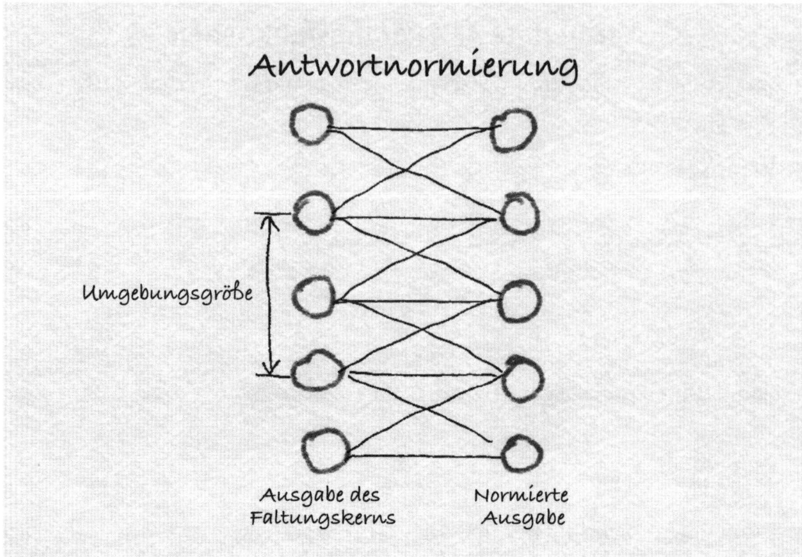

Abbildung 8-12: Struktur der Antwortnormierung für Ausgaben der Faltungskerne aus der vorangegangenen Schicht – die Normierungskonstanten werden jeweils anhand einer Umgebung aus der vorherigen Schicht berechnet.

Lokale Antwortnormierung führt zu Wettbewerb zwischen benachbarten Faltungskernen

Wie der Name schon sagt, wird bei der lokalen Antwortnormierung ein Wert durch eine Verknüpfung seiner Nachbarwerte geteilt. Die Formel lautet:

$$y_k = x_k \,/\, \left(c + \alpha \textstyle\sum_{\ell \in \text{Umgebung von } k} x_\ell^2\right)^\beta$$

Dabei ist x_k die Ausgabe des k-ten Kerns, und y_k ist der bezüglich anderer, benachbarter Kerne normierte Antwortwert. Die Normierung wird für jeden Ausgabeort getrennt vorgenommen. Wir normieren also für jeden Ausgabeort (i,j) über die nahegelegenen Faltungskerne. Beachten Sie aber, dass das nicht dasselbe ist wie eine Normierung über die Bildumgebung oder die Ausgabeorte. Die Umgebungsgröße von Faltungskern, c, α und β sind alles Hyperparameter, die anhand eines Satzes von Prüfbildern abgestimmt werden müssen.

Pooling-Schichten

Eine Pooling-Schicht fasst mehrere Eingangswerte zu einem einzigen Ausgabewert zusammen. Während sich der Konvolutionsfilter über ein Bild bewegt, erzeugt er für jede Umgebung, die er unter die Lupe nimmt, eine Ausgabe. Durch Pooling erhält man für eine lokale Bildumgebung einen Wert statt vieler. Das verringert die Anzahl der Ausgaben in den Zwischenschichten des Deep-Learning-Netzes und damit effektiv die Wahrscheinlichkeit einer Überanpassung des Netzes an die Anlerndaten.

Man kann Eingabewerte auf mehrerlei Weise zusammenfassen: Mitteln, Addieren (oder Berechnen einer verallgemeinerten Norm) oder Bestimmen des Maximums. Die Pooling-Operation schiebt sich über das Bild oder zwischenliegende Ausgabeschichten. AlexNet wendet überlappendes Max-Pooling an, wobei das Bild in Schritten von zwei Pixeln (oder Ausgabewerten) überstrichen wird und jeweils drei Nachbarn zusammengefasst werden.

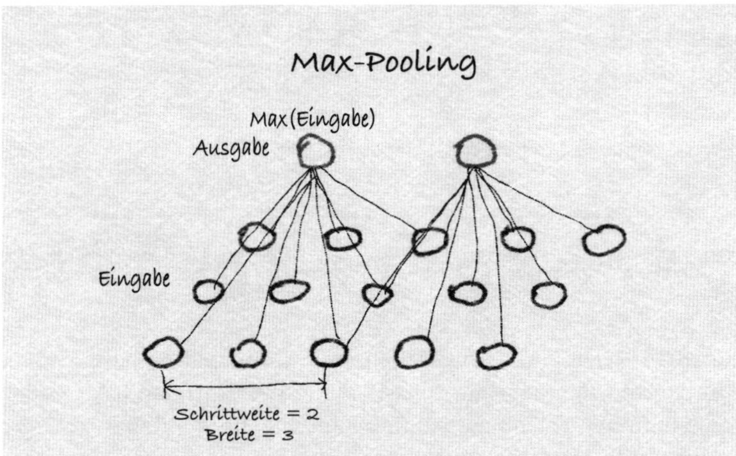

Abbildung 8-13: Max-pooling wendet die max()-Funktion auf jeweils kleine Umgebungen von Eingabewerten an.

Struktur von AlexNet

Alles zusammengenommen, umfasst AlexNet fünf Konvolutionsschichten, zwei Antwortnormierungsschichten, drei Max-Pooling-Schichten und zwei vollständig verbundene Schichten. Zusammen mit der abschließenden klassifizierenden Ausgabeschicht besitzt das Modell 13 neuronale Netzschichten, die 8 Gruppen bilden (siehe Abbildung 8-14 für Einzelheiten).

Das eingehende Bild wird zuerst auf 256 × 256 Pixel skaliert. Als Eingabedaten werden dann zufällige Ausschnitte der Größe 224 × 224 mit 3 Farbkanälen benutzt. Auf die ersten zwei Konvolutionsschichten folgen jeweils eine Antwortnormierungsschicht und eine Max-Pooling-Schicht, und auf die letzte Konvolutionsschicht folgt noch ein Max-Pooling. In der ursprünglichen Arbeit werden die Anlerndaten und damit die Berechnung auf zwei GPUs verteilt. Die Kommunikation zwischen Schichten bleibt größtenteils auf die jeweilige GPU beschränkt. Ausnahmen gibt es zwischen den Schichtgruppen 2 und 3 sowie nach Schichtgruppe 5.

An diesen Grenzen erhält die jeweils nächste Schicht als Eingabe ein Voxel von Kernen aus der vorherigen Schicht, die von beiden GPUs stammen. Jeder Zwischenschicht folgt ein linearer Gleichrichter.

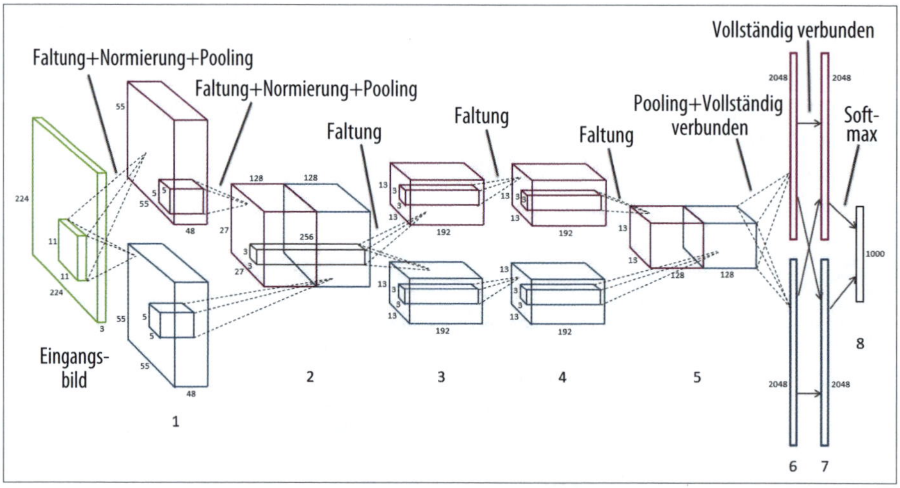

Abbildung 8-14: Architekturdiagramm von AlexNet – die verschiedenen Grautöne (oder Magenta und Blau, wenn Sie die Bilder in Farbe betrachten) bezeichnen Schichten, die auf GPU 1 bzw. GPU 2 laufen.

Abbildung 8-15 zeigt eine Detailansicht der Kombination aus Konvolutionsschicht, Antwortnormierung und Max-Pooling. Die Normierungskonstante wird über Kerne hinweg berechnet, während Pooling über Bildbereiche geschieht. Zudem verringert Pooling die Dimension der Schicht.

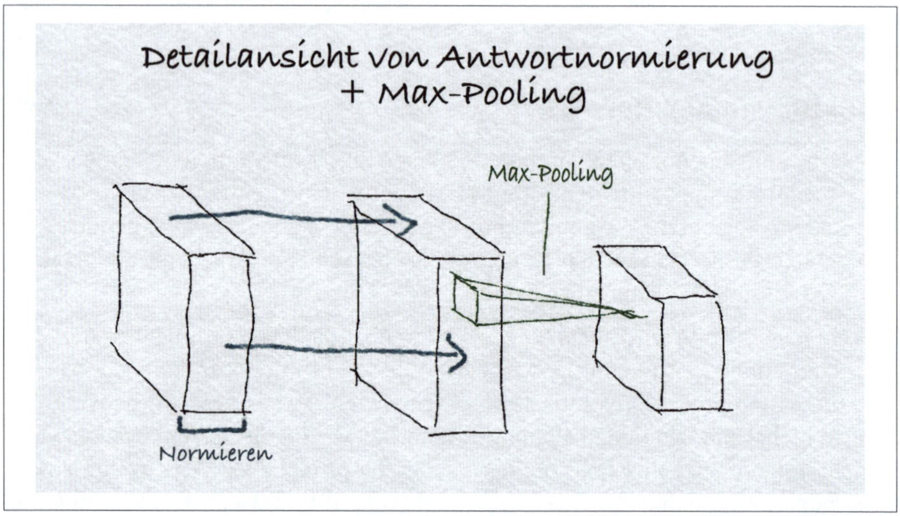

Abbildung 8-15: Detailansicht der Kombination aus Konvolutionsschicht, Antwortnormierung und Max-Pooling

Es fällt auf, dass die Architektur von AlexNet an den Aufbau der SIFT- und HOG-Algorithmen zur Merkmalsgewinnung aus Gradientenhistogramm, Normierung, Schwellenwert, Normierung erinnert (siehe Abbildung 8-6), nur mit viel mehr Schichten (daher das »deep« in der Bezeichnung »Deep Learning«). Anders als bei SIFT und HOG werden die Faltungskerne und die Gewichte für die vollständig verbundenen Schichten aus den Daten erlernt und nicht vordefiniert. Weiterhin werden bei SIFT die Normierungsschritte über den Merkmalsvektor auf dem gesamten Bild ausgeführt, wohingegen die Antwortnormierungsschicht in AlexNet über die Faltungskerne normiert.

Auf einem hohen Abstraktionsgrad beschrieben, beginnt das Modell damit, Muster in lokalen Bildumgebungen zu erkennen. Jede nachfolgende Schicht baut auf der Ausgabe der vorhergehenden Schichten auf und deckt effektiv immer größere Gebiete des ursprünglichen Bilds ab. Obwohl die ersten fünf Konvolutionsschichten alle ziemlich kleine Kerne besitzen, können die späteren Schichten daher dennoch globalere Muster beschreiben. Die vollständig verbundenen Schichten am Ende sind die globalsten.

Das Prinzip der Muster ist konzeptionell verständlich, jedoch stellt es ein großes Problem dar, die Muster zu visualisieren, die jede der Schichten findet. Die Abbildungen 8-16 und 8-17 zeigen Darstellungen der ersten zwei Schichten von Faltungskernen, die das Modell erlernt hat. Die erste Schicht dient dazu, Graukanten und -strukturen in verschiedene Richtungen sowie Farbflecken und -strukturen zu finden. Die zweite Schicht scheint nach verschiedenen glatten Mustern zu suchen.

Abbildung 8-16: Visualisierung der ersten Schicht von Faltungskernen in einem angelernten AlexNet: Die erste Hälfte der Kerne wurden auf GPU 1 angelernt, sie scheinen Graukanten und -strukturen in verschiedenen Richtungen zu erkennen; die zweite Hälfte, die auf einer zweiten GPU angelernt wurde, konzentriert sich auf Farbflecken und -muster.

Abbildung 8-17: Visualisierung der zweiten Schicht von Faltungskernen eines angelernten AlexNet

Trotz großer Fortschritte in diesem Fachgebiet ist die Merkmalsgewinnung aus Bildern immer noch mehr Kunst als Wissenschaft. Vor zehn Jahren hat man die Schritte zur Merkmalsgewinnung von Hand aus einer Kombination von Bildgradienten, Kantenerkennung, Richtung, der räumlichen Lage, Glättung und Normierung von Hand entworfen. Heute bauen Deep-Learning-Architekten Modelle, die im Großen und Ganzen die gleichen Konzepte enthalten, aber die Parameter werden automatisch anhand der zum Anlernen verwendeten Bilder bestimmt. Der Voodoo-Zauber ist immer noch da, nur eine Abstraktionsebene tiefer im Modell verborgen!

Zusammenfassung

Am Ende des Kapitels können wir nun dank unseres gewonnenen Verständnisses besser erkennen, warum die augenfälligsten und einfachsten Bildmerkmale nicht unbedingt am besten geeignet sind, um Aufgaben wie etwa die Klassifikation von Bildern zu lösen. Statt jedes Pixel als atomare Einheit zu verstehen, ist es wichtiger, die Beziehungen zwischen benachbarten Pixeln zu betrachten. Wir können Techniken wie SIFT und HOG, die eigentlich für andere Zwecke entwickelt wurden, wiederverwenden und so Merkmale für ganze Bilder gewinnen, indem wir die Gradienten in kleinen Umgebungen untersuchen.

Der nächste große Fortschritt der letzten Jahre handelt davon, tiefe neuronale Netze beim computergesteuerten Sehen anzuwenden, um die Merkmalsgewinnung aus Bildern noch weiter zu treiben. Dabei muss man sich vor Augen halten, dass beim Deep Learning viele Schichten neuronaler Netze und Transformationen aufeinandergestapelt werden. Untersucht man sie im Einzelnen, kitzeln manche dieser

Schichten schon ähnliche Merkmale heraus, wie sie als Bausteine des menschlichen Sehens vorkommen: bestimmende Linien, Gradienten, Farben.

Literatur

»CS231n: Convolutional Neural Networks for Visual Recognition.« Abgerufen von *http://cs231n.github.io/convolutional-networks/.*

Dalal, Navneet, und Bill Triggs. »Histograms of Oriented Gradients for Human Detection.« *Proceedings of the 2005 IEEE Computer Society Conference on Computer Vision and Pattern Recognition* (2005): 886–893.

Eliot, Lise. *What's Going On in There? How the Brain and Mind Develop in the First Five Years of Life*. New York: Bantam Books, 2000.

Krizhevsky, Alex, Ilya Sutskever und Geoffrey Hinton. »ImageNet Classification with Deep Convolutional Neural Networks.« *Advances in Neural Information Processing Systems* 25 (2012): 1097–1105.

Lowe, David G. »Object Recognition from Local Scale-Invariant Features.« *Proceedings of the International Conference on Computer Vision* (1999): 1150–1157.

Lowe, David G. »Distinctive Image Features from Scale-Invariant Keypoints.« *International Journal of Computer Vision* 60:2 (2004): 91–110.

Malisiewicz, Tomasz. »From Feature Descriptors to Deep Learning: 20 Years of Computer Vision.« Tombone's Computer Vision Blog, January 20, 2015. *http://www.computervisionblog.com/2015/01/from-feature-descriptors-to-deep.html.*

Szegedy, Christian, Wei Liu, Yangqing Jia, Pierre Sermanet, Scott Reed, Dragomir Anguelov, Dumitru Erhan, Vincent Vanhoucke und Andrew Rabinovich. »Going Deeper with Convolutions.« *Proceedings of the 2015 IEEE Conference on Computer Vision and Pattern Recognition* (2015): 1–9.

Zeiler, Matthew D., und Rob Fergus. »Visualizing and Understanding Convolutional Networks,« *Proceedings of the 13th European Conference on Computer Vision* (2014): 818–833.

KAPITEL 9

Die fabelhafte Welt der Merkmale: ein Empfehlungsalgorithmus für akademische Aufsätze

> *»In der Mathematik geht es nicht darum, Dinge zu verstehen. Man gewöhnt sich nur an sie.«*
>
> – John von Neumann

Als wir in Abbildung 1-1 erstmals vor dem Pfad von Daten zu Ergebnissen gewarnt haben, war noch nicht abzusehen, wie man darauf jemals vorankommen soll. In diesem gesamten Buch haben wir dann Grundideen der Merkmalskonstruktion anhand von Spielmodellen und sauberen, einfachen Datensätzen vorgestellt. Diese Beispiele sollten anschaulich und lehrreich sein.

Häufig sind Beispiele für maschinelles Lernen so gewählt, dass sie die bestmöglichen Szenarien und Ergebnisse zeigen. Das verbirgt aber gerade jenen Pfad, den wir bisher in diesem Buch beschrieben haben. Daher verlassen wir jetzt, nachdem die Grundlagen gelegt sind, die Welt der einfachen Spieldaten und schauen uns die Merkmalskonstruktion an einem realen, strukturierten Datensatz an. Bei jedem Schritt werden wir die Rohdaten untersuchen, die die einzelnen Merkmale bilden, wie sie transformiert werden und welche Kompromisse wir unterwegs eingehen.

Um es klar zu sagen: Unser Ziel lautet dabei nicht, das beste Modell für diesen Datensatz zu konstruieren. Wir wollen vielmehr die praktische Anwendung einer Handvoll unserer Techniken vorführen und gründlich untersuchen und verstehen, ob die jeweiligen Verfahren etwas Nützliches zum erstellten Modell beitragen.

Artikelbezogenes kollaboratives Filtern

Wir möchten einen Empfehlungsalgorithmus für akademische Aufsätze anhand einer Teilmenge des Akademischen Graphendatensatzes von Microsoft bauen. Das dürfte für all jene Leser äußerst nützlich sein, die Zitate suchen, aber noch nicht auf Google Scholar gestoßen sind. Hier sind einige relevante statistische Angaben zu dem Datensatz:

Akademischer Graphendatensatz von Microsoft

- Der Datensatz enthält 166.192.182 unterschiedliche Aufsätze und ist über Open Academic Graph (*https://www.openacademic.ai/oag/*) verfügbar. Er soll ausschließlich für Forschungszwecke genutzt werden.
- Die Gesamtgröße des Datensatzes beträgt 104 GB.
- Jeder Datenpunkt besitzt 18 Variablen, um den jeweiligen Aufsatz zu beschreiben, darunter Titel, Zusammenfassung, Autoren, Schlagwörter und Fachgebiete.

Der Datensatz ist so angelegt, dass er leicht in einer Datenbank gespeichert und abgefragt werden kann. Er ist noch nicht für Machine-Learning-Modelle aufbereitet, das muss als Erstes geschehen. Manche Autoren ersparen ihren Lesern diesen Schritt, um ihnen das tolle Gefühl zu geben, direkt zu den Modellen und Ergebnissen zu kommen. Hier gibt es so etwas nicht, wir fangen zusammen ganz vorn an.

Zunächst werden wir einige Variablen in die richtige Form bringen, damit wir sie durch einen artikelbezogenen kollaborativen Filter schieben können. Dann werden wir schauen, ob wir einigermaßen ähnliche Aufsätze auf schnelle und effiziente Weise finden.

Die Ursprünge des artikelbezogenen kollaborativen Filterns

Dieser Ansatz wurde erstmals bei Amazon als Verbesserung gegenüber nutzerbezogenen Algorithmen für Produktempfehlungen entwickelt. Sarawar u. a. (2001) beschreiben, welche Herausforderungen es gibt und welchen Nutzen es hat, bei Empfehlungsalgorithmen vom Blickwinkel des Nutzers zu dem des Artikels zu wechseln.

Das artikelbezogene kollaborative Filtern liefert Empfehlungen auf der Grundlage von Ähnlichkeiten zwischen Artikeln. Das geschieht in zwei Stufen: Zuerst werden Ähnlichkeitsbewertungen zwischen Artikeln bestimmt, und dann werden alle diese Bewertungen geordnet, um die *N* besten Empfehlungen für ähnliche Artikel zu finden.

Entwurf eines artikelbezogenen Empfehlungsalgorithmus

Ein artikelbezogener Empfehlungsalgorithmus löst drei Aufgaben:

1. Verallgemeinert Informationen über ein »Ding« bzw. einen Artikel.
2. Bewertet alle anderen Artikel, um die zu finden, die diesem »ähneln«.
3. Gibt geordnete Bewertungen und Artikel aus.

Erster Durchgang: Datenimport, Säuberung und Merkmalsgewinnung

Wie bei allen guten wissenschaftlichen Experimenten beginnen wir mit einer Hypothese. In diesem Fall nehmen wir an, dass jene Artikel am nützlichsten zu empfehlen sind, die etwa gleichzeitig und in ähnlichen Fachgebieten wie der Bezugsartikel veröffentlicht wurden. Wir gehen naiv heran und lesen diese Felder aus einer Teilmenge des gesamten Datensatzes heraus. Nachdem wir einfache dünn besetzte Matrizen erstellt haben, lassen wir alle Artikel durch einen artikelbezogenen kollaborativen Filter laufen und schauen, ob wir gute Ergebnisse bekommen.

Der artikelbezogene kollaborative Filter benötigt eine Ähnlichkeitsbewertung, um Artikel zu vergleichen. In diesem Fall erlaubt die Kosinus-Ähnlichkeit einen brauchbaren Vergleich zwischen zwei von null verschiedenen Vektoren. Das folgende Beispiel verwendet den Kosinus-Abstand, der das positive Komplement der Kosinus-Ähnlichkeit ist:

$$D_C(A,B) = 1 - S_C(A,B)$$

Dabei ist D_C der Kosinus-Abstand und S_C die Kosinus-Ähnlichkeit.

Empfehlungsalgorithmus für akademische Aufsätze: naiver Ansatz

Im ersten Schritt auf unserem Weg importieren wir den Datensatz und schauen ihn uns an. In Beispiel 9-1 grenzen wir unser Experiment ein, indem wir die nach dem ersten Import vorhandenen Felder beschränken. Die verbleibenden Felder bieten immer noch eine Menge Möglichkeiten, wie Abbildung 9-1 zeigt.

Beispiel 9-1: Importieren und Filtern der Daten

```
>>> import pandas as pd

>>> model_df = pd.read_json('data/mag_papers_0/mag_subset20K.txt', lines=True)
>>> model_df.shape
(20000, 19)
>>> model_df.columns
Index(['abstract', 'authors', 'doc_type', 'doi', 'fos', 'id', 'issue',
       'keywords', 'lang', 'n_citation', 'page_end', 'page_start', 'publisher',
       'references', 'title', 'url', 'venue', 'volume', 'year'],
      dtype='object')

# Filtere nicht englischsprachige Artikel aus und behalte nur einige Variablen.
>>> model_df = model_df[model_df.lang == 'en']
...            .drop_duplicates(subset='title', keep='first')
...            .drop(['doc_type', 'doi', 'id', 'issue', 'lang', 'n_citation',
...                   'page_end', 'page_start', 'publisher', 'references',
```

```
...                  'url', 'venue', 'volume'],
...                 axis=1)
>>> model_df.shape
(10399, 6)
```

	abstract	authors	fos	keywords	title	year
0	A system and method for maskless direct write ...	NaN	[Electronic engineering, Computer hardware, En...	NaN	System and Method for Maskless Direct Write Li...	2015
1	NaN	[{'name': 'Ahmed M. Alluwaimi'}]	[Biology, Virology, Immunology, Microbiology]	[paratuberculosis, of, subspecies, proceedings...	The dilemma of the Mycobacterium avium subspec...	2016

Abbildung 9-1: Die ersten zwei Zeilen des Akademischen Graphendatensatzes von Microsoft

Tabelle 9-1 fasst gut zusammen, warum die Rohdaten mit weiteren Umformungen in eine Form gebracht werden müssen, die für ein Modell geeignet ist. Listen und Dictionarys eignen sich gut zum Speichern von Daten, sind aber nicht sauber strukturiert und müssen zum Zweck des maschinellen Lernens weiter ausgepackt werden (Wickham, 2014).

Tabelle 9-1: Datenschema für model_df

Feldname	Beschreibung	Feldtyp	# NaN
abstract	Zusammenfassung des Aufsatzes	Zeichenkette	4393
authors	Namen und Institute der Autoren	Liste von Dictionarys, Schlüssel: name, org	1
fos	Fachgebiete	Liste von Zeichenketten	1733
keywords	Schlagwörter	Liste von Zeichenketten	4294
title	Titel des Aufsatzes	Zeichenkette	0
year	Veröffentlichungsjahr	ganze Zahl	0

In Beispiel 9-2 konzentrieren wir uns zunächst auf zwei Felder und wandeln sie von Listen und ganzen Zahlen in eine Matrix von Merkmalen um, wie Abbildung 9-2 zeigt.

Beispiel 9-2: Kollaboratives Filtern, Schritt 1: die Matrix der Artikelmerkmale erstellen

```
>>> unique_fos = sorted(list({feature
...                           for paper_row in model_df.fos.fillna('0')
...                           for feature in paper_row }))

>>> unique_year = sorted(model_df['year'].astype('str').unique())
>>> def feature_array(x, var, unique_array):
...     row_dict = {}
...     for i in x.index:
...         var_dict = {}
...         for j in range(len(unique_array)):
...             if type(x[i]) is list:
...                 if unique_array[j] in x[i]:
...                     var_dict.update({var + '_' + unique_array[j]: 1})
...                 else:
...                     var_dict.update({var + '_' + unique_array[j]: 0})
```

```
...             else:
...                 if unique_array[j] == str(x[i]):
...                     var_dict.update({var + '_' + unique_array[j]: 1})
...                 else:
...                     var_dict.update({var + '_' + unique_array[j]: 0})
...         row_dict.update({i : var_dict})
...     feature_df = pd.DataFrame.from_dict(row_dict, dtype='str').T
...     return feature_df

>>> year_features = feature_array(model_df['year'], unique_year)
>>> fos_features = feature_array(model_df['fos'], unique_fos)

>>> first_features = fos_features.join(year_features).T

>>> from sys import getsizeof
>>> print('Size of first feature array: ', getsizeof(first_features))
Size of first feature array: 2583077234
```

	0	1	2	5	7	8	9	10	11	12	...	19985	19986	19987	19988	19993	19994	19995	19997	19998	19999
0	0	0	0	0	0	0	0	0	0	0	...	0	0	0	0	0	0	0	0	0	0
0-10 V lighting control	0	0	0	0	0	0	0	0	0	0	...	0	0	0	0	0	0	0	0	0	0
1/N expansion	0	0	0	0	0	0	0	0	0	0	...	0	0	0	0	0	0	0	0	0	0
10G-PON	0	0	0	0	0	0	0	0	0	0	...	0	0	0	0	0	0	0	0	0	0
14-3-3 protein	0	0	0	0	0	0	0	0	0	0	...	0	0	0	0	0	0	0	0	0	0

5 rows × 10399 columns

Abbildung 9-2: Anfang von first_features – Indizes der Datenpunkte (Aufsätze) im ursprünglichen Datensatz sind Spalten, Merkmale sind Zeilen.

Wir haben also erfolgreich aus einem relativ kleinen Datensatz, etwa 10K Zeilen an Rohdaten, 2,5 GB an Merkmalen gemacht. Diese Herangehensweise ist jedoch zu schwerfällig für ein schnelles, iteratives Ausprobieren. Wir brauchen schnellere Verfahren und Merkmale, die weniger Rechenressourcen und Experimentierzeit verbrauchen.

Aber schauen wir erst einmal, ob wir mit unseren bisherigen Merkmalen im nächsten Schritt eine gute Empfehlung bekommen (siehe Beispiel 9-3). Wir definieren eine »gute« Empfehlung als einen Aufsatz, der dem eingegebenen ähnelt.

Beispiel 9-3: Kollaboratives Filtern, Schritt 2: Suche nach ähnlichen Artikeln

```
>>> from scipy.spatial.distance import cosine

>>> def item_collab_filter(features_df):
...     item_similarities = pd.DataFrame(index = features_df.columns,
...                                      columns = features_df.columns)
...     for i in features_df.columns:
...         for j in features_df.columns:
...             item_similarities.loc[i][j] = 1 - cosine(features_df[i],
...                                                      features_df[j])
...     return item_similarities

>>> first_items = item_collab_filter(first_features.loc[:, 0:1000])
```

Warum brauchen wir so lange, um Artikelähnlichkeiten anhand von gerade einmal zwei Merkmalen zu berechnen? Wir bilden das innere Produkt aller Paare von Spalten einer 10.399 × 1.000-Matrix in einer verschachtelten `for`-Schleife. Und die Dauer eines Schleifendurchlaufs wächst, wenn wir weitere Datenpunkte zum Modell hinzufügen. Sie erinnern sich: Wir haben es nur mit dem englischsprachigen Teil des gesamten verfügbaren Datensatzes zu tun; wenn wir einem »guten« Ergebnis näherkommen wollen, müssen wir doch wieder den ganzen großen Datensatz zugrunde legen.

Wie können wir das beschleunigen? Da wir immer nur jeweils ein Ergebnis benötigen, können wir unsere Funktion so ändern, dass wir nur einen Artikel pro Aufruf berechnen und dazu die gewünschte Anzahl an besten Ergebnissen angeben. Das werden wir später tun, wenn wir unser Experiment fortsetzen. Im Moment hilft ein Blick auf den gesamten Merkmalsraum, um zu verstehen, wie sich unser iteratives Vorgehen auf die Brute-Force-Verarbeitung eines echten Datensatzes auswirkt.

Wir müssen besser verstehen, wie diese Merkmale dafür sorgen, dass wir eine gute Empfehlung bekommen. Haben wir genügend Datenpunkte, um weiterzumachen? Wir zeichnen eine Heatmap (siehe Beispiel 9-4), um zu erkennen, ob irgendwelche unserer Aufsätze einander ähneln. Abbildung 9-3 zeigt das Ergebnis.

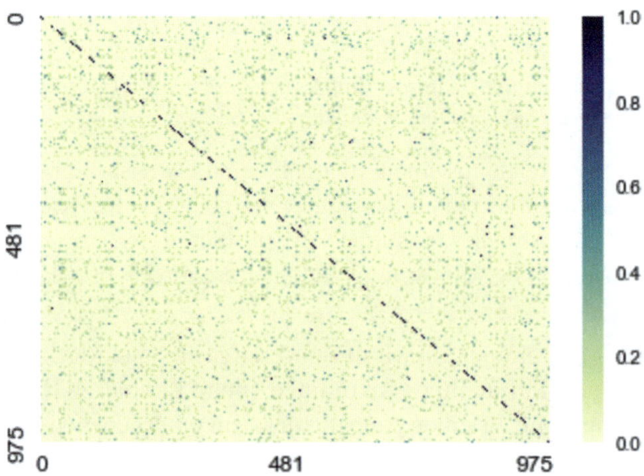

Abbildung 9-3: Heatmap ähnlicher Aufsätze anhand zweier roher Merkmale: Jahr und Fachgebiet

Beispiel 9-4: Heatmap von Artikelempfehlungen

```
>>> import matplotlib.pyplot as plt
>>> import seaborn as sns
>>> import numpy as np
>>> %matplotlib inline
>>> sns.set()
>>> ax = sns.heatmap(first_items.fillna(0),
...                  vmin=0, vmax=1,
```

```
...                     cmap="YlGnBu",
...                     xticklabels=250, yticklabels=250)
>>> ax.tick_params(labelsize=12)
```

Dunklere Pixel deuten Artikel an, die einander ähneln. Die dunkle Diagonale zeigt, dass anhand der Kosinus-Ähnlichkeit ganz richtig folgt, dass jeder Aufsatz am ähnlichsten zu sich selbst ist. Da jedoch eines unserer Merkmale oft den Wert NaN hat, ist die Diagonale unterbrochen. Wir erkennen weiterhin, dass zwar die meisten Artikel einander nicht ähneln – unser Datensatz mithin recht breit gestreut ist –, es jedoch einige weitere Kandidaten mit hohen Bewertungen gibt. Wir wissen nicht, ob das qualitativ gute Empfehlungen sind, aber zumindest können wir sehen, dass unsere Methode nicht völlig verrückt ist.

Beispiel 9-5 zeigt, wie diese Artikelähnlichkeiten in eine Empfehlung übersetzt werden. Das Gute ist, dass wir immer noch eine große Vielfalt an Merkmalen mit viel Raum für Verbesserungen zur Verfügung haben.

Beispiel 9-5: Artikelbezogenes kollaboratives Filtern: Empfehlungen

```
>>> def paper_recommender(paper_ix, items_df):
...     print('Based on the paper: \nindex = ', paper_ix)
...     print(model_df.iloc[paper_ix])
...     top_results = items_df.loc[paper_ix].sort_values(ascending=False).head(4)
...     print('\nTop three results: ')
...     order = 1
...     for i in top_results.index.tolist()[-3:]:
...         print(order,'. Paper index = ', i)
...         print('Similarity score: ', top_results[i])
...         print(model_df.iloc[i], '\n')
...         if order < 5: order += 1

>>> paper_recommender(2, first_items)

Based on the paper:
index =  2
abstract                                                     NaN
authors      [{'name': 'Jovana P. Lekovich', 'org': 'Weill ...
fos                                                          NaN
keywords                                                     NaN
title        Should endometriosis be an indication for intr...
year                                                        2015
Name: 2, dtype: object

Top three results:
1 . Paper index =  2
Similarity score:  1.0
abstract                                                     NaN
authors      [{'name': 'Jovana P. Lekovich', 'org': 'Weill ...
fos                                                          NaN
keywords                                                     NaN
title        Should endometriosis be an indication for intr...
year                                                        2015
Name: 2, dtype: object
```

```
2 . Paper index =  292
Similarity score:  1.0
abstract                                                    NaN
authors     [{'name': 'John C. Newton'}, {'name': 'Beers M...
fos         [Wide area multilateration, Maneuvering speed,...
keywords                                                    NaN
title                       Automatic speed control for aircraft
year                                                       1955
Name: 561, dtype: object

3 . Paper index =  593
Similarity score:  1.0
abstract    This paper demonstrates that on-site greywater...
authors     [{'name': 'Eran Friedler', 'org': 'Division of...
fos         [Public opinion, Environmental Engineering, Wa...
keywords    [economic analysis, tratamiento desperdicios, ...
title       The water saving potential and the socio-econo...
year                                                       2008
Name: 1152, dtype: object
```

Autsch. Das Gute ist, dass der Aufsatz, zu dem wir ähnliche suchen, selbst als ähnlichster zurückgegeben wird. Das Schlimme ist, dass die zwei nächsten Aufsätze nicht sehr nah dran zu liegen scheinen, nicht einmal hinsichtlich unserer ausgewählten Merkmale.

»Ja, ja«, werden Sie sagen, »aber wir leben doch im Zeitalter von Big Data! Das wird unsere Probleme lösen! Können wir nicht einfach noch mehr Daten durchschieben, um bessere Ergebnisse zu bekommen?« Möglich. Aber auch Big Data kann keine schlechten Daten und Konstruktionsentscheidungen ausbügeln.

Abbildung 9-4: Machine Learning (https://xkcd.com/1838/)

Unsere bisherigen Brute-Force-Methoden sind zu langsam für intelligente, iterative Entwicklungsarbeit. Probieren wir also ein paar unserer neuen Tricks zur Merkmalskonstruktion und schauen wir, ob wir die Berechnung beschleunigen und bessere Merkmale sowie eine bessere Methode zur Ergebnissuche finden können.

Zweiter Durchgang: Mehr Konstruktion und ein intelligenteres Modell

Der erste Ansatz, eine große, dünn besetzte Matrix anzulegen und durch einen Filter zu schieben, ist in vielerlei Weise verbesserungsfähig. Die nächsten Schritte konzentrieren sich speziell darauf, bessere Techniken auf die zwei ursprünglichen Merkmale anzuwenden und das artikelbezogene kollaborative Filterverfahren zu verändern, um die Iteration zu beschleunigen.

Zuerst ist es aber an der Zeit, einige dieser großartigen Merkmalskonstruktionstricks an den zwei Variablen in unserer Hypothese auszuprobieren. Wenn wir die bereits entwickelten Merkmale genauer kennen, können wir sie mit jeweils zum Variablentyp passenden Techniken für die Verwendung in unserem Empfehlungssystem »verbessern«.

Empfehlungsalgorithmus für akademische Aufsätze: zweiter Anlauf

Konzentrieren wir uns zunächst auf das *Jahr*. Im Abschnitt »Quantisierung oder Klasseneinteilung« auf Seite 10 haben wir gesehen, warum die Verwendung roher Zählerwerte als Merkmale Probleme machen kann, wenn Ähnlichkeitsmetriken im Spiel sind. Beispiel 9-6 und Abbildung 9-5 untersuchen, wie wir 'year' so transformieren können, dass es besser zum gewählten Modell passt.

Beispiel 9-6: Klasseneinteilung mit festen Klassengrößen und Dummy-Kodierung (Teil 1)

```
>>> print("Year spread: ", model_df['year'].min()," - ", model_df['year'].max())
>>> print("Quantile spread:\n", model_df['year'].quantile([0.25, 0.5, 0.75]))
Year spread:  1831  -  2017
Quantile spread:
0.25    1990.0
0.50    2005.0
0.75    2012.0
Name: year, dtype: float64

# Zeichne die Verteilung der Jahre.
>>> fig, ax = plt.subplots()
>>> model_df['year'].hist(ax=ax,
...                       bins= model_df['year'].max() - model_df['year'].min())
>>> ax.tick_params(labelsize=12)
>>> ax.set_xlabel('Year Count', fontsize=12)
>>> ax.set_ylabel('Occurrence', fontsize=12)
```

Wir sehen der schiefen Verteilung (siehe Abbildung 9-5) an, dass hier ein hervorragender Kandidat für eine Klasseneinteilung vorliegt.

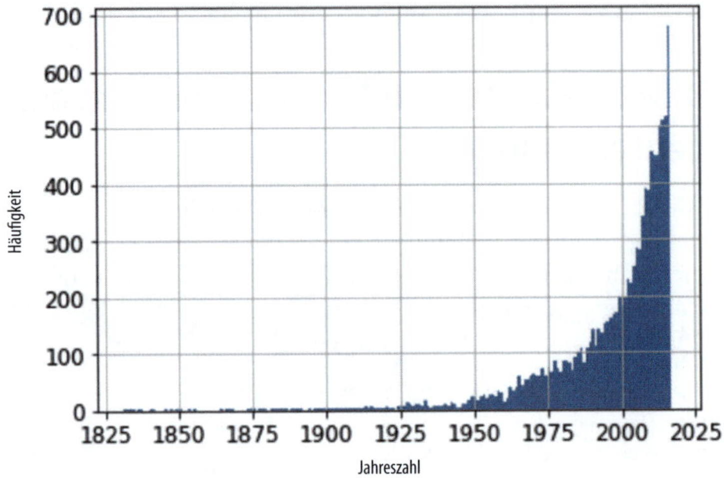

Abbildung 9-5: Verteilung der rohen Jahreszahlen für mehr als 10K akademische Aufsätze im Datensatz

Die Klassen werden wir nach Wertebereichen der Variablen und nicht anhand der Anzahl unterschiedlicher Merkmale wählen. Um den Merkmalsraum weiter zu verkleinern, wenden wir auf die Klassen die Dummy-Kodierung an (siehe Beispiel 9-7). Pandas besitzt für beides eingebaute Funktionen. Diese Methoden liefern leicht zu interpretierende Ergebnisse, sodass wir die transformierten Merkmale in Augenschein nehmen können (siehe Abbildung 9-6).

Beispiel 9-7: Klasseneinteilung mit festen Klassengrößen und Dummy-Kodierung (Teil 2)

```
# Klasseneinteilung an dieser Stelle (nach je 10 Jahren) verkleinert den
# Jahres-Merkmalsraum von 156 auf 19.
>>> bins = int(round((model_df['year'].max() - model_df['year'].min()) / 10))

>>> temp_df = pd.DataFrame(index = model_df.index)
>>> temp_df['yearBinned'] = pd.cut(model_df['year'].tolist(), bins, precision = 0)
>>> X_yrs = pd.get_dummies(temp_df['yearBinned'])
>>> X_yrs.columns.categories
IntervalIndex([(1831.0, 1841.0], (1841.0, 1851.0], (1851.0, 1860.0],
              (1860.0, 1870.0], (1870.0, 1880.0] ... (1968.0, 1978.0],
              (1978.0, 1988.0], (1988.0, 1997.0], (1997.0, 2007.0],
              (2007.0, 2017.0]]
             closed='right',
             dtype='interval[float64]')

# Zeichne die neue Verteilung.
>>> fig, ax = plt.subplots()
>>> X_yrs.sum().plot.bar(ax = ax)
```

```
>>> ax.tick_params(labelsize=8)
>>> ax.set_xlabel('Binned Years', fontsize=12)
>>> ax.set_ylabel('Counts', fontsize=12)
```

Wir haben die zugrunde liegende Verteilung der ursprünglichen Variablen bewahrt, indem wir die Klassen nach Jahrzehnten gewählt haben. Um eine Methode anzuwenden, für die eine andere Verteilung günstiger wäre, könnten wir unsere Klassen anders festlegen, sodass sich die Variable für das Modell anders darstellt. Da wir die Kosinus-Ähnlichkeit verwenden, ist es so aber gut. Wenden wir uns dem nächsten Merkmal zu, das wir am Anfang in unser Modell eingebaut haben.

Der Merkmalsraum für das Fachgebiet trug ganz wesentlich zur Größe des ursprünglichen Modells und zur Bearbeitungsdauer bei.

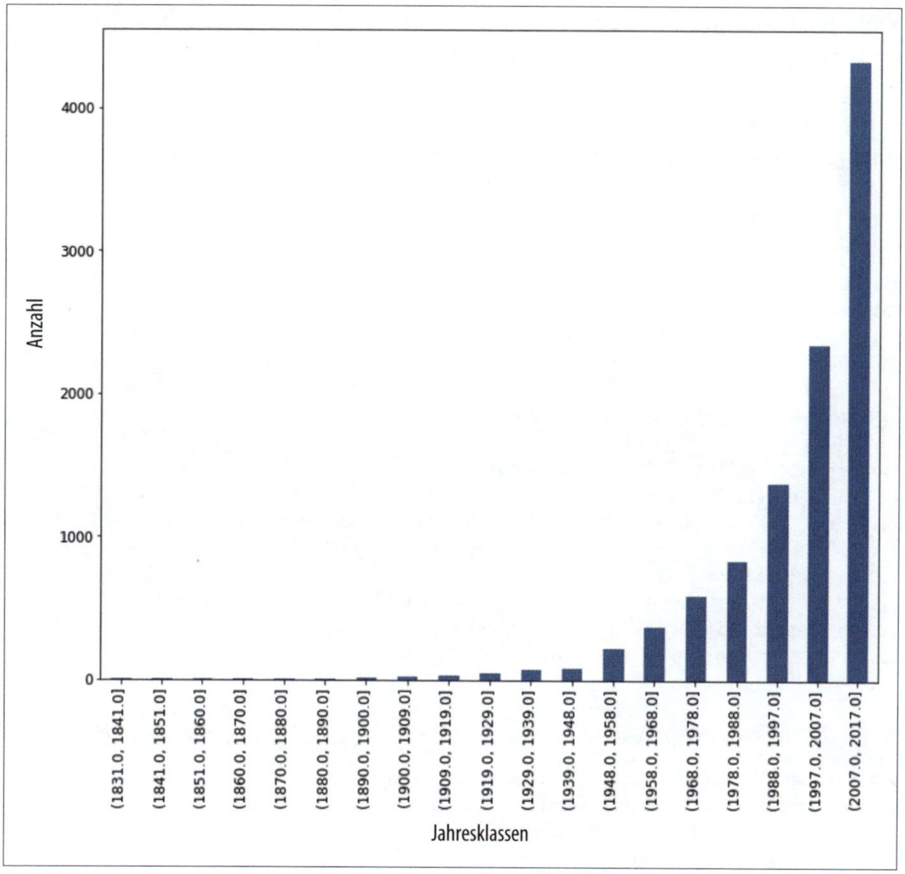

Abbildung 9-6: Verteilung des neuen, in Klassen eingeteilten Merkmals X_yrs

Schauen wir uns noch einmal an, was wir bereits getan haben. Im ersten Durchgang haben wir die Liste von Zeichenketten ausgelesen und daraus ein »Bag-of-

Phrases« erstellt. Da wir bereits eine brauchbare dünn besetzte Matrix haben, können wir uns darauf konzentrieren, einen effizienteren Datentyp zu verwenden. Beispiel 9-8 zeigt, wie die Umwandlung von einem Pandas-DataFrame in eine dünn besetzte NumPy-Matrix die Rechendauer beeinflusst.

Beispiel 9-8: Bag-of-Phrases von pd.Series in dünn besetzte NumPy-Matrix konvertieren

```
>>> X_fos = fos_features.values

# Wir sehen an der jeweiligen Größe, welchen Unterschied das in Zukunft ausmacht.
>>> print('Our pandas Series, in bytes: ', getsizeof(fos_features))
>>> print('Our hashed numpy array, in bytes: ', getsizeof(X_fos))

Our pandas Series, in bytes:  2530632380
Our hashed numpy array, in bytes:  112
```

Viel besser! Wir fügen unsere Merkmale nun wieder zusammen (siehe Beispiel 9-9) und lassen unseren Empfehlungsalgorithmus (siehe Beispiel 9-10) erneut laufen, um zu sehen, ob die Ergebnisse nun besser sind. Dabei nutzen wir die Funktion von scikit-learn für die Kosinus-Ähnlichkeit. Wir werden zudem die Rechenzeit verringern, indem wir uns immer nur auf einen Artikel konzentrieren.

Beispiel 9-9: Kollaboratives Filtern, Schritte 1 und 2: Matrix der Artikelmerkmale erstellen, nach ähnlichen Artikeln suchen

```
>>> second_features = np.append(X_fos, X_yrs, axis = 1)
>>> print("The power of feature engineering saves us, in bytes: ",
...       getsizeof(first_features) - getsizeof(second_features))
The power of feature engineering saves us, in bytes:  168066769

>>> from sklearn.metrics.pairwise import cosine_similarity

>>> def piped_collab_filter(features_matrix, index, top_n):
...     item_similarities = \
...         1 - cosine_similarity(features_matrix[index:index+1],
...                               features_matrix).flatten()
...     related_indices = \
...         [i for i in item_similarities.argsort()[::-1] if i != index]
...     return [(index, item_similarities[index])
...             for index in related_indices
...            ][0:top_n]
```

Beispiel 9-10: Artikelbezogenes kollaboratives Filtern: Empfehlungen, zweiter Anlauf

```
>>> def paper_recommender(items_df, paper_ix, top_n):
...     if paper_ix in model_df.index:
...         print('Based on the paper:')
...         print('Paper index = ', model_df.loc[paper_ix].name)
...         print('Title :', model_df.loc[paper_ix]['title'])
...         print('FOS :', model_df.loc[paper_ix]['fos'])
...         print('Year :', model_df.loc[paper_ix]['year'])
...         print('Abstract :', model_df.loc[paper_ix]['abstract'])
...         print('Authors :', model_df.loc[paper_ix]['authors'], '\n')
```

```
...         # define the location index for the DataFrame index requested
...         array_ix = model_df.index.get_loc(paper_ix)
...         top_results = piped_collab_filter(items_df, array_ix, top_n)
...         print('\nTop',top_n,'results: ')

...         order = 1
...         for i in range(len(top_results)):
...             print(order,'. Paper index = ',
...                   model_df.iloc[top_results[i][0]].name)
...             print('Similarity score: ', top_results[i][1])
...             print('Title :', model_df.iloc[top_results[i][0]]['title'])
...             print('FOS :', model_df.iloc[top_results[i][0]]['fos'])
...             print('Year :', model_df.iloc[top_results[i][0]]['year'])
...             print('Abstract :', model_df.iloc[top_results[i][0]]['abstract'])
...             print('Authors :', model_df.iloc[top_results[i][0]]['authors'],
...                   '\n')
...             if order < top_n: order += 1
...     else:
...         print('Whoops! Choose another paper. Try something from here: \n',
...               model_df.index[100:200])

>>> paper_recommender(second_features, 2, 3)
Based on the paper:
Paper index =  2
Title : Should endometriosis be an indication for intracytoplasmic sperm inject ...
FOS : nan
Year : 2015
Abstract : nan
Authors : [{'name': 'Jovana P. Lekovich', 'org': 'Weill Cornell Medical College, ...

Top 3 results:
1 . Paper index =  10055
Similarity score:  1.0
Title : [Diagnosis of cerebral tumors; comparative studies on arteriography, ...
FOS : ['Radiology', 'Pathology', 'Surgery']
Year : 1953
Abstract : nan
Authors : [{'name': 'Antoine'}, {'name': 'Lepoire'}, {'name': 'Schoumacker'}]

2 . Paper index =  11771
Similarity score:  1.0
Title : A Study of Special Functions in the Theory of Eclipsing Binary Systems
FOS : ['Contact binary']
Year : 1981
Abstract : nan
Authors : [{'name': 'Filaretti Zafiropoulos', 'org': 'University of Manchester'}]

3 . Paper index =  11773
Similarity score:  1.0
Title : Studies of powder flow using a recording powder flowmeter and measure ...
FOS : nan
Year : 1985
Abstract : This paper describes the utility of the dynamic measurement of the ...
Authors : [{'name': 'Ramachandra P. Hegde', 'org': 'Department of Pharmacy, ...
```

Seien wir ehrlich: Unsere Merkmalsauswahl funktioniert wohl nicht allzu gut. Diesen Feldern fehlt eine Menge Daten. Machen wir also weiter und versuchen wir, reichhaltigere Merkmale mit mehr Informationsgehalt auszuwählen.

Seinen Platz finden

Durch die Umwandlung zwischen Pandas-DataFrames und NumPy-Matrizen können Schwierigkeiten mit Indizes auftreten – wir haben einen Index gleicher Größe, aber die Zuordnungen sind nicht die gleichen. Pandas hilft uns dabei mit den Methoden `.iloc`, `.loc` und `.get_loc`, wie wir in Beispiel 9-11 zeigen:

- `.loc` gibt den Index in Bezug auf den ursprünglichen Pandas-DataFrame zurück, sodass wir einzelne Aufsätze referenzieren können.
- `.iloc` betrachtet die Position als ganze Zahl, was dem Index unserer NumPy-Matrix entspricht.
- `.get_loc` rechnet den DataFrame-Index in die ganzzahlige Position um.

Beispiel 9-11: Die Indexzuordnung beim Konvertieren beibehalten

```
>>> model_df.loc[21]
abstract    A microprocessor includes hardware registers t...
authors                       [{'name': 'Mark John Ebersole'}]
fos         [Embedded system, Parallel computing, Computer...
keywords                                                   NaN
title       Microprocessor that enables ARM ISA program to...
year                                                      2013
Name: 21, dtype: object

>>> model_df.iloc[21]
abstract                                                   NaN
authors     [{'name': 'Nicola M. Heller'}, {'name': 'Steph...
fos         [Biology, Medicine, Post-transcriptional regul...
keywords    [glucocorticoids, post transcriptional regulat...
title       Post-transcriptional regulation of eotaxin by ...
year                                                      2002
Name: 30, dtype: object

>>> model_df.index.get_loc(30)
21
```

Dritter Durchgang: Mehr Merkmale bedeuten mehr Information

Bisher bestätigt unser Experiment die ursprüngliche Hypothese nicht, nach der *Jahr*und *Fachgebiet* ausreichen würden, um einen ähnlichen Aufsatz zu empfehlen. Wir haben nun mehrere Möglichkeiten:

- Mehr Daten aus dem ursprünglichen Datensatz verwenden und schauen, ob die Ergebnisse besser werden.
- Die Daten weiter untersuchen, um einen ausreichend dichten Satz zu finden, sodass wir gute Empfehlungen bekommen.
- Das bestehende Modell ausbauen, indem wir weitere Merkmale hinzufügen.

Die erste Möglichkeit setzt voraus, dass das Problem in der Auswahl unserer Daten liegt. Das mag natürlich sein, würde aber in Anlehnung an Abbildung 9-4 bedeuten, den Datenhaufen umzurühren und auf bessere Ergebnisse zu hoffen.

Auf dem zweiten Weg würden wir uns eine bessere Vorstellung von den zugrunde liegenden Rohdaten verschaffen. Das sollten wir auch immer wieder tun, je nachdem, wie sich die Entscheidungen für Merkmale und die Wahl des Modells während der Weiterentwicklung ändern. Auch in der Wahl unserer anfänglichen Teilmenge schlägt sich dieser Schritt nieder. Da wir aber im Datensatz noch weitere Variablen zur Verfügung haben, kommen wir jetzt noch nicht darauf zurück.

Damit bleibt die dritte Möglichkeit übrig: mit unserem bisherigen Modell weiterzuarbeiten und weitere Merkmale hinzuzufügen. Mehr Informationen zu jedem Artikel können die Ähnlichkeitsbewertung verbessern und so zu passenderen Empfehlungen führen.

Im nächsten Schritt konzentrieren wir uns auf die Felder, die unserer ersten Analyse zufolge den höchsten Informationsgehalt besitzen: *abstract* und *authors*.

Empfehlungsalgorithmus für akademische Aufsätze: dritter Anlauf

In Kapitel 4 haben wir gesehen, dass sich *abstract* gut dafür eignet, mittels TF-IDF aus dem Rauschen die wichtigen Wörter herauszufiltern, die den Inhalt des Aufsatzes bezeichnen. Das geschieht in Beispiel 9-12.

Beispiel 9-12: Stoppwörter und TF-IDF

```
# NaN auffüllen für spätere Verwendung mit sklearn.
>>> filled_df = model_df.fillna('None')

>>> from sklearn.feature_extraction.text import TfidfVectorizer

>>> vectorizer = TfidfVectorizer(sublinear_tf=True, max_df=0.5,
...                              stop_words='english')
>>> X_abstract = vectorizer.fit_transform(filled_df['abstract'])
>>> third_features = np.append(second_features, X_abstract.toarray(), axis = 1)
```

Wir können den Rechenaufwand für das ziemlich chaotische Feld *authors* verringern, indem wir ein Dictionary daraus machen und darauf eine One-Hot-Kodierung anwenden, wie es Beispiel 9-13 vorführt.

Beispiel 9-13: One-Hot-Kodierung mit dem DictVectorizer von scikit-learn

```
>>> authors_list = []

>>> for row in filled_df.authors.itertuples():
...     # Ein Dictionary aus jedem Series-Index erstellen.
...     if type(row.authors) is str:
...         y = {'None': row.Index}
...     if type(row.authors) is list:
...         # Unserem Dictionary diese Schlüssel und Werte hinzufügen.
...         y = dict.fromkeys(row.authors[0].values(), row.Index)
...     authors_list.append(y)

>>> authors_list[0:5]
[{'None': 0},
{'Ahmed M. Alluwaimi': 1},
{'Jovana P. Lekovich': 2, 'Weill Cornell Medical College, New York, NY': 2},
{'George C. Sponsler': 5},
{'M. T. Richards': 7}]

>>> from sklearn.feature_extraction import DictVectorizer
>>> v = DictVectorizer(sparse=False)
>>> D = authors_list
>>> X_authors = v.fit_transform(D)
>>> fourth_features = np.append(third_features, X_authors, axis = 1)
```

Jetzt können wir schauen, wie sich diese neuen Merkmale im Empfehlungsalgorithmus bewähren. Beispiel 9-14 zeigt die Ergebnisse.

Beispiel 9-14: Artikelbezogenes kollaboratives Filtern: Empfehlungen, dritter Anlauf

```
>>> paper_recommender(fourth_features, 2, 3)

Based on the paper:
Paper index =  2
Title : Should endometriosis be an indication for intracytoplasmic sperm inject ...
FOS : nan
Year : 2015
Abstract : nan
Authors : [{'name': 'Jovana P. Lekovich', 'org': 'Weill Cornell Medical College, ...


Top 3 results:
1 . Paper index =  10055
Similarity score:  1.0
Title : [Diagnosis of cerebral tumors; comparative studies on arteriography, ...
FOS : ['Radiology', 'Pathology', 'Surgery']
Year : 1953
Abstract : nan
Authors : [{'name': 'Antoine'}, {'name': 'Lepoire'}, {'name': 'Schoumacker'}]

2 . Paper index =  5601
Similarity score:  1.0
Title : 633 Survival after coronary revascularization, with and without mitral ...
FOS : ['Cardiology']
```

```
Year : 2005
Abstract : nan
Authors : [{'name': 'J.B. Le Polain De Waroux'}, {'name': 'Anne-Catherine ...

3 . Paper index =  12256
Similarity score:  1.0
Title : Nucleotide Sequence and Analysis of an Insertion Sequence from Bacillus ...
FOS : ['Biology', 'Molecular biology', 'Insertion sequence', 'Nucleic acid ...
Year : 1994
Abstract : A 5.8-kb DNA fragment encoding the  cryIC  gene from  Bacillus thur...
Authors : [{'name': 'Geoffrey P. Smith'}, {'name': 'David J. Ellar'}, {'name': ...
```

Selbst angesichts fehlender Daten in manchen Feldern führen uns die besten drei Ergebnisse der letzten Runde Merkmalskonstruktion zu Aufsätzen aus der Medizin.

Die Aufsätze in diesem Datensatz sind sehr unterschiedlich; beispielsweise haben wir in einer Stichprobe die Fachgebiete »Coupling constant«, »Evapotranspiration«, »Hash function«, »IVMS«, »Meditation«, »Pareto analysis«, »Second-generation wavelet transform«, »Slip« und »Spiral galaxy« vorgefunden. Wenn wir bedenken, dass die gut 10K Aufsätze 7.604 unterschiedliche Fachgebiete aufweisen, scheinen unsere letzten Ergebnisse in die richtige Richtung zu weisen. Wir können guten Muts sein, dass unsere Arbeit zu einem nützlichen Modell führt.

Wenn wir uns weitere Textvariablen vornehmen, beispielsweise die Substantivphrasen aus den Titeln der Aufsätze heraussuchen oder Stemming auf die Schlagwörter anwenden, könnten wir einer »besten« Empfehlung noch weiter annähern.

Es sollte an dieser Stelle angemerkt werden, dass diese Definition von »beste« der Heilige Gral aller Empfehlungsalgorithmen und Suchmaschinen ist. Wir streben nach dem, was einem Anwender am meisten nützt, und das muss nicht zwangsläufig direkt in den Daten enthalten sein. Bei der Merkmalskonstruktion können wir wesentliche Merkmale so abstrahieren, dass Algorithmen sowohl die explizit als auch die implizit darin enthaltenen Informationen freilegen können.

Zusammenfassung

Wie Sie sehen, ist es leicht, Modelle für maschinelles Lernen zu bauen, aber es kostet Zeit und Arbeit, *gute* Modelle zu bauen, die *nützliche* Ergebnisse liefern. Wir sind in diesem Kapitel durch den Sumpf gewatet, mit dem man es bei der Untersuchung möglicher Variablen und dem Experimentieren mit verschiedenen Techniken der Merkmalskonstruktion zu tun bekommt, wenn man bessere Ergebnisse erreichen will. Dabei definieren wir »besser« nicht nur durch gute Ergebnisse beim Anlernen und Testen, sondern auch durch eine geringe Größe des Modells und die Möglichkeit, verschiedene Experimente in kurzer Zeit durchzuführen.

Am Anfang des vorliegenden Buchs haben wir darüber gesprochen, dass Meisterschaft auf einem Gebiet das Verständnis der wirkenden Prinzipien voraussetzt, damit wir ein Gefühl dafür entwickeln können, unser Wissen effektiv anzuwenden. Wir hoffen, wir konnten Ihnen die nötigen Werkzeuge an die Hand geben, um effizienter und effektiver zu werden, und Ihr mathematisches wie praktisches Verständnis davon erweitern, welch wesentliche Bedeutung die Merkmalskonstruktion für die Entwicklung nützlicher Machine-Learning-Modelle besitzt.

Literatur

Sarwar, Badrul, George Karypis, Joseph Konstan und John Riedl. »Item-Based Collaborative Filtering Recommendation Algorithms.« *Proceedings of the 10th International Conference on the World Wide Web* (2001) 285–295.

Sinha, Arnab, Zhihong Shen, Yang Song, Hao Ma, Darrin Eide, Bo-June (Paul) Hsu und Kuansan Wang. »An Overview of Microsoft Academic Service (MAS) and Applications.« *Proceedings of the 24th International Conference on the World Wide Web* (2015): 243–246.

Tang, Jie, Jing Zhang, Limin Yao, Juanzi Li, Li Zhang und Zhong Su. »ArnetMiner: Extraction and Mining of Academic Social Networks.« *Proceedings of the 14th ACM SIGKDD International Conference on Knowledge Discovery and Data Mining* (2008): 990–998.

Wickham, Hadley. »Tidy Data.« *The Journal of Statistical Software* 59 (2014).

ANHANG

Lineare Modellierung und Grundlagen der linearen Algebra

Übersicht der linearen Klassifikation

Wenn wir es mit einem markierten Datensatz zu tun haben, ist der Merkmalsraum mit Datenpunkten aus verschiedenen Klassen übersät. Es ist die Aufgabe des Klassifikators, die Datenpunkte aus unterschiedlichen Klassen voneinander zu trennen. Er kann das erreichen, indem er eine Ausgabe erzeugt, die sich zwischen den Datenpunkten von einer Klasse zur nächsten deutlich unterscheidet. Gibt es beispielsweise nur zwei Klassen, sollte ein guter Klassifikator für eine Klasse große Ausgabewerte erzeugen und kleine für die andere. Die Punkte, die genau auf der Grenze zwischen zwei Klassen liegen, bilden eine *Trennfläche* (siehe Abbildung A-1).

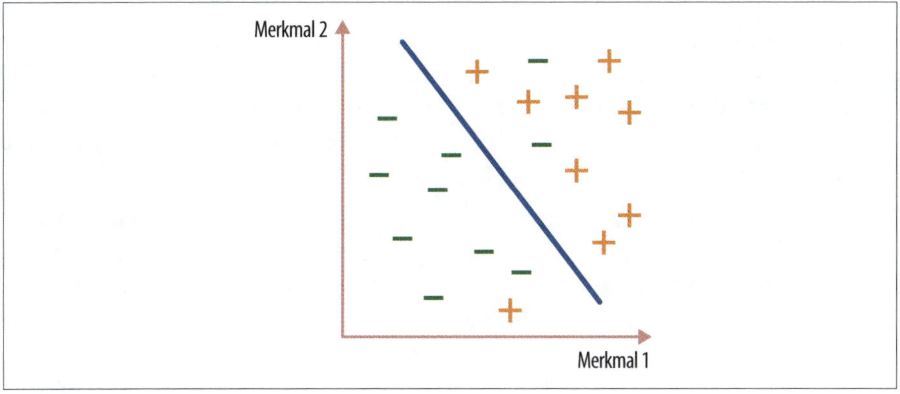

Abbildung A-1: Eine einfache binäre Klassifikation bestimmt eine Trennfläche zwischen zwei Klassen von Datenpunkten.

Als Klassifikatoren können vielerlei Funktionen genutzt werden. Es empfiehlt sich aus mehreren Gründen, die *einfachste* Funktion zu suchen, die die Klassen sauber trennt. Zum einen ist es leichter, die beste einfache Trennfunktion zu finden als die beste komplexe. Einfache Funktionen lassen sich oftmals auch leichter auf neue Daten verallgemeinern, da es umgekehrt schwieriger ist, sie zu genau auf die Anlerndaten zuzuschneiden (was als *Überanpassung* bezeichnet wird). Ein einfaches Modell mag Fehler machen – wie etwa in Abbildung A-1 passiert, wo einige Punkte auf der falschen Seite der Trennung landen –, aber wir sind durchaus bereit, ein wenig Genauigkeit beim Anlernen für eine einfachere Trennfläche zu opfern, die wiederum eine bessere Testgenauigkeit erreichen kann. Das Prinzip, die Komplexität zu minimieren und den Nutzen zu maximieren, ist als »Ockhams Rasiermesser« bekannt und an vielen Stellen in Wissenschaft und Technik anwendbar.

Die einfachste Funktion ist eine Gerade. Eine *lineare Funktion* einer Eingangsvariablen ist ein vertrauter Anblick (siehe Abbildung A-2).

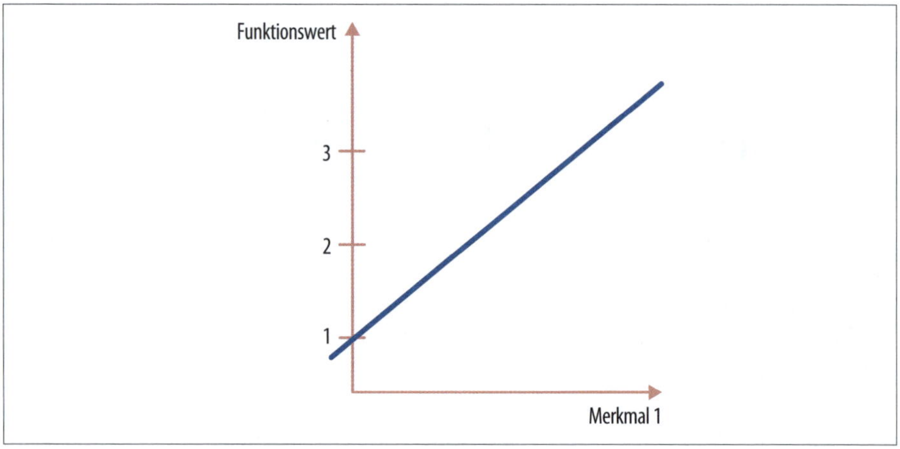

Abbildung A-2: Eine lineare Funktion einer Eingangsvariablen

Eine lineare Funktion mit zwei Eingangsvariablen kann entweder als Ebene im dreidimensionalen Raum oder als zweidimensionales Konturdiagramm abgebildet werden (siehe Abbildung A-3). Wie bei einer topografischen Karte repräsentiert jede Linie in einem Konturdiagramm Punkte im Ursprungsraum, zu denen dieselbe Ausgabe gehört.

Höherdimensionale lineare Funktionen, sogenannte *Hyperebenen*, sind schwerer zu veranschaulichen. Dafür lässt sich aber die algebraische Formel ganz leicht niederschreiben. Eine mehrdimensionale lineare Funktion besitzt eine Menge von Eingangsgrößen $x_1, x_2, ..., x_n$ und eine Menge von Gewichtsparametern $w_0, w_1, ..., w_n$:

$$f_{\mathbf{w}}(x_1, x_2, ..., x_n) = w_0 + w_1 * x_1 + w_2 * x_2 + ... + w_n * x_n$$

In der Vektorschreibweise wird sie kürzer:

$$f_{\mathbf{w}}(\mathbf{x}) = \mathbf{x}^T\mathbf{w}$$

Wir folgen der gängigen mathematischen Schreibweise, Vektoren mit fetter Schrift und Skalare mit magerer Schrift zu notieren. Der Vektor **x** wurde am Anfang mit einer zusätzlichen 1 als Platzhalter für den Verschiebungsterm w_0 aufgefüllt. Wenn alle Eingangsmerkmale 0 sind, beträgt die Ausgabe der Funktion w_0. Daher wird w_0 auch als *Bias* oder *Verschiebungsterm* bezeichnet.

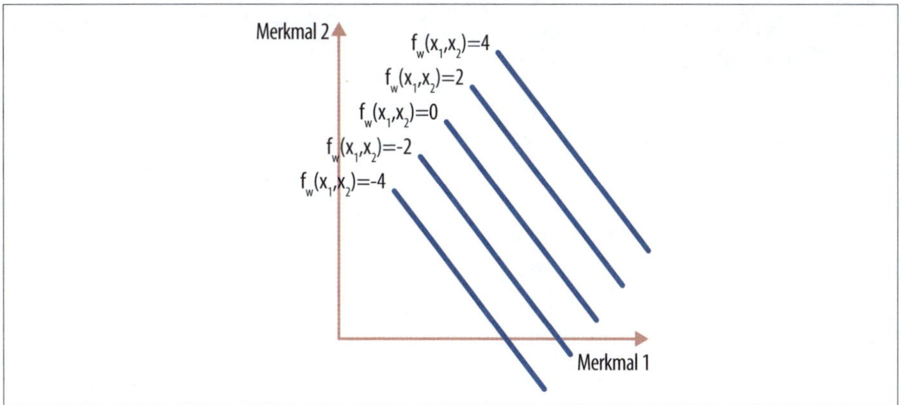

Abbildung A-3: Konturdiagramm einer linearen Funktion in zwei Dimensionen

Einen linearen Klassifikator anzulernen, bedeutet, die beste Hyperebene zu finden, die die Klassen voneinander trennt. Das ist das Gleiche, wie den besten Vektor **w** zu finden, der genau die richtige Ausrichtung im Raum aufweist. Da jeder Datenpunkt eine Zielmarkierung *y* trägt, könnten wir ein **w** suchen, das die Zielmarkierung möglichst direkt nachbildet:[1]

$$\mathbf{x}^T\mathbf{w} = \mathbf{y}$$

Weil wir aber gewöhnlich mehr als einen Datenpunkt haben, suchen wir ein **w**, das alle Vorhersagen gleichzeitig den Zielmarkierungen annähert:

$$\boldsymbol{A}\mathbf{w} = \mathbf{y}$$

Hierbei ist ***A*** die sogenannte *Datenmatrix* (in der Statistik auch als Designmatrix bekannt). Sie enthält die Daten in einem bestimmten Format: Jede Zeile entspricht einem Datenpunkt und jede Spalte einem Merkmal. (Manchmal arbeitet man auch mit ihrer Transponierten, wobei dann die Merkmale die Zeilen und die Datenpunkte die Spalten sind.)

1 Strenggenommen haben wir hier die Formel für die lineare Regression, nicht die lineare Klassifikation angegeben. Der Unterschied ist, dass die Regression reellwertige Zielvariablen zulässt, wohingegen die Klassifikationsziele üblicherweise ganze Zahlen sind, die für die unterschiedlichen Klassen stehen. Ein Regressor kann durch eine nichtlineare Transformation zu einem Klassifikator werden. Beispielsweise wendet der Klassifikator mittels logistischer Regression eine logistische Funktion auf die lineare Transformation der Eingabe an. Solche Modelle heißen *verallgemeinerte lineare Modelle* und bauen auf lineare Funktionen auf. Obwohl es in diesem Beispiel um Klassifikation geht, verwenden wir zum Vorführen die Formel für die lineare Regression, da sie viel leichter zu analysieren ist. Der Schritt zu verallgemeinerten linearen Klassifikatoren ist dann recht intuitiv.

Die Anatomie einer Matrix

Um die vorherige Gleichung zu lösen, benötigen wir etwas Grundwissen aus der linearen Algebra. Für eine systematische Einführung in das Thema finden wir Strang (2006) sehr empfehlenswert.

Die Gleichung besagt, dass das Produkt einer bestimmten Matrix mit einem bestimmten Vektor ein bestimmtes Ergebnis liefert. Eine Matrix wird auch als linearer Operator bezeichnet; dieser Name legt die Auffassung einer Matrix als kleine Maschine nahe. Diese Maschine nimmt einen Vektor als Eingabe entgegen und spuckt einen anderen Vektor aus, wozu sie mehrere Rechenschritte verbindet: Sie dreht die Richtung eines Vektors, fügt Dimensionen hinzu oder nimmt welche weg, und sie streckt oder staucht seine Länge. Das ist eine machtvolle Kombination, um geometrische Formen im Ursprungsraum zu verändern.

Beispielsweise zeigt Abbildung A-4, dass eine 3 × 2-Matrix ein Quadrat im zweidimensionalen Raum zu einer Raute in drei Dimensionen umwandeln kann. Dazu rotiert und streckt sie jeden Vektor im Ursprungsraum in einen neuen Vektor im Ergebnisraum.

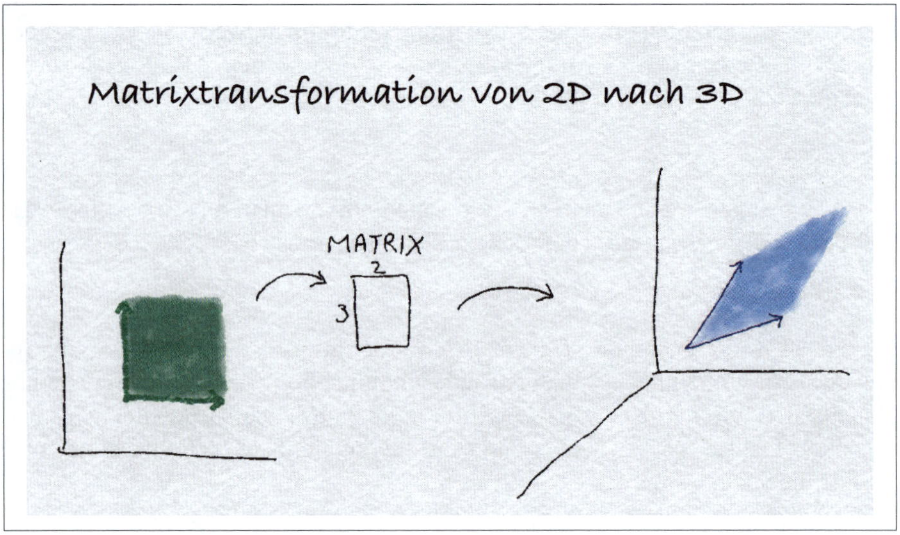

Abbildung A-4: Eine Matrixtransformation aus 2-D in 3-D

Von Vektoren zu Unterräumen

Um einen linearen Operator zu verstehen, müssen wir uns ansehen, wie er seine Eingabe zur Ausgabe umformt. Glücklicherweise müssen wir nicht jeden Eingangsvektor einzeln analysieren. Wir können Vektoren zu Unterräumen zusammenfassen, und *lineare Operatoren wirken auf Vektorunterräume*.

Nützliche Definitionen aus der linearen Algebra

Für Leser, die an einer mathematischen Herangehensweise interessiert sind, wollen wir unsere Beschreibungen durch etwas Mathematik präzisieren:

Skalar
: Eine Zahl c, im Gegensatz zu einem Vektor.

Vektor
: $\mathbf{x} = (x_1, x_2, ..., x_n)$

Linearkombination
: $a\mathbf{x} + b\mathbf{y} = (ax_1 + by_1, ax_2 + by_2, ..., ax_n + by_n)$

Hülle eines Satzes von Vektoren $\mathbf{v}_1, ..., \mathbf{v}_k$
: Die Menge von Vektoren $\mathbf{u} = a_1\mathbf{v}_1 + ... + a_k\mathbf{v}_k$ für beliebige $a_1, ..., a_k$.

Lineare Unabhängigkeit
: $\mathbf{x}$ und $\mathbf{y}$ sind unabhängig, wenn $\mathbf{x} \neq c\mathbf{y}$ für eine beliebige skalare Konstante c gilt.

Inneres Produkt:
: $\langle \mathbf{x}, \mathbf{y} \rangle = x_1y_1 + x_2y_2 + ... + x_ny_n$

Orthogonale Vektoren
: Zwei Vektoren $\mathbf{x}$ und $\mathbf{y}$ sind orthogonal, wenn gilt: $\langle \mathbf{x}, \mathbf{y} \rangle = 0$.

Unterraum
: Eine Teilmenge von Vektoren, die in einem größeren Vektorraum enthalten ist und folgende drei Kriterien erfüllt:

1. Sie enthält den Nullvektor.
2. Wenn sie einen Vektor $\mathbf{v}$ enthält, dann enthält sie ebenfalls alle Vektoren $c\mathbf{v}$, wobei c ein Skalar ist.
3. Wenn sie zwei Vektoren $\mathbf{u}$ und $\mathbf{v}$ enthält, dann enthält sie auch den Vektor $\mathbf{u} + \mathbf{v}$.

Basis
: Ein Satz von Vektoren, die einen Unterraum aufspannen.

Orthogonalbasis
: Eine Basis $\{\mathbf{v}_1, \mathbf{v}_2, ..., \mathbf{v}_d\}$ mit $\langle \mathbf{v}_i, \mathbf{v}_j \rangle = 0$ für alle i, j.

Rang eines Unterraums
: Die minimale Anzahl linear unabhängiger Basisvektoren, die den Unterraum aufspannen.

Ein Unterraum ist eine Menge von Vektoren, der zwei Kriterien erfüllt. Erstens enthält er zu jedem enthaltenen Vektor auch die gesamte Gerade durch den Ursprung und den entsprechenden Punkt. Zweitens enthält er zu je zwei enthaltenen Vektoren auch sämtliche ihrer Linearkombinationen. Eine Linearkombination ist eine

Verknüpfung zweier Rechenoperationen: der Multiplikation eines Vektors mit einem Skalar und der Addition zweier Vektoren.

Eine wichtige Eigenschaft eines Unterraums ist sein *Rang* oder seine Dimension, sie ist ein Maß für die Freiheitsgrade in diesem Raum. Eine Gerade hat den Rang 1, eine 2-D-Ebene den Rang 2 und so fort. Wenn Sie sich einen mehrdimensionalen Vogel in unserem mehrdimensionalen Raum vorstellen können, sagt uns der Rang des Unterraums, in wie viele »voneinander unabhängige« Richtungen der Vogel fliegen kann. »Unabhängigkeit« bedeutet dabei »lineare Unabhängigkeit«: Zwei Vektoren sind voneinander linear unabhängig, wenn nicht einer ein konstantes Vielfaches des anderen ist (wenn sie also nicht genau in dieselbe Richtung oder in einander entgegengesetzte Richtungen zeigen).

Ein Unterraum kann als die Hülle eines Satzes von *Basisvektoren* definiert werden. (Die Hülle ist ein technischer Begriff, der die Menge aller Linearkombinationen eines Satzes von Vektoren beschreibt.) Die Hülle eines Satzes von Vektoren ist (aufgrund ihrer Definition) invariant unter Linearkombinationen. Wenn wir also einen Satz von Basisvektoren haben, können wir die Vektoren mit beliebigen von null verschiedenen Konstanten multiplizieren oder sie addieren und erhalten eine neue Basis.

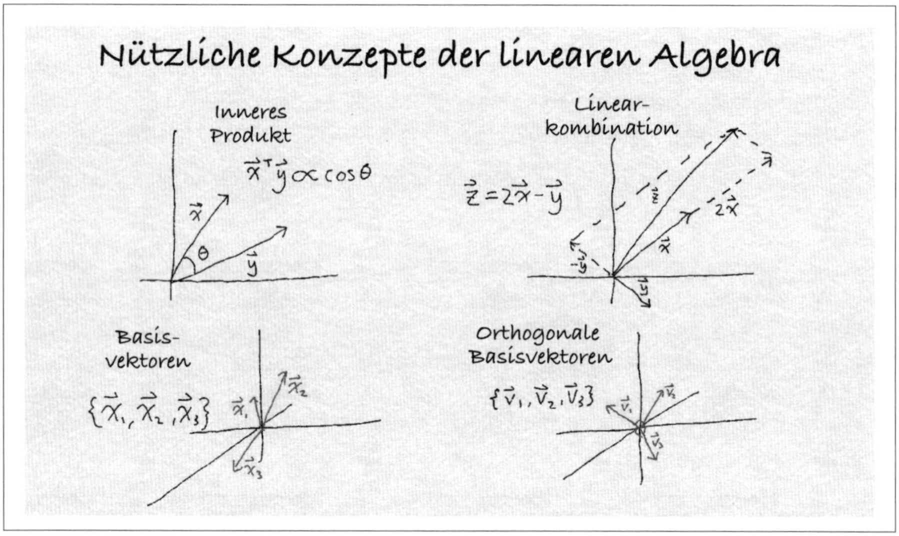

Abbildung A-5: Veranschaulichung der vier nützlichen Konzepte der linearen Algebra: inneres Produkt, Linearkombination, Basisvektoren und orthogonale Basisvektoren

Es wäre schön, einen Unterraum durch eine eindeutigere und besser bestimmbare Basis beschreiben zu können. Eine *Orthonormalbasis* besteht aus Vektoren, die Einheitslänge haben und paarweise orthogonal zueinander sind. *Orthogonalität* ist ein weiterer technischer Begriff. (Mindestens 50% aller Mathematik und Naturwissenschaft bestehen aus technischen Begriffen. Wenn Sie das nicht glauben, wenden Sie eine Bag-of-Words-Zählung auf dieses Buch an.) Zwei Vektoren sind *orthogonal* zueinander, wenn ihr inneres Produkt null ist. Ohne Beschränkung der Allgemeinheit können wir uns vorstellen, dass orthogonale Vektoren 90-Grad-Winkel miteinander bilden. (Das gilt im euklidischen Raum, der unserer alltäglichen 3-D-Wirklichkeit stark ähnelt.) Normiert man diese Vektoren auf Einheitslänge, werden sie zu einem einheitlichen Satz von Maßstäben.

Alles in allem ist ein Unterraum wie ein Zelt, und die orthogonalen Basisvektoren sind diejenigen Stangen, die rechte Winkel bilden und notwendig sind, um das Zelt aufzuspannen. Der Rang entspricht der Gesamtzahl orthogonaler Basisvektoren. Abbildung A-5 veranschaulicht einige dieser Konzepte.

Singulärwertzerlegung

Eine Matrix wendet eine lineare Transformation auf einen Eingangsvektor an. Lineare Transformationen sind sehr einfach und beschränkt. Eine Matrix kann einen Unterraum also nicht nach Belieben verändern. Einer der faszinierendsten Sätze der linearen Algebra besagt, dass es zu jeder quadratischen Matrix – welche Zahlen auch immer sie enthalten mag – einen bestimmten Satz von Vektoren gibt, den die Matrix, bis auf eine Skalierung, wieder auf sich selbst abbildet. Eine allgemeine rechteckige Matrix bildet einen Satz von Eingangsvektoren auf einen zugehörigen Satz von Ergebnisvektoren ab, und ihre *Transponierte* beschreibt die umgekehrte Abbildung dieser Ergebnisvektoren auf die ursprünglichen Eingangsvektoren. Technisch spricht man davon, dass quadratische Matrizen Eigenvektoren mit Eigenwerten besitzen, während nicht quadratische Matrizen links- und rechtsseitige Singulärvektoren mit Singulärwerten haben.

Eigenvektor und Singulärvektor

A sei eine $n \times n$-Matrix. Wenn es einen Vektor $\mathbf{v}$ und einen Skalar λ gibt, sodass $A\mathbf{v} = \lambda\mathbf{v}$ gilt, ist $\mathbf{v}$ ein *Eigenvektor* und λ ein *Eigenwert* von A.

A sei nun eine rechteckige Matrix. Wenn die Vektoren $\mathbf{u}$ und $\mathbf{v}$ und ein Skalar σ existieren, sodass $A\mathbf{v} = \sigma\mathbf{u}$ und $A^T\mathbf{u} = \sigma\mathbf{v}$ gilt, nennt man $\mathbf{u}$ und $\mathbf{v}$ die *linksseitigen bzw. rechtsseitigen Singulärvektoren*, und σ ist ein *Singulärwert* von A.

Algebraisch ausgedrückt, sieht die Singulärwertzerlegung einer Matrix folgendermaßen aus:

$$A = U\Sigma V^T$$

Dabei bilden die Spalten der Matrizen U und V Orthonormalbasen des Eingabe- bzw. Ergebnisraums. Σ ist eine Diagonalmatrix, die die Singulärwerte enthält.

Aus Sicht der Geometrie führt eine Matrix eine Folge von Transformationen aus:

1. Projiziere den Eingangsvektor auf die rechtsseitigen singulären Basisvektoren.
2. Skaliere jede Koordinate mit dem entsprechenden Singulärwert.
3. Multipliziere das Ergebnis mit jedem der linksseitigen Singulärvektoren.
4. Addiere die Ergebnisse.

Abbildung A-6 stellt das anschaulich dar. Die Rechenoperationen werden bei der Multiplikation einer Matrix mit einem Vektor von rechts nach links angewendet. Die rechte Maschine rotiert den Eingangsvektor und projiziert ihn gegebenenfalls in einen Raum niedrigerer Dimension. In unserer Abbildung wird der Würfel zu einem ebenen Quadrat, das zudem rotiert wird. Die nächste Maschine staucht das Quadrat in einer Richtung und streckt es in der anderen; aus dem Quadrat wird ein Rechteck. Die letzte, linke Maschine rotiert das Rechteck erneut und projiziert es wieder in einen möglicherweise höherdimensionalen Raum – aber es bleibt dabei ein ebenes Rechteck und wird nicht etwa zu einem höherdimensionalen Objekt.

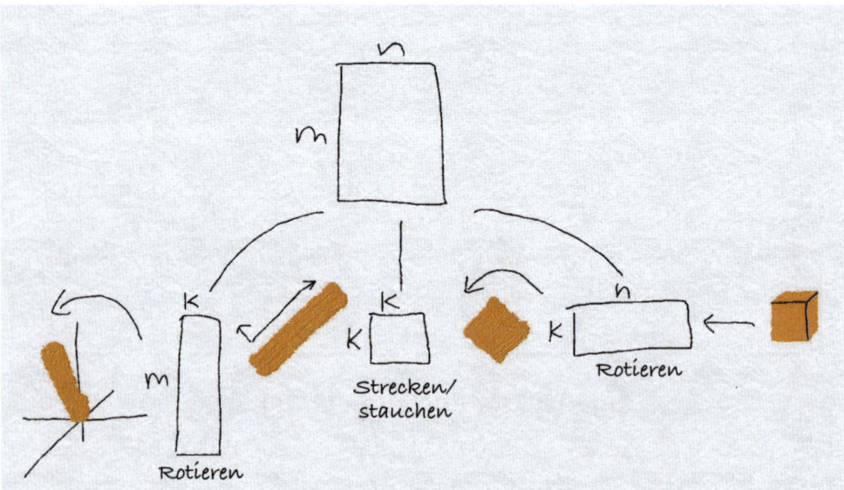

Abbildung A-6: Zerlegung einer Matrix in drei kleine Maschinen: Rotation, Skalierung, Rotation

Wenn ***A*** eine reelle Matrix ist (das heißt, alle Elemente sind reellwertig), dann sind auch alle Singulärwerte und -vektoren reellwertig. Ein Singulärwert kann positiv, negativ oder null sein. Die geordnete Menge der Singulärwerte einer Matrix wird als ihr *Spektrum* bezeichnet und sagt viel über die Matrix aus. Der Abstand zwischen den Singulärwerten beeinflusst die Stabilität der Lösungen, und das Verhältnis zwischen maximalem und minimalem Absolutbetrag der Singulärwerte (die *Konditionszahl*) bestimmt, wie schnell ein iterativer Lösungsalgorithmus die Lösung finden kann. Beide Eigenschaften haben einen wesentlichen Einfluss auf die Qualität einer auffindbaren Lösung.

Die vier fundamentalen Unterräume der Datenmatrix

Eine weitere nützliche Zerlegung einer Matrix bezieht sich auf die vier fundamentalen Unterräume: Spaltenraum, Zeilenraum, Nullraum und linksseitiger Nullraum. Diese vier Unterräume ergeben eine vollständige Charakterisierung der Lösungen linearer Systeme, die auf A oder A^T beruhen (daher der Name).

Bei der Datenmatrix (mit Datenpunkten als Zeilen und Merkmalen als Spalten) enthalten die vier fundamentalen Unterräume eine Aussage über die Daten und die Merkmale. Schauen wir sie uns näher an.

Der Spaltenraum

Mathematische Definition:
: Die Menge der Ergebnisvektoren $\mathbf{s}$ mit $\mathbf{s} = A\mathbf{w}$ für alle Gewichtsvektoren $\mathbf{w}$.

Mathematische Interpretation:
: Alle möglichen Linearkombinationen von Spalten.

Datenanalytische Interpretation:
: Alle Ergebnisse, die anhand der beobachteten Merkmale linear vorhersagbar sind. Der Vektor $\mathbf{w}$ enthält das Gewicht jedes Merkmals.

Basis:
: Die linksseitigen Singulärvektoren, deren zugehörige Singulärwerte nicht null sind (eine Teilmenge der Spalten von U).

Der Zeilenraum

Mathematische Definition:
: Die Menge der Ergebnisvektoren $\mathbf{r}$ mit $\mathbf{r} = \mathbf{u}^T A$ für alle Gewichtsvektoren $\mathbf{u}$.

Mathematische Interpretation:
: Alle möglichen Linearkombinationen von Zeilen.

Datenanalytische Interpretation:
: Ein Vektor im Zeilenraum kann als Linearkombination existierender Datenpunkte dargestellt werden. Daher kann man den Zeilenraum als den Raum aller Daten »ohne Neuigkeitswert« verstehen. Der Vektor $\mathbf{u}$ enthält das Gewicht jedes Datenpunkts bei der Linearkombination.

Basis:
: Die rechtsseitigen Singulärvektoren, deren zugehörige Singulärwerte nicht null sind (eine Teilmenge der Spalten von V).

Der Nullraum

Mathematische Definition:
: Die Menge der Eingangsvektoren $\mathbf{w}$ mit $A\mathbf{w} = 0$.

Mathematische Interpretation:

Vektoren, die orthogonal zu allen Zeilen von A sind. Der Nullraum wird durch Anwendung der Matrix auf null zusammengedrückt. Er vergrößert das Volumen des Lösungsraums von $\mathbf{Aw} = \mathbf{y}$, »bläht« ihn also sozusagen auf.

Datenanalytische Interpretation:

»Neue« Datenpunkte, die nicht als Linearkombination existierender Datenpunkte dargestellt werden können.

Basis:

Die rechtsseitigen Singulärvektoren mit dem Singulärwert null (die restlichen Spalten von V).

Der linksseitige Nullraum

Mathematische Definition:

Die Menge derEingangsvektoren $\mathbf{u}$ mit $\mathbf{u}^T A$.

Mathematische Interpretation:

Vektoren, die orthogonal zu allen Spalten von A sind. Der linksseitige Nullraum ist orthogonal zum Spaltenraum.

Datenanalytische Interpretation:

»Neue Merkmalsvektoren«, die nicht als Linearkombinationen existierender Merkmale darstellbar sind.

Basis:

Die linksseitigen Singulärvektoren mit dem Singulärwert null (die restlichen Spalten von U).

Spalten- und Zeilenraum enthalten all das, was bereits anhand beobachteter Daten und Merkmale darstellbar ist. Vektoren im Spaltenraum sind Merkmale ohne Neuigkeitswert, Vektoren im Zeilenraum sind Datenpunkte ohne Neuigkeitswert.

Bei der Modellierung und Vorhersage ist es gut, es nicht mit Neuigkeiten zu tun zu haben. Ein voller Spaltenraum bedeutet, dass der Merkmalssatz genügend Information enthält, um jeden gewünschten Zielvektor zu modellieren. Ein voller Zeilenraum heißt, dass die verschiedenen Datenpunkte genügend Unterschiede enthalten, um alle möglichen Ecken des Merkmalsraums abzudecken. Es sind die Datenpunkte und Merkmale mit Neuigkeitswert – bzw. diejenigen in Nullraum und linksseitigem Nullraum –, um die wir uns sorgen müssen.

In unserem Anwendungsfall, lineare Modelle für Daten zu konstruieren, kann der Nullraum auch als der Unterraum »neuer« Datenpunkte angesehen werden. Neuigkeitswert ist in diesem Zusammenhang keine gute Sache. Neue Datenpunkte weisen auf Phantomdaten hin, die durch den Anlerndatensatz nicht linear abbildbar sind. In gleicher Weise enthält der linksseitige Nullraum neue Merkmale, die nicht als Linearkombinationen existierender Merkmale darstellbar sind.

Der Nullraum ist orthogonal zum Zeilenraum. Das ist leicht einzusehen: Die Definition des Nullraums besagt, dass $\mathbf{w}$ ein inneres Produkt von 0 mit jedem Zeilenvektor in A bildet. Daher ist $\mathbf{w}$ orthogonal zu dem Raum, der von diesen Vektoren aufgespannt wird, also dem Zeilenraum. Aus dem gleichen Grund ist der linksseitige Nullraum orthogonal zum Spaltenraum.

Lösen eines linearen Systems

Wir wollen nun diese ganze Mathematik auf unsere eigentliche Aufgabe anwenden: einen linearen Klassifikator anzulernen. Das ist sehr eng verbunden mit der Lösung eines linearen Systems. Wir sehen uns genau an, wie eine Matrix funktioniert, weil wir sie rückwärts anwenden müssen. Um ein lineares Modell anzulernen, müssen wir auf der Eingabeseite den Gewichtsvektor $\mathbf{w}$ finden, der zu den beobachteten Ausgabezielwerten $\mathbf{y}$ in dem System $A\mathbf{w} = \mathbf{y}$ gehört, wobei A die Datenmatrix ist.[2]

Versuchen wir nun, die Maschinerie des linearen Operators rückwärts laufen zu lassen. Wenn wir die Singulärwertzerlegung von A kennen würden, könnten wir $\mathbf{y}$ auf die linksseitigen Singulärvektoren (die Spalten von U) projizieren, die Skalierung umkehren (mit den Reziproken der von null verschiedenen Singulärwerte multiplizieren) und die Vektoren schließlich wieder auf die rechtsseitigen Singulärvektoren (die Spalten von V) abbilden. Ta-da! Einfach, oder?

Tatsächlich haben wir es hier mit der Berechnung der *Pseudo-Inversen* von A zu tun. Sie nutzt eine wichtige Eigenschaft einer Orthonormalbasis aus: Ihre Transponierte ist gleich ihrer Inversen. Deshalb ist die Singulärwertzerlegung so ein mächtiges Werkzeug. (In der Praxis vermeiden Lösungsalgorithmen für lineare Systeme die Singulärwertzerlegung jedoch, da sie ziemlich teuer zu berechnen ist. Es gibt andere, viel billigere Möglichkeiten, eine Matrix zu zerlegen, etwa QR (*http://bit.ly/2D51LU1*), LU (*http://bit.ly/2Fosjl6*) oder Cholesky (*http://bit.ly/2IbRlFQ*)-Zerlegungen.)

Wir haben jedoch in der Eile eine Kleinigkeit übersehen. Was geschieht, wenn der Singulärwert null ist? Wir können von 0 kein Reziproken bilden, denn es gilt $1/0 = \infty$. Deshalb sprechen wir von der Pseudo-Inversen. (Eine echte Inverse ist für nicht quadratische Matrizen nicht einmal definiert. Nur quadratische Matrizen haben so etwas und auch nur, wenn alle Eigenwerte von null verschieden sind.) Ein Singulärwert von null vernichtet jegliche Eingabevektoren; es ist dann unmöglich, die Abbildung umzukehren und die ursprüngliche Eingabe wiederherzustellen.

---

2 Eigentlich ist es ein wenig komplizierter. y liegt möglicherweise nicht im Spaltenraum von A, sodass diese Gleichung dann keine Lösung hat. Statt nun aufzugeben, sucht statistisches Machine-Learning nach einer Näherungslösung. Es definiert eine Verlustfunktion, die die Güte einer Lösung quantifiziert. Ist die Lösung exakt, dann beträgt der Verlust 0. Kleine Fehler, kleiner Verlust; große Fehler, großer Verlust und so fort. Der Anlernprozess sucht dann diejenigen Parameter, die diese Verlustfunktion minimieren. Bei der gewöhnlichen linearen Regression ist die Verlustfunktion die sogenannte Quadratsumme der Residuen, wodurch im Wesentlichen y auf den nächstgelegenen Punkt im Spaltenraum von A abgebildet wird. Die logistische Regression minimiert den logarithmierten Verlust. Beide Fälle, und lineare Modelle im Allgemeinen, bestehen im Kern häufig aus dem linearen System $Aw=y$. Daher sind solche Überlegungen durchaus relevant.

Gut – wenn wir uns rückwärts bewegen wollen, bleiben wir dank dieses kleinen Details stecken. Nehmen wir also, was wir haben, und arbeiten wir uns weiter vorwärts; vielleicht können wir die Maschinerie wieder freibekommen. Angenommen, wir hätten eine Lösung für $\boldsymbol{A}\mathbf{w} = \mathbf{y}$. Wir nennen sie $\mathbf{w}_{\text{besonders}}$, weil sie für $\mathbf{y}$ besonders gut funktioniert. Nehmen wir weiterhin an, dass es auch ein Bündel Eingabevektoren gibt, die $\boldsymbol{A}$ auf null zusammendrückt. Wir nehmen einen davon und nennen ihn $\mathbf{w}_{\text{leider-verloren}}$ – aus offensichtlichen Gründen. Was, glauben Sie, passiert nun, wenn wir $\mathbf{w}_{\text{besonders}}$ und $\mathbf{w}_{\text{leider-verloren}}$ addieren?

$$A(\mathbf{w}_{\text{besonders}} + \mathbf{w}_{\text{leider-verloren}}) = \mathbf{y}$$

Erstaunlich! Das ist also auch eine Lösung. In der Tat kann jeder Vektor, der zu null gemacht werden würde, zu einer Lösung addiert werden, und es kommt eine weitere Lösung heraus. Die allgemeine Lösung sieht so aus:

$$\mathbf{w}_{\text{allgemein}} = \mathbf{w}_{\text{besonders}} + \mathbf{w}_{\text{homogen}}$$

$\mathbf{w}_{\text{besonders}}$ ist eine exakte Lösung der Gleichung $\boldsymbol{A}\mathbf{w} = \mathbf{y}$. Es mag sein, dass es keine solche Lösung gibt, in dem Fall kann das System nur näherungsweise gelöst werden. Gibt es aber eine Lösung, gehört $\mathbf{y}$ zum sogenannten Spaltenraum von $\boldsymbol{A}$. Der Spaltenraum ist die Menge der Vektoren, *auf* die $\boldsymbol{A}$ abbilden kann, indem es Linearkombinationen seiner Spalten bildet.

$\mathbf{w}_{\text{homogen}}$ ist eine Lösung der Gleichung $\boldsymbol{A}\mathbf{w} = 0$. (Der ernsthafte Name für $\mathbf{w}_{\text{leider-verloren}}$ lautet $\mathbf{w}_{\text{homogen}}$.) Das sollte Ihnen mittlerweile vertraut vorkommen. Die Menge aller Vektoren $\mathbf{w}_{\text{homogen}}$ bildet den Nullraum von $\boldsymbol{A}$. Dieser ist die Hülle der rechtsseitigen Singulärvektoren mit dem Singulärwert 0.

Die Bezeichnung »Nullraum« klingt nach dem letzten Abgrund einer Existenzkrise. Wenn der Nullraum irgendwelche Vektoren außer dem Nullvektor enthält, besitzt die Gleichung $\boldsymbol{A}\mathbf{w} = \mathbf{y}$ unendlich viele Lösungen. Aus zu vielen Lösungen wählen zu können, ist an sich nichts Schlechtes; manchmal ist jede beliebige Lösung recht. Aber wenn es viele mögliche Lösungen gibt, dann gibt es viele mögliche Merkmalssätze, die sich zur Klassifikation eignen. Und dann wird es schwer, zu verstehen, welche davon wirklich wichtig sind.

Als eine Möglichkeit, mit einem großen Nullraum umzugehen, kann man das Modell *regularisieren*, indem man weitere Bedingungen hinzufügt:

$$\boldsymbol{A}\mathbf{w} = \mathbf{y},$$

wobei $\mathbf{w}$ so gewählt ist, dass $\mathbf{w}^T\mathbf{w} = c$ gilt.

Diese Art der Regularisierung beschränkt den Gewichtsvektor, sodass er eine bestimmte Norm c besitzt. Wie stark diese Regularisierung wirkt, wird durch einen Regularisierungsparameter gesteuert, der abgestimmt werden muss – wie wir es in unseren Experimenten tun.

Im Allgemeinen haben Verfahren zur *Merkmalsauswahl* zum Ziel, diejenigen Merkmale auszuwählen, die die Rechenlast am ehesten verringern, das Modell möglichst klar erscheinen lassen und das angelernte Modell möglichst eindeutig. Darum geht es im Abschnitt »Merkmalsauswahl« auf Seite 35.

Ein weiteres Problem ist das »unausgeglichene« Spektrum der Datenmatrix. Wenn wir einen linearen Klassifikator anlernen, interessiert uns nicht nur, dass eine allgemeine Lösung für das lineare System existiert, sondern auch, dass wir sie leicht finden. Gewöhnlich wird beim Anlernen ein Lösungsalgorithmus genutzt, der den Gradienten der Verlustfunktion berechnet und sich in kleinen Schritten bergab bewegt. Wenn manche Singulärwerte sehr groß und andere sehr nahe bei null sind, muss der Algorithmus sorgfältig einen Bogen um die längeren Singulärvektoren machen (also diejenigen, die zu den großen Singulärwerten gehören) und eine Menge Zeit in der Umgebung der kürzeren Singulärvektoren verbringen, um zur wahren Lösung zu gelangen. Ein Maß für diese »Unausgeglichenheit« des Spektrums ist die Konditionszahl der Matrix, die im Wesentlichen das Verhältnis zwischen dem größten und dem kleinsten Absolutbetrag der Singulärwerte ist.

Fassen wir das noch einmal zusammen: Damit es ein gutes, relativ eindeutiges lineares Modell gibt, das leicht zu finden ist, wünschen wir uns Folgendes:

1. Der Markierungsvektor kann gut durch eine Linearkombination einer Teilmenge von Merkmalen (Spaltenvektoren) angenähert werden. Noch besser wäre es, wenn die Menge der Merkmale linear unabhängig wäre.
2. Damit der Nullraum klein wird, muss der Zeilenraum groß werden. (Das liegt daran, dass die zwei Unterräume orthogonal zueinander sind.) Je stärker die lineare Unabhängigkeit der Menge der Datenpunkte (Zeilenvektoren) ist, desto kleiner ist der Nullraum.
3. Damit die Lösung leicht gefunden werden kann, sollte die Konditionszahl der Datenmatrix – das Verhältnis zwischen dem maximalen und dem minimalen Singulärwert – klein sein.

Literatur

Strang, Gilbert. *Linear Algebra and Its Applications*. 4th ed. Boston, MA: Cengage Learning, 2006.

Index

C

D

E

F

G

H

I

K

L

M

N

S

T

U

V

W

Z

Über die Autoren

Alice Zheng ist technische Leiterin für angewandtes Machine Learning und beschäftigt sich mit Algorithmen und Plattformentwicklung. Derzeit ist sie Forschungsmanagerin bei Amazon Advertisement. Zuvor war sie bei GraphLab/Dato/Turi mit der Werkzeugentwicklung und der Weiterbildung von Anwendern betraut und forschte über maschinelles Lernen bei Microsoft Research. Sie besitzt einen Doktortitel für Elektrotechnik und Informatik sowie einen Bachelor-Abschluss in Informatik und Mathematik von der University of California, Berkeley.

Amanda Casari ist eine führende Ingenieurin, die technisches Neuland erkundet und danach fragt, wie man die Auswirkungen dieser Neuerungen am besten aufzeigen kann. Sie ist derzeit leitende Produktmanagerin und Datenanalytikerin bei Concur Labs und Mitbegründerin der KI-Forschungsgruppe von Concur Labs bei SAP Concur. Über die letzten 16 Jahre arbeitete sie in einer Vielzahl funktionsübergreifender Rollen und technischer Fachgebiete, darunter Datenanalyse, maschinelles Lernen, komplexe Systeme und Robotik. Amanda besitzt einen Abschluss als Bachelor of Science in Steuersystemtechnik von der United States Naval Academy und als Master of Science in Elektrotechnik von der University of Vermont.

Über den Übersetzer

Thomas Lotze arbeitet seit 2004 mit Python, wobei er die Programmiersprache sowohl in Kundenprojekten einsetzt als auch in Schulungen lehrt. Er besitzt Erfahrungen unter anderem mit Softwarearchitektur, der Entwicklung von Webanwendungen und automatisierten Softwaretests. Daneben hat er aufgrund seiner naturwissenschaftlichen Ausbildung ein Interesse an wissenschaftlichem Programmieren und Datenanalyse. Er ist überzeugt vom Gedanken der Freien Software.

Kolophon

Das Tier auf dem Cover von »*Merkmalskonstruktion für Machine Learning*« ist ein Wüstenuhu (*Bubo ascalaphus*). Dieser Greifvogel ist in Nordafrika und auf der arabischen Halbinsel beheimatet und bevorzugt felsige, wüstenartige Lebensräume. Er gehört eher zu den kleineren Uhus und erreicht eine Größe von 45 bis 50 Zentimetern, andere Arten der Gattung Bubo können bis zu 80 Zentimeter groß werden. So wie die meisten Uhus trägt auch der Wüstenuhu die unverwechselbaren Ohrbüschel. Das Gefieder ist sandfarben mit braunen bis schwarzen Flecken, die Füße sind befiedert und die Augen haben eine markante orange-gelbe Färbung.

Der Wüstenuhu ist nachtaktiv und jagt aus sitzender Position. Von einer hohen Warte aus lauert der Vogel auf seine Beute – kleine Säugetiere, Schlangen, Eidechsen, Vögel und sogar Insekten –, und stößt dann, wenn sie in Reichweite gekommen ist, rasch und fast geräuschlos auf sie herab. Die scharfen Augen und empfindlichen Ohren, für den lautlosen Flug optimierte Federn und scharfe Krallen unterstützen ihn bei dieser Jagdtechnik. Eulen können ihren Kopf bis zu 270° drehen, sodass sie ohne viel Bewegung hinter sich blicken können.

Wüstenuhus bilden lebenslange Paare. Die Nistplätze werden zwischen Felsen und Höhlen oder (gelegentlich) in vom Menschen geschaffenen Gemäuern wie Brunnen angelegt. In Ägypten wurden sogar Eulen beobachtet, die auf Pyramiden nisteten.

Viele der Tiere auf den O'Reilly-Covern sind vom Aussterben bedroht. Doch jedes einzelne von ihnen ist für den Erhalt unserer Erde wichtig. Wie man bedrohten Arten helfen kann, erfahren Sie auf *animals.oreilly.com*.

Der Umschlagsentwurf dieses Buchs basiert auf dem Reihenlayout von Edie Freedman und stammt von Karen Montgomery und Michael Oreal, die hierfür einen Stich aus *Elements of Ornithologe* verwendet haben. Auf dem Cover verwenden wir die Schriften URW Typewriter und Guardian Sans, als Textschrift die Linotype Birka, die Überschriftenschrift ist die Adobe Myriad Condensed, und die Nichtproportionalschrift für Codes ist LucasFonts TheSans Mono Condensed.